STÉPHANE S

LA GRÈVE EN FRANCE : UNE HISTOIRE SOCIALE (XIXᵉ-XXᵉ SIÈCLE)

Odile Jacob

Ouvrage proposé par
Nicolas Offenstadt

© ODILE JACOB, SEPTEMBRE 2002
15, RUE SOUFFLOT, 75005 PARIS

www.odilejacob.fr

ISBN : 978-2-7381-1172-2

LA GRÈVE EN FRANCE : UNE HISTOIRE SOCIALE (XIXe-XXe SIÈCLE)

ABRÉVIATIONS

AD	Archives départementales
AFC	Alais, Froges et Camargue
AN	Archives nationales
APP	Archives de la préfecture de police de Paris
BIT	Bureau international du travail
BNP	Banque nationale de Paris
CDU	Centre de documentation universitaire
CFDT	Confédération française démocratique du travail
CFTC	Confédération française des travailleurs chrétiens
CGC	Confédération générale des cadres
CGPF	Confédération générale de la production française
CGT	Confédération générale du travail
CGTSR	Confédération générale du travail syndicaliste révolutionnaire
CGTU	Confédération générale du travail unitaire
CHIMT	*Cahiers d'histoire de l'Institut Maurice Thorez*
CHIRM	*Cahiers d'histoire de l'Institut de recherches marxistes*
CIP	Confection industrielle du Pas-de-Calais
CNAM	Conservatoire national des arts et métiers
CNPF	Conseil national du patronat français
CNRS	Centre national de la recherche scientifique
CNT	Confédération nationale du travail
DEA	Diplôme d'études approfondies
DES	Diplôme d'études supérieures
EHESS	École des hautes études en sciences sociales
EDI	Études et documentations internationales

FFTL	Fédération française des travailleurs du livre
FO	Force ouvrière
IC	Internationale communiste
IEP	Institut d'études politiques
IFOP	Institut français d'opinion publique
IHSM	Institut d'histoire sociale minière
ISST	Institut des sciences sociales du travail
MEDEF	Mouvement des entrepreneurs et des entreprises de France
Mm	Mémoire de maîtrise
MS	*Le Mouvement social*
MSH	Maison des sciences de l'homme
PCF	Parti communiste français
PS	Parti socialiste
PSU	Parti socialiste unifié
PTT	Poste Télégraphe Téléphone
PUF	Presses universitaires de France
PUL	Presses universitaires de Lille
RATP	Régie autonome des transports parisiens
RFAS	*Revue française des affaires sociales*
RFS	*Revue française de sociologie*
SFIO	Section française de l'Internationale ouvrière
SPD	Parti social-démocrate (Allemagne)
SMIG	Salaire minimum interprofessionnel garanti
SMTU	Société montpelliéraine de transport urbain
SNB-CGC	Syndicat national des banques-Confédération générale des cadres
SNCF	Société nationale des chemins de fer français
SNECMA	Société nationale d'études et de construction de moteurs d'avions
SNES	Syndicat national des enseignements de second degré
STCRP	Société des transports en commun de la région parisienne
SUD	Solidaires, Unitaires et Démocratiques
REP	*Revue d'économie politique*
UD	Union départementale
UPA	Union professionnelle artisanale

INTRODUCTION

La grève, cette cessation collective et concertée du travail, est un fait social qui attire le regard, suscite les passions et les analyses souvent contradictoires. Pas plus qu'un autre fait politique ou social, elle n'échappe au champ des sondages. Le 6 décembre 1998, l'IFOP affirme que 82 % des Français sont favorables à un service minimal en cas de conflit dans les services publics. Ce thème récurrent accompagne les poussées de fièvre gréviste, dès lors qu'elles touchent des secteurs, comme celui des chemins de fer, dont la place dans la sphère productive leur permet de ralentir l'activité économique et de contrarier la vie quotidienne des individus. Depuis 1988, pas moins de onze propositions de loi ont été déposées au Parlement pour imposer, comme l'indique la dernière débattue au Sénat en février 1999, « l'obligation légale d'un service public minimum ». Le président de la République lui-même, Jacques Chirac, lors de l'inauguration du TGV Méditerranée en juin 2001, réclame des « réflexions sur l'institution d'un service minimum que les Français appellent de leurs vœux [1] ». Les réactions à ce discours, de même que les débats au Parlement, découvrent chaque fois le jeu de rôle habituel : une droite unanime à condamner le préjudice subi par les entreprises et les usagers ; une gauche qui s'élève contre ce qu'elle condamne comme une volonté de porter atteinte au droit de grève. Ces débats, au-delà de leur rhétorique codée, laissent percer à quel point la grève fait partie de ces passions françaises qui alimentent des clivages historiques, des antagonismes traditionnels, politiques (droite/gauche) et sociaux (salariés/employeurs). Ils montrent aussi combien le phénomène gréviste s'inscrit au cœur de la société française contemporaine qui, en construisant un univers industriel et salarial potentiellement antagonique, a progressivement érigé le conflit au centre de la régulation des rapports sociaux.

Nous en arrivons là à une série de questions qui suscitent elles aussi régulièrement des débats entre les observateurs de ce fait social : quelle est la place de la grève dans le monde moderne ? Comment évolue-t-elle ? Sera-t-elle dépassée par d'autres modes de protestation et de régulation, ou est-elle destinée à perdurer avec force ? Sur ce terrain de l'analyse, comme sur celui de la polémique politique, les interprétations divergent.

Pour certains, la grève est l'expression d'une lutte de classes qui remet en cause le fonctionnement du système capitaliste, ou tout au moins exprime la rivalité foncière et irréductible entre les travailleurs et leurs employeurs[2]. En d'autres termes, la France serait le terrain, depuis deux siècles, d'une « bataille sociale » scandée par des épisodes épiques ou tragiques, depuis la révolte des canuts lyonnais de 1831 disposés à « Vivre en travaillant ou mourir en combattant », jusqu'au mouvement social de novembre-décembre 1995, en passant par le Front populaire et mai 1968. Or la grève est en effet au cœur de chacun de ces mouvements de contestation à l'ampleur et au retentissement considérables, tant au moment de leur déroulement que dans les mémoires.

D'autres estiment au contraire que la grève tend progressivement à s'ériger en mode de régulation naturelle des rapports sociaux qui n'implique pas, par essence, une remise en cause des formes de domination propres à la sphère productive[3]. Pourtant, depuis les années 1960 et l'entrée dans l'ère postindustrielle, la grève est régulièrement annoncée comme une pratique vouée au dépérissement par la construction de sociétés consensuelles[4], ou au dépassement par la prolifération de nouveaux mouvements sociaux (féminisme, écologisme, régionalisme, etc.) dont le rapport salarial n'est pas l'élément central[5]. Ces jugements souvent hâtifs sont démentis à intervalles réguliers par l'actualité qui, parfois à l'étonnement des observateurs trop pressés, replace la grève au centre des préoccupations du moment. S'il est vrai que, depuis la décennie 1980, la conflictualité connaît une tendance à l'érosion, en France comme en Europe occidentale[6], il n'en reste pas moins que des éruptions périodiques viennent rappeler sa vivacité. Deux événements des années récentes en apportent la démonstration. D'abord le mouvement social de novembre-décembre 1995 contre le plan Juppé de réforme de la Sécurité sociale et la remise en question des régimes spéciaux de retraite, emmené par les cheminots de la SNCF. Ce conflit a mis en ébullition la société et fait couler beaucoup d'encres contradictoires : « Les uns y ont vu un renouveau de la lutte des classes et la contestation globale d'une politique économique [7] » ; les autres ont privilégié une interprétation focalisée sur ce qu'ils apprécient comme une puissante persistance de la crispation sur des avantages acquis, estimant que les revendications des grévistes « ont su dépasser, *mais sans aller très loin au-delà, le stade de la défense corporatiste ou catégorielle* [8] ».

Cinq ans plus tard, dans la torpeur estivale de l'été 2000, la grève avec occupation de l'usine Cellatex à Givet (Ardennes) fait pendant plusieurs jours la une de la presse écrite et audiovisuelle. Les salariés de cette usine de fabrication de fibres textiles artificielles en liquidation judiciaire menacent de faire sauter l'usine et de déverser de l'acide sulfurique dans la Meuse. À la suite de ce conflit, d'autres s'en inspirent qui occupent eux aussi, dans une sorte de dynamique médiatique coutumière, le devant de l'actualité. Les analyses qui accompagnent la stupeur face à la résurrection apparemment soudaine de mouvements durs font largement intervenir la mémoire des temps anciens. On s'interroge par exemple sur le « retour du luddisme "briseur de machines" », pour souligner que ces mouvements « évoquent l'ambiance des premières révoltes ouvrières du XIXᵉ siècle [9] ». Le sociologue Jacques Capdevielle y voit « la résurgence d'un anarcho-syndicalisme que l'on croyait étouffé par les années de crise ». Et le journaliste, suivant l'expert, d'évoquer, dans une prémonition hasardeuse, que « ce type de mouvements désespérés n'a rien d'une queue de comète. Ils pourraient au contraire se transformer en mouvements populaires. Si les gens venaient à s'identifier à cette forme de résistance [10] ».

On le voit, pour comprendre ces mobilisations, leur ampleur ou leur brutalité, les explications sont souvent recherchées dans le passé et trop peu dans les caractères de la société contemporaine. On parle d'un côté d'une résurgence du corporatisme, expression qui semble en elle-même condamner l'action revendicative et dispenser d'une réflexion sérieuse, dans une France contemporaine où, selon un observateur américain, « toute action collective menée par un groupe pour défendre ses intérêts passe aussitôt pour du corporatisme[11] ». D'autre part, on fait appel à des références au parfum moyenâgeux pour le lecteur contemporain, celui des briseurs de machines et du syndicalisme de la Belle Époque, associés pour l'occasion quelque peu abusivement à l'action violente, laissant percer la crainte de jacqueries industrielles. Au fond, pour ceux qui s'expriment ainsi, il semble que la grève est la résurgence d'une forme ancienne, voire nostalgique de contestation qui n'aurait pas vraiment sa place à part entière dans le monde moderne. Or elle est au contraire sans cesse en phase avec les transformations sociales, s'adapte à elles, suit leurs mouvements, contribue parfois à les orienter et ne peut être pleinement saisie que replacée dans les plis de son époque. Elle est, depuis la construction des sociétés industrielles et salariales, un phénomène chevillé au cœur du monde contemporain.

C'est sans doute la raison pour laquelle, parmi les faits sociaux, elle est de ceux qui ont suscité le plus grand nombre de travaux, parfois marquants pour l'histoire sociale[12]. Elle attire le regard des chercheurs de tous horizons : historiens et économistes d'abord, puis sociologues, politologues, anthropologues. Plus que d'autres objets, elle nécessite en effet une exploration pluridisciplinaire pour être saisie dans sa complexité, sa morphologie et ses modalités plurielles. Mais cette production intellectuelle sur la grève est éclatée : celle-ci est regardée sur un temps chronologique court, dans un champ géographique réduit, ou centrée sur une profession. En revanche, les tentatives de synthèse sont rares[13]. Elles sont en outre souvent limitées par une approche qui reste cantonnée, pour l'essentiel, à une histoire intérieure et linéaire de la grève. Ses traits majeurs sont rendus, observés en général pour eux-mêmes, de manière à en souligner les transformations, mais en cherchant trop rarement à les connecter à l'univers social dans lequel se meuvent les conflits du travail. Pourtant, le phénomène gréviste, ses évolutions, ses permanences et ses ruptures sont pleinement immergés dans les transformations globales des sociétés. La grève est en effet d'abord « *un produit du changement social*[14] » et ne laisse apprivoiser son caractère hybride qu'à partir du moment où la connexion est établie entre elle et son environnement économique, politique et, surtout, social. Elle doit être comprise dans un processus de longue durée qui conduit à la centralité du travail dans les sociétés contemporaines, à la montée en puissance du monde ouvrier, puis à la cristallisation du salariat. En d'autres termes, la grève accompagne les *métamorphoses de la question sociale* [15], à l'œuvre au cours des deux derniers siècles qui ont profondément modifié la condition des individus. Une histoire sociale de la grève contemporaine nous paraît donc seule capable de rendre intelligible, sur la longue durée et sous ses multiples facettes, un phénomène aussi composite et ouvert sur le monde extérieur. Une telle lecture refuse naturellement les explications *ex nihilo* emprisonnant un phénomène sur lui-même, pour lui préférer une approche qui guette l'univers dans lequel évoluent les hommes, les groupes sociaux et les structures impliqués dans la confrontation sociale. En d'autres termes, dans les pages qui suivent, le fait gréviste est lu en embrassant la société dans son ensemble. La grève est par excellence de ces événements sans cesse confrontés au tout social et qui, en retour, contribuent à le mettre en évidence. Roland Barthes l'a écrit dans une formule littéraire choisie :

« [...] La grève fonde le devenir et la vérité du tout. Elle signifie que l'homme est total, que toutes ses fonctions sont solidaires les unes des autres [...] et que dans la société tous sont concernés par tous. En protestant que cette grève la gêne, la bourgeoisie témoigne d'une cohésion des fonctions sociales, qu'il est dans la fin même de la grève de manifester [16]. »

L'ambition de ce livre est donc de proposer, des prémices de l'industrialisation jusqu'à nos jours, une interprétation dont la valeur ne peut être que globale. Il serait naturellement utopique de prétendre offrir une grille d'analyse en mesure de s'appliquer systématiquement à chaque grève ou à chaque univers professionnel. Il s'agit plutôt de construire l'idéaltype défini par Max Weber :

« On obtient un idéaltype *en accentuant* unilatéralement *un ou plusieurs points* et en enchaînant une multitude de phénomènes donnés *isolément*, diffus et discrets [...] qu'on ordonne selon les précédents points de vue choisis unilatéralement, pour former un *tableau de pensée* homogène [17]. »

L'idéaltype de la grève contemporaine proposé dans ce livre voudrait donner au lecteur une manière de penser les conflits du travail, de mettre leur histoire en cohérence. Mais cet idéaltype est sans cesse nourri d'exemples choisis au fil de l'histoire bicentenaire qui nous occupe. Il se présente donc comme un point de vue théorique mis en pratique et validé par des observations concrètes retenues en fonction de leur récurrence, de leur exemplarité. Le général est donc préféré au particulier, la recherche des invariants à celle des singularités, si présentes dans ce moment unique que constitue chaque conflit.

Trois temps scandent notre histoire sociale de la grève, organisés de manière à saisir aussi largement que possible ce phénomène. Sont d'abord retracées ses grandes tendances, ses évolutions marquantes. Cette chronique de deux siècles est celle du passage progressif d'un acte répréhensible à un fait social majeur progressivement intégré à la société industrielle et salariale. Longtemps cantonnée pour l'essentiel au monde ouvrier, à l'atelier, au chantier et à l'usine, la grève irrigue ensuite, surtout après la Seconde Guerre mondiale, tout le champ social : l'ensemble du monde du travail, toujours plus tertiarisé, s'en empare pleinement. Les visages de la grève et les revendications qu'elle porte conservent, dans leurs grands traits, de nombreuses caractéristiques quasi immuables. Mais l'extension du conflit à de nouvelles catégories et les évolutions de la société salariale amènent des adaptations ou des modifications en profondeur.

La grève est aussi une pratique, à la fois stable et mouvante. Elle exprime un « nouveau type de sociabilité fondé sur l'antagonisme des classes sociales [18] », avec ses usages aux évolutions lentes. Elle participe à l'édification d'une identité commune, en dépit des origines et des conditions composites de l'univers laborieux. Car « c'est l'expérience du travail et plus encore celle des conflits du travail qui permettent au travailleur de se reconnaître pour tel à travers son opposition à la classe dominante [19]... ». Mode de pression, la grève est aussi un moyen d'expression. L'étude des pratiques, de leurs rituels, montre cette dimension consubstantielle à un événement qui trouble les règles de la production et contribue à délier la parole et le geste. Lutte et fête, violence et négociation : autant d'éléments *a priori* antinomiques qui sont en fait chacun la partie d'un tout de cette pièce du théâtre social jouée par ses acteurs majeurs : les grévistes. Le conflit revendicatif est l'expression d'un mode de culture et d'autonomie ouvrière puis, plus largement, du monde du travail. Il est aussi un moment où se construit et se donne à voir, en même temps qu'une prise de distance avec un ordre industriel ou salarial établi, une manière d'assimilation à cet ordre contesté ponctuellement, mais sans forcément vouloir le bouleverser en profondeur.

D'ailleurs, pour reprendre les mots de Jean-Daniel Reynaud, « la grève, pour l'essentiel, ne naît pas de la marginalité ou du retrait, elle touche les centraux et les actifs, elle procède d'une certaine intégration professionnelle : à un métier, à une communauté de salariés et même à l'entreprise », car « ce qui permet une action collective, ce n'est pas l'extrême dénuement, la plus totale dépossession. C'est au contraire un début au moins de l'appropriation du travail, de possession d'un capital professionnel, d'entraide et d'échanges[20] ». Autrement dit, « les mouvements sociaux sont aussi des espaces où s'expriment et se cristallisent des identités collectives, des façons de vivre son insertion dans la société[21] ». Or ce sont précisément les pratiques grévistes, leurs évolutions, la modulation des traits de leur visage, burinés par les changements sociaux, qui permettent notamment de lire la profondeur de cet ancrage. Notre histoire de la grève n'est donc pas seulement le récit de ces « fièvres hexagonales[22] » dont serait coutumière la France au sein d'un continent européen peut-être perçu comme moins turbulent. Elle est aussi celle du processus de socialisation du monde ouvrier, de l'univers du travail.

Enfin, la grève s'inscrit parmi ces événements qui mettent en mouvement l'ensemble des acteurs sociaux : les salariés qui l'ont choisie comme mode d'action bien sûr, mais aussi ceux qui prennent en charge la défense de leurs intérêts (les syndicats), ceux contre qui elle est d'abord dirigée (les employeurs) et ceux qui encadrent la société (l'appareil d'État). Comme l'écrit Pierre Bourdieu :

« La grève ne prend son sens que si on la resitue dans le champ des luttes du travail, structure objective de rapports de force définie par la lutte entre travailleurs, dont elle constitue l'arme principale, et employeurs, avec un troisième acteur – qui n'en est peut-être pas un – l'État[23]. »

La manière dont les organisations de salariés perçoivent la grève, dont les patrons réagissent face à elle, dont l'appareil d'État se positionne quand il est confronté à une fissure de l'ordre social, constitue donc une dimension consubstantielle à la compréhension des transformations et du sens des formes de l'action collective.

On l'aura compris, autant que celle de la grève, c'est une histoire de la société française contemporaine qui s'apprête à s'ouvrir à notre regard.

PREMIÈRE PARTIE

Tendances

I

LES TROIS ÂGES DE LA GRÈVE

L'histoire de la grève est d'abord celle de son passage d'un statut d'événement marginal, répréhensible et réprimé, à celui d'un fait social central, autorisé et progressivement institutionnalisé. Des débuts de l'industrialisation à la fin du XVIIIᵉ siècle, jusqu'au triomphe de la société salariale tertiarisée dans les années 1960, la grève connaît en effet des changements de statut majeurs : interdite jusqu'en 1864, tolérée ensuite, elle est inscrite en 1946 dans le préambule de la Constitution de la IVᵉ République.

D'abord rare et peu usitée par le monde du travail, elle commence à irriguer massivement l'espace de l'usine dans les deux dernières décennies du XIXᵉ siècle et s'impose comme l'instrument revendicatif conflictuel privilégié des ouvriers, puis, surtout après la Seconde Guerre mondiale, de l'ensemble des salariés. Sa pratique et sa fréquence évoluent progressivement au cours des deux derniers siècles écoulés.

Les méandres de cette histoire sont inséparables du processus de construction des sociétés industrielles et salariales, des changements majeurs qu'il entraîne dans les conditions d'existence du monde du travail et dans la place que ce dernier occupe au sein de la société. Au fond, la grève, aussi bien dans sa fréquence que dans ses traits caractéristiques, ses pratiques ou les attitudes des acteurs sociaux à son égard, est étroitement mêlée aux grandes évolutions des XIXᵉ et XXᵉ siècles. Ce chapitre initial trace les contours des liens qui unissent si intimement les conflits du travail et les transformations sociales, mais aussi politiques et juridiques, pour les décliner ensuite tout au long de notre interprétation des différentes dimensions et des enjeux d'une pratique conflictuelle qui accompagne le rapport salarial et les mutations des sociétés contemporaines.

De la Révolution française à la loi de mai 1864 : un fait coupable et marginal, ou l'âge de l'exclusion

L'acte de cessation du travail n'est pas une invention des sociétés industrielles occidentales. Dans l'Antiquité[1], au Moyen Âge[2], à l'époque moderne[3], cette pratique émerge en quelques rares occasions. Elle n'est pas encore un événement banal, mais un mode de contestation marginal au sein de communautés où le monde du travail se trouve enserré dans de multiples règles contraignantes. Il n'existe d'ailleurs pas encore de terme affirmé, unique pour nommer cette pratique. Sous l'Ancien Régime, l'arrêt de la production est désigné sous de nombreux vocables souvent empruntés au vocabulaire du compagnonnage[4], avant d'être englobé dans la notion de « coalition » sous la Révolution française.

Le premier âge de la grève contemporaine est avant tout celui de son interdiction et de sa répression. Ce moment s'inscrit dans le cadre d'une organisation sociale qui commence à installer le rapport salarial au cœur de la société en voie d'industrialisation, dans laquelle le monde ouvrier se trouve en position de marginalité et de domination, alors que la « question sociale » émerge à peine.

Cette histoire commence avec la loi Le Chapelier des 14-17 juin 1791, communément admise par les spécialistes de la contestation sociale comme le point de départ du cheminement qui mène de l'interdiction de la « coalition » à sa tolérance légale en 1864. En plein cœur de la Révolution française, cette loi qui proscrit toute forme de cessation collective du travail et d'organisation corporative constitue l'ultime étape d'un processus révolutionnaire dont la volonté affichée est d'instaurer la « liberté du travail » en faisant de ce dernier une marchandise obéissant à la loi de l'offre et de la demande. Le décret d'Allarde des 2 et 17 mars 1791 réalise déjà largement cette volonté : en supprimant les corporations, ces « communautés d'arts et métiers », il met bas un élément fondamental du système socio-économique de l'Ancien Régime qui réglementait l'organisation du travail dans les villes, assignait à chacun une place dans la hiérarchie de la société laborieuse, ordonnait dans un cadre normatif, encadré et contrôlé les rapports sociaux de l'atelier[5]. La liberté d'entreprise est en effet substituée à un système qui définissait strictement les relations entre maîtres, compagnons et apprentis. En somme, on quitte « le régime de la tutelle des travailleurs pour ériger l'ère du contrat[6] ».

Reste à fixer les « cadres généraux [du] nouveau marché du travail » en gestation[7]. Votée dans un contexte de forte agitation sociale dominé par les revendications des ouvriers du bâtiment parisien réclamant une amélioration de leurs salaires et de leurs conditions de travail[8], la loi Le Chapelier complète et parachève le décret d'Allarde. François Ewald en résume l'esprit d'une formule éclairante : « La loi Le Chapelier interdit toute forme d'association des ouvriers entre eux, des maîtres entre eux, entre maîtres et ouvriers, dans le double but d'éviter que ne se renforcent les corporations et d'empêcher la création de corps intermédiaires entre le citoyen et l'État ; les droits de réunion et de coalition sont prohibés aussi bien pour les maîtres que pour les ouvriers, mais, au regard des finalités, plus pour ceux-ci que pour ceux-là[9]. » Elle porte en elle continuité, nouveauté et rupture.

Continuité d'abord en matière d'interdiction des coalitions ouvrières. En effet, sous l'Ancien Régime, les velléités de contestation de la part du monde du travail sont réprimées sévèrement. Les textes abondent[10]. Au XVIe siècle, François Ier, dans son ordonnance du 1er août 1539, défend « à tous lesdits maîtres, ensemble aux compagnons et serviteurs de tous métiers, de ne faire aucunes congrégations ou assemblées grandes ou petites [...] ni faire aucuns monopoles et n'avoir ou prendre aucune intelligence les uns avec les autres du fait de leur métier ». Deux siècles plus tard, alors que le monde urbain des métiers connaît des pratiques de contestation croissantes[11], de nombreux textes proclament l'interdiction des « cabales », tels le règlement du 28 février 1723 ou les lettres patentes du 2 janvier 1749 qui interdisent aux compagnons de « s'attrouper et cabaler entre eux pour empêcher les maîtres de choisir leurs ouvriers et dans quelque autre vue que ce soit ». En matière répressive, la loi Le Chapelier n'a donc « rien innové sur le fond par rapport à la police du travail de l'Ancien

Régime. On allait réprimer dorénavant au nom de la liberté individualiste ce qu'on avait réprimé jadis au nom du bien public collectif et corporatif[12] ». C'est l'objectif de la loi, dont l'article 4 dispose que si « des citoyens attachés aux mêmes professions, arts et métiers, prenaient des délibérations, ou faisaient entre eux des conventions tendant à refuser de concert ou à n'accorder qu'à un prix déterminé le secours de leur industrie ou de leurs travaux, lesdites délibérations et conventions [...] sont déclarées inconstitutionnelles, attentatoires à la liberté des droits de l'homme et de nul effet[13] ». Toute entente collective à connotation revendicative est donc proscrite sous peine d'un passage « devant le tribunal de police ». L'article 7 ajoute que « ceux qui useraient de menaces ou de violences contre les ouvriers usant de la liberté accordée par les lois constitutionnelles au travail et à l'industrie, seront poursuivis par la voie criminelle et punis suivant la rigueur des lois comme perturbateurs du repos public ». Ce principe, traduit ensuite par la notion d'« entrave à la liberté du travail », demeure, en particulier jusqu'à la Seconde Guerre mondiale, au cœur de la dimension répressive développée à l'égard de la grève et constitue aujourd'hui encore un acte répréhensible.

Si, en matière de répression, la loi Le Chapelier s'inscrit dans une continuité, en revanche, en termes d'organisation du travail et de rapports sociaux, elle constitue un moment fondateur qui apporte des modifications profondes et durables. Le libre contrat est posé en principe de base des nouveaux rapports sociaux, comme l'atteste l'article 4 évoqué précédemment ; il n'est pas permis aux « citoyens d'un même état ou profession » de « former des règlements sur leurs prétendus intérêts communs » (article 2). Ainsi la relation entre employeurs et travailleurs est-elle déterminée par un contrat entre deux partenaires, librement consenti, sans garantie ni régulation par des systèmes de contraintes « extérieures à l'échange lui-même[14] » ; elle prend la forme d'une simple convention. Les ingrédients du conflit social moderne sont désormais présents : « Des individus atomisés, poursuivant chacun ou chacune ses propres intérêts[15] », se font face et peuvent s'engager dans un rapport de forces destiné à obtenir le meilleur contrat possible.

Quelques mois plus tard, le dispositif Le Chapelier est étendu au monde agricole. Un décret devenu la loi du 28 septembre-6 octobre 1791 spécifie que « les moissonneurs, les domestiques et ouvriers de la campagne ne pourront se liguer entre eux pour faire hausser et déterminer le prix des gages ou les salaires [16] ».

L'effet de la loi Le Chapelier est immédiat : elle porte un coup d'arrêt à l'agitation ouvrière qui en était à l'origine directe [17]. Les coalitions ne disparaissent évidemment pas, mais elles sont rares et sévèrement réprimées. D'autres décrets spécifiques sont pris à l'encontre de professions frondeuses, tels les ouvriers employés à la fabrication des assignats en septembre 1793 et ceux œuvrant dans les usines de papier-monnaie en janvier 1794 [18].

Jusqu'à la Restauration, le contexte est plus que jamais défavorable au développement d'une quelconque forme d'agitation ouvrière. C'est le cas en particulier durant le Premier Empire qui renforce la surveillance du monde ouvrier et prolonge la politique de répression des conflits. Ainsi, la loi du 22 germinal-2 floréal an XI (12-22 avril 1803) qualifie de « délit » la participation à une coalition ouvrière. Cette infraction est reprise par le Code pénal promulgué en février 1810, dont les articles 414, 415 et 416 prévoient des peines d'amende et de prison.

Le caractère illicite de la coalition ouvrière n'est certes pas particulier à la France. Il existe presque partout dans l'Europe en cours d'industrialisation, d'autant plus qu'après la chute de l'empire napoléonien le Code pénal de 1810 reste en vigueur en Belgique, en Italie, au Luxembourg et aux Pays-Bas [19]. Seule l'Angleterre fait dans une certaine mesure figure d'exception. Les associations y sont autorisées dès 1821 et les coalitions trois ans plus tard, en 1824, même si, les années suivantes, de nouvelles dispositions législatives limitent et encadrent strictement l'exercice de la grève [20].

L'État et le législateur français déploient une politique de contrôle du milieu ouvrier. Le livret ouvrier en est l'expression emblématique. Rendu obligatoire par la loi du 12 avril 1803, il contient le signalement et l'état civil de son possesseur qui doit y faire indiquer par le patron ses dates d'arrivée et de départ de l'atelier ou de l'usine. Sa possession est obligatoire, sous peine de tomber sous le coup de la répression du vagabondage [21].

Cette législation illustre l'état de marginalité, de contrôle et de soumission dans lequel se trouve l'univers laborieux. C'est le temps de ce que le sociologue R. Castel appelle la « condition prolétarienne », marquée par la situation de « quasi-exclusion » du corps social d'une large partie des ouvriers : « Une rétribution proche d'un revenu minimal assurant tout juste la reproduction du travailleur et de sa famille et ne permettant pas d'investissement dans la consommation ; une absence de garanties légales dans la situation de travail régie par le contrat de louage ; le caractère "labile" de la relation du travailleur avec l'entreprise : il change fréquemment de place, se louant au plus offrant (surtout s'il dispose d'une compétence professionnelle reconnue) et "chôme" certains jours de la semaine ou pendant des périodes plus ou moins longues s'il peut survivre sans se plier à la discipline du travail industriel[22]. » Ce monde ouvrier de la première industrialisation se transforme lentement. Le milieu de l'artisanat urbain reste dominant, l'industrie rurale très vivace, tandis que la manufacture, surtout présente dans le textile, demeure relativement marginale. La France connaît un développement industriel peu rapide et conserve des structures rurales qui impriment leur marque sur les mentalités ouvrières. Comme l'écrit G. Noiriel, « il semble bien que jusqu'au début de la IIIe République, pour les classes populaires, le travail industriel soit vu surtout comme une modalité du travail rural[23] ». L'industrialisation, au rythme lent en France, a encore peu modifié des mentalités qui restent très marquées par des traditions paysannes particulièrement prégnantes.

Dans ce contexte, la grève n'est qu'un instrument ultime et porteur de risques potentiels majeurs pour ceux qui décident de s'y engager. Le monde du travail lui privilégie donc souvent, dans les premières décennies du XIXe siècle, des formes de contestation sourdes, mais qui ne tombent pas sous le coup de la loi, comme l'absentéisme, le freinage de la production ou, plus simplement, le départ de l'entreprise. Sans doute les difficiles chemins de l'organisation et de la prise de conscience d'intérêts communs font-ils alors privilégier ces stratégies individuelles, à un moment où les revendications collectives, lorsqu'elles cherchent à s'exprimer, subissent les contraintes draconiennes de la loi.

Les incertitudes du vocabulaire témoignent, jusque dans la seconde moitié du XIXe siècle, de la marginalité sociale des conflits du travail. La suspension délibérée de la production ne reçoit pas encore de terme spécifique. Elle est englobée dans celui de « coalition », dont l'acception est plus large : en 1840, elle est définie comme un « accord illégal de plusieurs individus pour porter préjudice à un autre[24] », ce qui ne signifie pas forcément un arrêt du travail. Certes, dès la fin du XVIIIe siècle, des ouvriers utilisent parfois le terme de grève dans un sens proche de son contenu moderne. Ainsi le rapport d'un officier de police du 2 mai 1785 explique-t-il que pour eux, « faire grève » est « ne point travailler pour faire augmenter [de prix] leurs journées ». Plus précisément encore, un rapport de la préfecture de police du 25 mai 1805 signale que des tailleurs de pierre « ont décidé entre eux, de faire, demain lundi, ce qu'ils appellent Grève (c'est-à-dire quitter l'ouvrage), pour demander de l'augmentation[25] ». Mais faire grève signifie encore le plus souvent, jusqu'au milieu du XIXᵉ siècle, « attendre un emploi », comme le faisaient traditionnellement les différents corps de métiers sur la place parisienne du même nom, près de l'Hôtel de Ville. C'est donc seulement dans la seconde moitié de ce siècle, alors que sa pratique commence à se diffuser modestement, que la grève devient d'abord, dans le sens commun, une cessation collective du travail et supplante le terme de « coalition ».

Pour cette période, la fréquence des grèves est difficile à établir de manière fiable : aucune statistique officielle n'existe en la matière. L'unique recension systématique concerne les « coalitions poursuivies », celles qui ont des suites judiciaires. La vision qui en ressort est forcément partielle et partiale : partielle car les mouvements qui échappent à des poursuites ne sont pas pris en considération ; partiale car les chiffres recueillis témoignent au moins autant du degré de répression ou de tolérance des autorités que de celui de l'agitation sociale effective. En effet, dans les dernières années du Second Empire par exemple, les chiffres diminuent car les conflits du travail reçoivent de moins en moins souvent une sanction judiciaire[26]. À l'inverse, à d'autres moments, la répression qui s'exerce plus strictement grossit l'expression quantitative de la contestation. Malgré ces inconvénients majeurs, ces statistiques offrent une tendance d'autant plus utile qu'elles constituent l'instrument de mesure exclusif.

Avant le vote de la loi de 1864, ce sont donc en moyenne seulement quelques dizaines de coalitions qui se déploient chaque année, même si un recours plus fréquent à la grève se dessine à partir de 1840. La centaine de conflits n'est dépassée qu'à trois reprises, en 1840, 1853 et 1855, année record avec ses 168 coalitions poursuivies, en raison notamment des travaux dus à la préparation de l'Exposition universelle ouverte le 1ᵉʳ mai.

Le calme relatif apparent des quatre années qui précèdent la loi de 1864 provient en réalité d'une certaine libéralisation du régime plutôt que d'une moindre combativité ouvrière.

Les « coalitions poursuivies » en moyennes quinquennales
(1825-1864) [27]

Années	Nombre de coalitions poursuivies
1825-1829	40
1830-1834	57
1835-1839	49
1840-1844	72
1845-1849	63
1850-1854	72
1855-1859	81
1860-1864	61

Au cours de ce premier âge, la grève présente plus souvent que dans les périodes ultérieures un caractère éruptif, brutal, reste le plus souvent limitée à un atelier ou, tout au plus, à une localité. Elle est très minoritairement déclenchée par des organisations structurées, peu encadrée, la violence y est présente dans une minorité significative de cas. Quelques épisodes sanglants alimentent le martyrologe du mouvement ouvrier en formation, au premier rang desquels la répression sévère des contestations des canuts lyonnais en 1831 et 1834, qui fait plusieurs centaines de victimes, morts ou blessés [28].

À la veille de la chute du Second Empire, les conflits du travail s'affirment comme un mode de revendications en passe de s'installer durablement au cœur des sociétés industrielles. Les autorités de l'État ne s'y trompent pas : le 18 septembre 1860, une circulaire ministérielle demande aux préfets l'envoi de rapports annuels sur les grèves survenues dans le département dont ils ont la charge [29]. Il ne suffit plus désormais de les réprimer pour les endiguer ; elles sont à la veille de devenir le quotidien de l'univers de l'usine, qui gagne lentement du terrain, et du monde ouvrier qui s'éloigne peu à peu du travail de la terre.

De 1864 à la Seconde Guerre mondiale : un fait social en voie de banalisation, ou l'âge de l'intégration

La loi du 25 mai 1864 « modifiant les articles 414, 415 et 416 du Code pénal » inscrit dans la législation une tolérance mais n'accorde pas véritablement un droit : elle supprime simplement un délit, celui de « coalition[30] ». Ce dernier est remplacé par le délit d'« atteinte au libre exercice de l'industrie ou du travail » qui constitue un outil efficace dès lors qu'existe, de la part des pouvoirs publics, une volonté répressive.

Pour l'essentiel, la loi de 1864 entérine un fait · elle consacre un phénomène qui ne cesse de gagner en ampleur en même temps qu'elle marque une étape dans le processus d'installation du monde du travail au cœur des sociétés industrielles. Ce texte n'en demeure pas moins un moment important dans le passage de la grève de l'état de marginalité à celui de normalité, de centralité même des rapports sociaux dans l'industrie. Il libère en effet les énergies combatives encore retenues par la perspective des risques pénaux jusqu'alors courus. Les mois qui suivent son adoption voient d'ailleurs l'activité gréviste se déployer[31], et la fin du règne de Napoléon III est accompagnée d'un regain revendicatif[32].

L'initiative du Second Empire finissant s'inscrit dans un contexte européen convergent. Les pays d'Europe occidentale qui se couvrent d'usines voient la montée en puissance de l'univers ouvrier dont la place grandit. La grève perd de son étrangeté pour devenir progressivement un événement normal de la société industrielle. En Belgique, la loi du 31 mai 1866 abroge les articles du Code pénal relatifs au délit de coalition[33]. En Prusse, la loi du 21 juin 1869, étendue au IIe Reich né en 1871, supprime également ce délit. Les Pays-Bas font de même en 1872 et le Luxembourg en 1879[34].

Il ne faut pas longtemps après le vote de la loi de 1864 pour que la grève connaisse son « âge d'or » en France. C'est à partir des années 1880 qu'elle prend véritablement son essor. Son enracinement se produit en effet au cours de la deuxième révolution industrielle, en particulier entre les deux dernières décennies du XIXe siècle et la Grande Guerre.

De quelques dizaines de conflits par an jusqu'à la fin des

Grèves, grévistes et journées de grève
en moyennes quinquennales (1865-1938) [35]

Années	Grèves	Grévistes	Journées de grève
1865-1869	63	26 937	—
1870-1874	84	27 235	105 006
1875-1879	84	28 711	328 416
1880-1884	192	63 967	734 306
1885-1889	180	46 961	579 383
1890-1894	373	100 224	1 642 444
1895-1899	469	84 673	1 361 924
1900-1904	706	188 216	3 334 907
1905-1909	1 102	216 125	4 211 881
1910-1914	1 167	232 134	3 131 189
1919-1923	1 213	698 200	10 744 800
1924-1928	977	237 600	3 480 800
1929-1933	659	205 600	2 913 400
1934-1938	4 301	858 000	—

années 1870, on passe ensuite de 200 à 300 jusqu'au début des années 1890, avant de franchir le cap des 1 000 en 1904, niveau qui se maintient jusqu'à la veille de la Grande Guerre. Cette situation rejoint celle des autres pays industrialisés d'Europe occidentale où les conflits du travail connaissent une montée en puissance presque ininterrompue de la fin du XIXe siècle à celle des années 1920 [36]. La deuxième révolution industrielle est véritablement le moment de cristallisation d'un monde ouvrier désormais moins hétérogène, plus dépendant de l'usine qui devient son seul horizon. L'ouvrier-paysan, très présent en France jusqu'à la fin du Second Empire, disparaît au terme du XIXe siècle. L'usine et sa discipline gagnent du terrain, l'économie est industrielle, l'ouvrier a pour seule source de revenus le salaire. La grève devient donc le mode de contestation qu'il utilise de plus en plus souvent pour améliorer ses conditions d'existence. Au cours de ce deuxième âge se déroule le processus qui mène à la « condition ouvrière » : « Un nouveau rapport salarial s'est constitué, à travers lequel le salaire cesse d'être la rétribution ponctuelle d'une tâche. Il assure des droits, donne accès à des prestations hors travail (maladies, accidents, retraite) et permet une participation élargie à la vie sociale : consommation, logement, instruction, et même, à partir de 1936, loisirs [37]. » L'intégration du monde ouvrier à la société s'accompagne de l'acceptation et de la banalisation de ses modes de contestation, au premier rang desquels la grève.

L'entre-deux-guerres voit se poursuivre, dans une certaine mesure, le mouvement engagé en France comme dans l'Europe industrielle. Cette période n'est pas celle de l'atonie sociale souvent décrite, même si, dans la première moitié des années 1930, la crise économique mondiale ralentit fortement l'élan gréviste. Mais l'ampleur du phénomène reste importante, avec quelques pics remarquables : ainsi en 1919-1920, avec environ 2 000 grèves et, pour la première fois, plus d'un million de grévistes ; et le Front populaire qui, après Mai 1968, demeure la plus grande vague de conflits de l'histoire sociale de la France.

Durant toute cette période, la grève demeure pour l'essentiel l'horizon conflictuel du monde de l'usine, de l'atelier et du chantier. En revanche, les employés n'en usent que très marginalement, tandis que les fonctionnaires en sont juridiquement exclus. Cette pratique gagne cependant du terrain. Les ouvriers agricoles, presque silencieux jusque dans l'avant-dernière décennie du XIXe siècle, se mobilisent ensuite plus volontiers : entre 1871 et 1890, ils mènent en moyenne moins de deux grèves par an, sept entre 1890 et 1903, puis 53 entre 1904 et 1914, moment où l'action revendicative se diffuse réellement dans ce milieu [38]. L'univers des bureaux commence lui aussi à suivre l'exemple ouvrier : pendant la Grande Guerre et l'immédiat après-guerre, des conflits surgissent dans les banques et les assurances [39]. En revanche, la loi ne permet toujours pas aux fonctionnaires la pratique gréviste, même si les postiers en usent dans des mouvements d'ampleur d'abord en 1906, puis surtout en 1909 [40].

La grève s'affirme comme un fait social incontournable au sens où l'entend Durkheim, c'est-à-dire doué de contraintes, qui n'est plus accidentel. Pour reprendre les propos du sociologue allemand Theodor Geiger, « la tension entre le capital et le travail [...] est devenue une institution légale de la société [41] » : la grève est désormais un registre d'action collective en voie de banalisation ; elle acquiert progressivement une légitimité dans l'ordre des rapports industriels. Dès lors, il ne s'agit plus seulement de la sanctionner, mais aussi de la connaître, de la maîtriser et de l'encadrer. Ce processus est accompagné et renforcé tant par l'appareil d'État que par le mouvement ouvrier lui-même. Des signes en ce sens sont donnés par les responsables du pouvoir sous la IIIe République et par certaines de ses élites. Une telle situation se retrouve dans la plupart des pays de l'Europe de la deuxième industrialisation. Les deux dernières décennies du XIXᵉ siècle y voient en effet la création d'institutions et de techniques de statistiques sociales qui concernent au premier chef les conflits du travail. En 1888, la *Statistiquę annuelle de la France* inclut une statistique des grèves de 1874 à 1885. Mais le progrès décisif intervient en 1892 lorsque l'Office du travail, institué l'année précédente, imprime le premier volume d'une *Statistique des grèves* éditée régulièrement jusqu'en 1935[42]. En Grande-Bretagne paraît en 1889 le premier *Report on the strikes and lock outs*. En 1892, l'Allemagne de Bismarck crée la *Commission für arbeites Statistik*, tandis que la Belgique installe son Office du travail en 1895. Des organismes similaires naissent en Autriche en 1898 et en Italie en 1902[43]. La tendance apparaît donc indiscutable : le monde ouvrier devient une préoccupation majeure, et ses mouvements revendicatifs trouvent dans l'effort statistique la traduction de leur immersion récente au cœur des sociétés industrielles.

Illustration supplémentaire de l'intérêt porté par les élites françaises à la grève, la quantité de thèses de droit consacrées aux conflits du travail croît de manière spectaculaire. Au nombre de onze entre 1881 et 1900, on en compte cinquante-sept entre 1901 et 1920, et encore vingt-cinq entre 1921 et 1940[44].

Les premières institutions qui préparent les conditions nécessaires à une « ritualisation des processus de conflit[45] » sont mises en place. À cet égard, la légalisation des syndicats en 1884 est un moment essentiel dans la mesure où « l'organisation a, de fait, pour fonction latente d'instaurer une tradition du conflit qui contribue à réduire la violence des luttes d'intérêts[46] » : sous son impulsion, la pratique gréviste ne tarde pas à se rationaliser, à perdre ses traces de « caractère romantique de lutte de barricades[47] ». Les premières initiatives en faveur d'une régulation des grèves voient le jour : en 1892 est votée une loi « sur la conciliation et l'arbitrage » ; en décembre 1936 et en mars 1938, des procédures plus élaborées sont dessinées puis adoptées par le législateur pour substituer la négociation au conflit[48].

Cette accession de la grève au rang de fait social s'accompagne de modifications en profondeur de certains de ses traits : la violence s'estompe, la mise en grève apparaît comme un acte plus réfléchi, moins impulsif, les mouvements sont sans cesse davantage encadrés par les organisations permanentes du mouvement ouvrier. Bref, les conflits du travail se normalisent, deviennent une épreuve de force quasi naturelle des systèmes sociaux industriels. En somme, à la veille de la Seconde Guerre mondiale, la voie est ouverte à leur institutionnalisation.

Après la Seconde Guerre mondiale : les chemins de la régulation, ou l'âge de l'institutionnalisation

La Seconde Guerre mondiale, l'occupation allemande et l'installation du régime de Vichy constituent une parenthèse dans l'histoire des conflits sociaux en forme de retour en arrière. Ils sont interdits entre 1940 et 1944 mais ne disparaissent pas tout à fait du paysage social de cette époque agitée, comme en témoignent quelques mouvements emblématiques, tels ceux des mineurs [49] ou les débrayages des cheminots [50].

La guerre terminée, dans un contexte de reconstruction économique, sociale et politique, une période de transformations majeures s'amorce en France. Si un grand nombre de réformes et de droits sociaux nouveaux sont prévus par le programme du Conseil national de la Résistance, il ne réserve en revanche aucune mention particulière au droit de grève. Mais le préambule de la Constitution d'octobre 1946, auquel renvoie celle de la Vᵉ République, fait accéder les conflits du travail au rang de droit constitutionnel. Son 6ᵉ point stipule ainsi : « Le droit de grève s'exerce dans le cadre des lois qui le réglementent. » Plus symboliquement, dans la mesure où la gestion des conflits du travail relève de la compétence nationale, des textes qui accompagnent la construction européenne reconnaissent également le droit de grève [51]. C'est le cas de la Charte sociale européenne d'octobre 1961 et de la Charte des droits fondamentaux de l'Union européenne adoptée en l'an 2000 [52].

Quoi qu'il en soit, la législation spécifique annoncée par le préambule de la Constitution ne voit pas le jour, hormis des cas particuliers comme celui des fonctionnaires, régi par la loi du 31 juillet 1963 qui prévoit notamment l'institution d'un préavis syndical de cinq jours avant le déclenchement d'un mouvement. C'est donc la jurisprudence, très fournie, qui réglemente pour l'essentiel le droit de grève [53]. Mais la loi du 11 février 1950 relative aux conventions collectives introduit une disposition essentielle, selon laquelle « la grève ne rompt pas le contrat de travail, sauf faute lourde imputable au salarié », mais ne fait que le suspendre. Elle énonce ainsi une disposition majeure qui renverse une jurisprudence jusqu'alors plutôt hostile à la grève dans la mesure où elle la considérait comme un événement marquant précisément une rupture dudit contrat [54].

Les conflits du travail se trouvent ainsi marqués du sceau de l'institutionnalisation en ce sens que leur caractère de fait social irriguant la société se trouve reconnu, presque revendiqué par des textes fondamentaux. Désormais hissée au rang de droit constitutionnel, la grève devient une faculté commune à l'ensemble des salariés, dont ne sont plus exclues que quelques catégories bien spécifiques (police, armée, administration pénitentiaire, magistrature [55]). Les Trente Glorieuses font triompher un double processus complémentaire : la construction des sociétés salariales, qui elle-même contribue à la consécration de la grève comme instrument légitime de la régulation sociale. L'Europe occidentale connaît alors des transformations majeures. Le salariat se diffuse, des garanties nouvelles apparaissent avec la mise en place des États sociaux. Comme le montre R. Castel, cette société salariale « paraît emportée par un irrésistible mouvement de promotion : accumulation de biens et de richesses, création de positions nouvelles et d'opportunités inédites, accroissement des droits et des garanties, multiplication des sécurités et des protections [56] ».

La montée en puissance du phénomène gréviste se poursuit et atteint son point culminant au cours de ces Trente Glorieuses. L'ensemble du monde salarié s'empare de la grève. Ainsi les fonctionnaires, qui émergent véritablement sur la scène des conflits du travail. La grève des services publics de l'été 1953 marque la mise en mouvement massive de cette catégorie de salariés [57]. Et l'activité conflictuelle connaît un sommet couronné par mai-juin 1968 qui, avec quelque sept millions de grévistes, demeure la vague de grèves la plus imposante [58].

Ce niveau élevé de conflictualité écarte désormais la France de la situation rencontrée dans beaucoup d'autres pays d'Europe occidentale. Au nord-ouest du continent, la Belgique, les Pays-Bas et l'Allemagne surtout approfondissent un modèle où la revendication et la négociation précèdent le conflit. Le Royaume-Uni continue de se signaler, en dehors de quelques accès de fièvre, par une activité revendicative relativement modérée même si les années 1960 marquent un regain des mouvements sociaux. Mais au sein de l'Europe occidentale, la France, de même que son

Grèves, grévistes et journées de grève
en moyennes quinquennales (1946-1975) [59]

Années	Grèves	Grévistes	Journées de grève
1946-1950	1 650	3 120 600	11 009 800
1951-1955	2 035	1 415 800	3 893 400
1956-1960	1 805	1 413 800	1 937 800
1961-1965	2 037	1 381 420	2 794 060
1966-1970	1 999	1 593 900	32 138 520
1971-1975	3 756	2 089 475	3 861 320

voisin italien, se distingue par une forte activité gréviste. La coexistence, dans ces deux pays, d'un syndicalisme de confrontation bien implanté, d'un patronat peu enclin à négocier sans y être contraint et de procédés de prévention embryonnaires laissent aux grèves une place fondamentale dans le système de relations sociales [60]. Elles participent d'un mode de régulation conflictuelle de ce dernier.

Cet apogée de la grève s'interrompt peu après le déclenchement de la crise économique mondiale. On assiste en effet à un retournement de situation à partir de la fin des années 1970. D'ailleurs, en dépit de la persistance d'un « front gréviste sud-européen [61] » (Grèce, Italie, Espagne), cette situation se retrouve à l'échelle de l'Europe occidentale où, entre 1975-1979 et 1985-1989, le nombre de grèves est divisé par deux, celui des grévistes par trois, celui des journées de grève par 2,5 [62]. La conflictualité aborde une pente descendante qui, en dépit de quelques à-coups épisodiques (1995), porte l'activité gréviste à un niveau qui rappelle un peu l'avant Seconde Guerre mondiale.

Grèves, grévistes et journées de grève
en moyennes quinquennales dans les entreprises privées
et publiques nationalisées (1976-2000) [63]

Années	Grèves	Grévistes	Journées de grève
1976-1980	3 500	1 581 420	3 241 580
1981-1985	2 595	503 640	1 509 660
1986-1990	1 826	358 800	970 160
1991-1995	1 672	473 480	866 140
1996-2000	2 003	164 279	527 894

Autre tendance lourde, la fonction publique d'État occupe une part grandissante dans les conflits du travail, comme le montrent les statistiques publiées systématiquement à partir de 1982.

Journées de grève dans la fonction publique d'État en moyennes quinquennales (1982-2000) [64]

Années	Journées de grève
1982-1985	443 725
1986-1990	1 043 960
1991-1995	966 960
1996-2000	830 924

Alors que, jusqu'au milieu des années 1990, elle représente presque toujours une minorité des journées de grèves, depuis 1995 c'est elle qui en regroupe presque toujours la majorité, dans une proportion qui atteint parfois les deux tiers. Même si la garantie de l'emploi souvent invoquée pour expliquer la moindre hésitation des fonctionnaires à agir en période de conjoncture socio-économique difficile joue certainement un rôle, il faut sans doute aussi évoquer l'effet de la tertiarisation des sociétés occidentales, le poids croissant de l'appareil d'État et l'effondrement, au cours de la crise, de pans entiers de l'industrie. C'est également un signe de l'institutionnalisation des conflits du travail, devenus un mode de régulation conflictuelle dans des secteurs ou pour des catégories socioprofessionnelles qui auparavant en usaient peu.

Mais l'activité revendicative soutenue des salariés de l'État s'inscrit dans un contexte général de moindre recours à la grève qui s'explique par un ensemble de raisons diffuses. Des hypothèses majeures peuvent cependant être tentées. L'intensité de la crise économique qui se déploie à partir du milieu des années 1970 y contribue fortement. D'abord, elle crée en elle-même un environnement défavorable à l'action collective. Ensuite, elle entraîne la disparition de secteurs industriels (sidérurgie, métallurgie, textile, mines) qui fournissaient traditionnellement de gros bataillons grévistes. Enfin, elle fait vaciller l'édifice des sociétés salariales et le lien social représenté par le travail. Comme l'écrit R. Castel, « le processus de transformation du travail en emplois à statuts qu'avait promu la société salariale apparaît enrayé depuis le milieu des années 1970 [65] ». En conséquence, un certain nombre de repères identitaires professionnels s'affaiblissent et ne sont plus autant qu'auparavant des vecteurs d'intégration susceptibles de favoriser l'action collective. Les secteurs qui continuent de se mettre régulièrement en grève sont d'ailleurs justement souvent ceux dont l'identité professionnelle reste très marquée, au travers en particulier de l'existence et de la défense d'un statut (SNCF, transports, fonction publique, professions de santé)[66].

Les tentatives de relance de la négociation collective et une propension à la « judiciarisation des conflits[67] » participent sans doute également du recul de l'activité gréviste. Cette tendance à l'accroissement du rôle de la loi, perceptible dès les Trente Glorieuses, ne cesse de gagner du terrain[68]. Peu après l'arrivée de la gauche au pouvoir, dans le cadre des lois Auroux, est voté le 14 novembre 1982 un texte sur la négociation collective qui fait notamment obligation aux partenaires sociaux de discuter chaque année des salaires et du temps de travail, dans le cadre d'une « stratégie de négociation globale et permanente[69] ». Cette loi a pu apaiser en amont des tensions qui trouvaient auparavant leur règlement dans le conflit, même si de nombreuses entreprises ne respectent pas cette obligation de négociation[70]. Parallèlement paraît se dessiner, à partir des années 1980, une orientation qui conduit les parties antagonistes à porter davantage leurs différends devant des acteurs extérieurs, tels l'inspection du travail ou le juge[71]. Comme le soulignent aujourd'hui les spécialistes du droit social, « le recours à la justice est devenu un substitut au conflit ouvert[72] ».

Cela dit, il ne faut pas amplifier la diminution de la pratique gréviste : la brutalité des statistiques masque des évolutions plus profondes. Le nombre de conflits du travail demeure relativement important, alors que celui des journées de grève diminue de manière beaucoup plus radicale. Une transformation des pratiques privilégiées de lutte l'explique : les conflits généralisés professionnels ou interprofessionnels, les grèves traditionnelles sous forme d'arrêt continu du travail diminuent au profit des débrayages de courte durée et d'ampleur limitée. Ils permettent de rassembler plus aisément, dans une situation précise, ponctuelle et limitée, d'établir un rapport de force destiné à influer sur l'issue des négociations. Au fond, c'est peut-être « moins la conflictualité qui régresse que ses formes et modes d'expression qui tendent à s'institutionnaliser[73] ». Quoi qu'il en soit, sous l'effet des politiques d'individualisation des conditions de travail qui font éclater la tendance à l'homogénéisation favorisée par la diffusion du salariat au cours des Trente Glorieuses, la « balkanisation des mouvements sociaux[74] » est une réalité forte des quinze à vingt dernières années, dont le caractère ne cesse de s'affirmer. Aujourd'hui, les mouvements généralisés s'atténuent, tandis que « les conflits localisés se diffusent rarement dans les groupes, pour ainsi dire jamais dans les branches[75] ». En somme, la grève ne s'éteint pas, mais trouve une fois encore de nouveaux modes d'expression qui correspondent aux évolutions de la société, marquées ces dernières années par « l'effritement de la condition salariale[76] ». Elle s'éteint d'autant moins que des secteurs jusqu'alors fort rétifs à tout mode d'action collective, comme celui de la « nouvelle économie » de l'Internet et des start-up, s'emparent presque naturellement de la grève dès lors que la revendication leur paraît s'imposer[77]. Au fond, elle continue d'irriguer le monde du travail qui sait la modeler en fonction de ses attentes, de ses besoins et de ses propres mutations.

Au cours des deux siècles écoulés, la grève évolue donc au rythme de la construction de sociétés qui placent progressivement au centre de leurs préoccupations la question sociale et l'intégration du monde du travail. De la Révolution française, qui crée les conditions propices à une confrontation directe entre les producteurs et les détenteurs du capital, jusqu'aux sociétés salariales qui portent le conflit au cœur d'un système de régulation conflictuel des rapports sociaux, l'histoire de la grève traverse trois grands moments qui influent sur sa nature, ses traits, ses pratiques. De la marginalité à l'intégration, les différents aspects du phénomène gréviste, les postures de ses acteurs évoluent avec les trois âges distingués, comme nous allons le constater par la suite.

II

VISAGES DE LA GRÈVE

La grève, en même temps qu'elle s'installe durablement au cœur des sociétés industrielles et salariales, renforce ses relations avec le contexte qui l'environne. Elle gagne progressivement l'ensemble du monde du travail et devient un « fait social total ». C'est-à-dire « *le point où se noue l'ensemble des rapports qu'une société est à même de tisser entre les individus et les sous-groupes qui la composent* [1] ». La grève entretient des relations non seulement avec les grands acteurs de la scène sociale (syndicats, patronat, pouvoirs publics), mais aussi avec l'événement (conjonctures économique et politique) et l'opinion. Puisqu'elle n'est pas ignorée par la société globale et ne peut elle-même s'en abstraire, elle connaît, à son rythme, des transformations structurelles que lui impriment les changements d'attitude, de mentalité de ses acteurs et du monde où elle évolue.

Grève, économie, politique et société : un fait social total

GRÈVE ET CONJONCTURE ÉCONOMIQUE : DES RAPPORTS ÉTROITS ET INCERTAINS

La grève touche une entreprise, a pour conséquence directe la désorganisation de la production, concerne fréquemment le niveau du salaire et porte parfois en elle une remise en cause des structures productives : elle peut donc apparaître naturellement comme un événement d'ordre économique. En outre, phénomène quantifiable par excellence, les conflits du travail font l'objet, à partir de la fin du XIXᵉ siècle, de relevés statistiques officiels suffisamment fiables pour être mis en rapport avec les indicateurs de la conjoncture. Rien d'étonnant, donc, si la grève a d'abord été l'objet des économistes, les premiers à rechercher l'intensité des relations entre les fluctuations des activités économique et gréviste. Deux niveaux d'observation sont privilégiés : les fluctuations interannuelles ; les mouvements saisonniers, puisque les oscillations mensuelles du phénomène gréviste sont vite apparues.

Cette démarche est devenue comme un passage obligé pour l'ensemble des observateurs. Trois grands traits ressortent : la difficulté d'établir une stricte coïncidence entre la grève et son environnement économique ; l'indéniable influence de ce dernier ; la nécessité de traiter la conjoncture elle-même comme un fait social.

La peine à mettre en évidence un synchronisme entre les indicateurs interannuels des conjonctures économique et gréviste est soulignée d'emblée par le pionnier en la matière, C. Rist. En 1907, observant la France, l'Allemagne, l'Angleterre, la Belgique et l'Italie, il souligne le « rapport entre le mouvement des grèves et les fluctuations de l'activité industrielle », tout en ajoutant qu'il « n'est pas absolument régulier, et que [...] il n'y a pas concomitance absolue entre les deux courbes[2] ». Cinq ans plus tard, dans un article comparant une dizaine de pays industrialisés, il ajoute, à propos des rapports entre le chômage et la fréquence des conflits, qu'en France « la relation entre les deux phénomènes est beaucoup moins étroite qu'ailleurs[3] ».

Dans les années 1960-1970, l'approche de Rist est prolongée, avec des conclusions proches des siennes, qui soulignent « une certaine correspondance, qui serait à la fois fondamentale et fort imparfaite[4] ».

Au temps de la grève illicite, sous la monarchie de Juillet, il « est difficile [...] d'affirmer qu'il existe une relation entre la fréquence des grèves et les variations économiques », même si la liaison est « certaine entre les fluctuations de cette conjoncture et la nature même des grèves[5] », offensives ou défensives. Lorsque les conflits du travail se transforment en fait social, la situation reste la même. Les années 1871-1890 révèlent une coïncidence imparfaite entre les variations des grèves et celles de l'économie :

« On ne saurait totalement expliquer les unes par les autres[6]. »
Puis jusqu'à la Grande Guerre, « la dépendance des grèves à
l'égard des fluctuations de l'activité économique est [...] tout à la
fois certaine et limitée[7] ».

L'institutionnalisation de la grève paraît même creuser cette
dissociation. Une comparaison entre les années 1920-1930 et
1946-1962 révèle que « les facteurs conjoncturels ont moins
d'importance après la Seconde Guerre mondiale qu'entre les deux
guerres[8] ». Plus largement, la période 1947-1978 voit un étiolement des rapports grève-conjoncture[9]. Dans les années récentes,
la capacité à s'organiser des acteurs des conflits du travail, leur
niveau d'insertion dans un système de relations professionnelles
institutionnalisé paraissent jouer également un rôle essentiel, tant
en France qu'en Europe, sur leur degré de sensibilité à la conjoncture. Car « plus l'activité des syndicats est insérée dans des cadres
institutionnels avec leurs routines de négociation et plus ces syndicats sont capables de réaliser leurs objectifs à travers le "marché
politique", plus ils deviennent insensibles aux changements
conjoncturels sur le marché du travail[10] ».

Le cycle saisonnier des grèves ne répond pas davantage à une
rationalité économique parfaite. Jusqu'à la Seconde Guerre mondiale, les indicateurs de l'activité gréviste montrent une forte propension à la cessation du travail aux beaux jours, en particulier au
printemps, alors que l'hiver est un moment de repli. Ce phénomène paraît recouvrir une tendance globale : dans de nombreux
secteurs d'activité, un ralentissement, voire une morte-saison se
dévoilent en hiver tandis qu'un regain des affaires se déploie au
printemps. Mais la comparaison avec les indicateurs économiques
révèle des influences qui ne sont pas des concomitances généra-
lisées et indiscutables, sauf pour des secteurs comme le textile ou,
surtout, le bâtiment[11]. D'autres raisons sont à rechercher, tel, par
exemple, l'effet d'entraînement de ce dernier, secteur économique majeur où le syndicalisme et les modes d'action des
ouvriers sont pour beaucoup un modèle jusqu'à la Grande Guerre.
La persistance des rythmes sociaux de la campagne, où l'hiver est
« le temps du repli sur soi, alors que le printemps est propice
aux explosions revendicatives avec ses rites traditionnels de
contestation » au moment où le calendrier festif s'accélère du carnaval (février) à la Saint-Jean (juin), tient certainement une place
non négligeable dans le rythme revendicatif d'ouvriers d'origine
paysanne dont les liens à la terre restent forts[12].

Après 1945, même si les caractères combatif du printemps et atone de l'hiver demeurent, l'aspect saisonnier de la grève se complexifie, devient moins marqué [13]. Sans doute l'institutionnalisation des conflits du travail et le triomphe des sociétés salariales l'expliquent-ils pour une large part : la grève est devenue une réaction banale, presque rituelle, de contestation et de régulation sociales ; moins dépendant des incertitudes du quotidien, de l'horizon étroit de l'instant grâce à la construction des États sociaux, le monde du travail conçoit la revendication dans une perspective moins tributaire des aléas saisonniers de l'activité et du revenu. Des formes d'action limitées dans le temps, plus indépendantes de la conjoncture, tels les débrayages et les journées d'action, se développent. Ajoutons que la diffusion et l'allongement des congés payés contribuent à accentuer le silence revendicatif de l'été et à instaurer la notion de « rentrée sociale » à l'automne, même si aujourd'hui ce phénomène trouve davantage sa traduction dans le discours que dans les faits. La variation saisonnière de l'activité gréviste est en effet désormais très diluée, sinon en voie de disparition [14].

Rechercher une coïncidence parfaite et permanente entre grèves et conjoncture économique est illusoire. En revanche, une conclusion commune rassemble les observateurs : le climat économique peut être une incitation à la grève s'il est positif et un frein s'il est négatif. En somme, « la conjoncture joue le rôle de condition, de cause permissive, non de cause véritable [15] » ; elle est un élément facilitateur bien plus que déclencheur.

La conjoncture a également des effets sur certains traits des conflits. Ainsi, les mouvements offensifs, pour de meilleures conditions de travail, sont plus fréquents en période de croissance. Dans les moments de repli, les grèves défensives pour empêcher la remise en cause d'acquis, protéger l'emploi se multiplient. Dans une perspective identique, les dénouements des conflits sont plus favorables aux grévistes quand l'environnement économique est positif. Les employeurs se montrent plus enclins à accéder aux revendications de salariés plus combatifs, aux capacités de résistance renforcées. À l'inverse, la crise fragilise le monde du travail et rend les patrons moins accessibles à ses griefs [16].

Les observateurs de la grève mettent par ailleurs en évidence la réceptivité du monde du travail à certains éléments spécifiques de la conjoncture. Ainsi le coût de la vie, la hausse du pouvoir d'achat, le taux du chômage sont-ils des phénomènes fortement ressentis. Ce sont pour les salariés des facteurs facilement décelables qui pèsent de manière directe sur leur existence. Au fond, la relation prégnante entre grève et conjoncture est davantage à rechercher dans la perception des acteurs que dans une observation désincarnée de séries statistiques. Les faits économiques sont, comme le pensait Durkheim, des « choses d'opinion[17] ». Il n'est donc pas de réalité économique qui échappe à la force des représentations. Il convient par conséquent de descendre au plus près des acteurs, d'observer le contexte immédiat, celui d'un secteur d'activité ou d'une entreprise. C'est là que se déploie la « conscience ouvrière de conjoncture[18] ». Un des précurseurs de l'histoire des grèves souligne « l'importance qu'il faut attacher aux conditions particulières de lieu, de date et peut-être plus encore à celles concernant l'entreprise ou le groupe d'entreprises où se produisit la grève[19] ». M. Perrot met en pratique cette recommandation pour les années 1871-1890. Elle montre à quel point les ouvriers sont sensibles aux éléments qui éclairent leur situation de l'instant. Ainsi la mise en grève suit-elle le rythme de la paie : elle est souvent versée le premier jour ou le premier samedi du mois, ce qui explique la forte proportion de conflits déclenchés un lundi et les deux premiers jours du mois. Plus largement, les exemples sont pléthore de salariés qui, s'apercevant que la production reprend ou s'accélère dans leur entreprise, profitent de cette situation pour déployer leurs griefs. Cette attitude est précoce, presque consubstantielle aux grèves. En 1832-1833, alors que leur nombre croît notamment à Paris, un tailleur explique ainsi : « Aujourd'hui que l'ouvrage presse, nous avons jugé à propos d'user de représailles[20]. »

Cette conscience de conjoncture fondée sur l'expérience se transforme parfois en stratégie relativement élaborée. Voici les carriers de Loches (Indre-et-Loire) qui attendent plusieurs mois le moment propice pour déclencher leur grève contre la baisse des tarifs : « Cette diminution datait du mois de décembre 1884 ; mais les ouvriers ont choisi pour protester et se mettre en grève l'époque (21 juillet 1885) à laquelle ils étaient assurés de trouver du travail dans les moissons et les autres récoltes[21]. »

La présence accrue des organisations ouvrières confère progressivement à la conscience de conjoncture des contours plus élaborés. Des militants, surtout à partir du tournant des XIXᵉ-XXᵉ siècles, s'emploient à scruter l'état de l'économie[22]. Cette orientation qui se poursuit dans l'entre-deux-guerres[23] s'amplifie après 1945 : le syndicalisme enraciné dans la société et ses institutions sociales se donne les moyens d'une analyse précise de l'économie[24]. Quoi qu'il en soit, la perception des situations immédiates de proximité continue d'occuper une place majeure. Ainsi, lorsqu'une partie du personnel des salles de cinéma Gaumont fait grève le 1er juillet 2001, jour de l'ouverture de la fête du Cinéma, elle voit bien la pression économique exercée par le choix d'un moment d'affluence exceptionnelle[25].

GRÈVE ET POLITIQUE : LES CONFLITS DU TRAVAIL DANS LA CITÉ

Les liens entre ces deux termes sont souvent présentés de manière réductrice. Pour certains, la grève est politique par nature car elle « est une expression de la lutte de classes[26] ». Il est par ailleurs un rituel du discours de discrédit qui consiste à dénoncer son caractère politique, dès lors qu'en raison de son ampleur ou de ses implications elle reçoit un écho dépassant la stricte expression de revendications économiques[27]. Sans doute la récurrence de ces propos vient-elle pour une large part de particularités historiques : la place occupée dans le mouvement ouvrier français par l'idée de grève générale ou les liens étroits longtemps entretenus entre la première centrale syndicale, la CGT, et un parti, le PCF, ont nourri le thème d'une politisation des conflits. Mais le rapport entre un fait social comme la grève et le champ politique est complexe et demande, pour être précisément saisi, de distinguer les différents niveaux et enjeux qui les associent.

Le phénomène gréviste s'insère en effet de diverses manières dans l'espace politique. D'abord, il peut être en lui-même de nature directement politique en raison de ses objectifs, soit qu'ils ressortent d'une dynamique interne, soit qu'ils résultent d'une instrumentalisation partisane. Ensuite, l'appel au politique ou son intervention volontaire dans un conflit le font déborder de son cadre strictement corporatif. Enfin, le climat politique peut peser sur la conjoncture gréviste qui, comme un effet de miroir, déborde parfois elle-même de son lit et influe sur la vie de la cité.

Dans la première situation évoquée, la grève est politique en raison de ses objectifs qui sortent du cadre professionnel. Cette dimension s'élabore à mesure que les conflits du travail s'inscrivent en mode d'action privilégié de catégories sociales sans cesse élargies.

Au temps de la coalition coupable, mais aussi dans les premières décennies du deuxième âge de la grève, cette dernière demeure presque exclusivement cantonnée aux conditions de travail. Des expressions politiques peuvent émerger, mais spontanément et sans être l'objet du mouvement. Ainsi en 1828, quand les ouvriers en grève de Tarare (Rhône) s'exclament « Vive la République ! Vive la Révolution en France ![28] », ou lorsqu'en février 1834 les ouvriers en soie de Lyon font retentir des chants républicains et crient « Vive la République[29] ». Ils expriment certes une forme d'engagement qui résulte d'une dynamique manifestante, sans être le fondement de la contestation ni accompagner une action politique. Même en novembre 1831, quand la grève des canuts lyonnais se transforme en insurrection, « la fidélité au régime n'est pas mise en cause », ils « n'ont pas encore d'autre objectif que d'obtenir le tarif[30] ».

Une fois le monde ouvrier mieux intégré et la grève devenue un mode de contestation structurel majeur, elle peut sortir de la stricte expression de griefs limités aux conditions de travail pour s'inscrire volontairement dans le champ politique. L'adoption par le syndicalisme français, à partir de 1888, de l'idée de grève générale contribue à introduire la dimension politique dans l'acte gréviste. Le syndicalisme d'action directe se vit comme l'élément central des rapports de classes, accoucheur de la société future au moyen d'un arrêt généralisé de la production. C'est pourquoi il s'inscrit, plus que les syndicalismes allemand ou anglais, dans une démarche politique autonome qui veut contribuer à conférer aux conflits une portée dépassant le cadre des griefs économiques. Certes, la grève générale demeure très théorique puisqu'en dépit de timides tentatives elle ne trouve pas de réalisation concrète[31]. Mais l'idée que la grève peut servir à appuyer une cause en relation avec la vie de la cité, par une pression sur les institutions et le pouvoir en place, s'installe.

À partir des années 1920-1930 surtout, la production est parfois suspendue soit pour défendre des valeurs, des engagements qui s'inscrivent dans la tradition du mouvement ouvrier, soit celui-ci relaie la stratégie d'un parti.

Ce dernier cas de figure est illustré par l'intervention du PCF dans les grèves, avec l'aide de la CGTU entre les deux guerres, de la CGT ensuite, surtout au cours des Trente Glorieuses. Au milieu des années 1920, le PCF reconnaît l'importance des conflits du travail dans le monde ouvrier et cherche à les instrumentaliser [32]. Ainsi, en octobre 1925, il appelle à la grève avec la CGTU contre la guerre menée par la France au Maroc. Cette attitude est portée à son paroxysme pendant la guerre froide. L'année 1952 l'illustre de façon presque caricaturale. Le 28 mai, la CGT s'associe à la manifestation contre la venue à Paris du général Ridgway, l'un des chefs de l'armée américaine en Corée ; le 4 juin, après l'arrestation du dirigeant communiste Jacques Duclos, la confédération appelle à une grève illimitée dont l'échec est cinglant. D'ailleurs, le trait commun à ces mots d'ordre est leur faible capacité de mobilisation.

La grève peut également constituer un outil d'intervention du monde du travail dans le champ de la protestation politique, sans qu'il s'agisse de la simple application d'une stratégie partisane. Elle s'enracine alors dans l'histoire des valeurs défendues par le syndicalisme français et contribue à le rassembler ponctuellement. Il en est ainsi de la grève du 12 février 1934 en riposte à la manifestation parisienne des ligues d'extrême droite du 6 février, perçue comme une menace pour la démocratie et la République. Puis, au début des années 1960, les syndicats s'engagent dans la protestation contre la politique algérienne de la France.

L'insertion de la grève dans le champ politique peut aussi résulter de l'appel au politique ou de son intervention volontaire dans un conflit. Le lien le plus fort qui unit les structures partisanes aux conflits du travail réside d'ailleurs dans un soutien extérieur actif laissant espérer un prolongement ou un profit politique de la contestation sociale. Les organisations qui se posent en représentantes légitimes du monde du travail sont naturellement les plus susceptibles de s'inscrire dans cette optique et d'apporter leur appui. Ce dernier peut prendre la forme de déclarations, de démarches en faveur des grévistes, d'une participation à leurs actions (manifestations, meetings), de l'articulation de concours extérieurs. Avant 1914, les socialistes n'hésitent pas à appuyer des conflits emblématiques, comme en octobre 1898, lorsque les principaux chefs socialistes, au premier rang desquels Jaurès, viennent discourir régulièrement dans les réunions des grévistes du bâtiment parisien [33]. À partir du milieu des années 1920, le PCF s'engage dans un soutien quasi systématique aux conflits du travail. Dans la foulée de Mai 1968, l'extrême gauche défend activement des luttes ouvrières. Elle impulse par exemple des comités de soutien lors de grands conflits, tels ceux des ouvriers maghrébins de Penarroya à Lyon en 1972 ou de Péchiney-Noguères l'année suivante. Récemment encore, le PCF et l'extrême gauche se sont emparés du mouvement des salariés du groupe Danone opposés au plan social de leur direction. Le 21 avril 2001, le PCF organise une manifestation sur le site de l'usine de Calais, tandis qu'une éphémère campagne de boycottage des produits du groupe est lancée[34].

Le point commun à de telles pratiques est à la fois identitaire et prosaïque : elles permettent de rendre visible la proximité avec un monde dont ces organisations se veulent les représentantes ; elles laissent espérer un gain sous la forme d'une influence ou d'une audience politique ou électorale élargies.

Dans nombre de conflits qui mettent en mouvement une entreprise moteur d'un bassin local d'emploi, le soutien des élus est fréquent. En l'occurrence, ce sont souvent les grévistes eux-mêmes qui en appellent au politique, recherchent son soutien, l'interpellent. La grève devient alors politique par extension, en raison de la nature de l'interlocuteur[35]. Plus largement, l'élargissement du champ d'intervention de l'État dans les sociétés occidentales après la Seconde Guerre mondiale, accentue une tendance présente dès le premier âge de la grève : le « mouvement social se tourne vers les autorités politiques[36] » ou celles-ci regardent vers lui en raison de ses implications sociopolitiques. L'intervention grandissante de l'État dans les conflits du travail est un phénomène marquant de l'histoire des grèves[37]. D'autant plus que, depuis un demi-siècle, il est lui-même un employeur confronté à des conflits dans la fonction ou le secteur publics.

Le dernier aspect majeur de la relation entre la politique et la grève réside dans le climat politique lui-même, susceptible de peser sur l'activité gréviste. Il faut considérer à cet égard le « degré d'ouverture du système politique[38] ». Au XIXᵉ siècle, le niveau d'intérêt des gouvernements pour la question sociale, leur posture plus ou moins répressive influent sur la fréquence des grèves : elles sont plus nombreuses quand les pouvoirs en place laissent espérer l'indulgence, comme au début de la monarchie de Juillet, à la fin du Second Empire ou au moment de l'affermissement de la République en 1878-1880 ; en revanche, sous le Premier Empire, la Restauration, pendant l'essentiel du Second Empire ou au temps de Thiers, la méfiance à l'égard du monde ouvrier se traduit par une surveillance et une répression plus fortes qui font davantage hésiter à se mettre en mouvement. Au xxᵉ siècle également, la conjoncture politique intervient. Les deux grandes vagues de grèves de l'entre-deux-guerres le confirment : en 1919-1920, la fin de la Grande Guerre, l'espoir d'un monde nouveau allumé dans la foulée de la révolution russe favorisent l'agitation sociale en Europe ; en mai-juin 1936, la percée électorale de la gauche, l'accession pour la première fois au pouvoir d'un président du Conseil socialiste, libèrent les énergies du monde du travail bridées par la crise économique. Pour certains, l'union de la gauche du début des années 1970 favorise la dynamique gréviste en poussant les syndicats à renforcer leurs pratiques unitaires [39]. Pour d'autres, les moments d'instabilité politique encouragent l'activité revendicative [40].

La grève peut elle-même avoir en retour, à court ou moyen terme, des effets sur l'évolution de la vie de la cité. Ceux-ci peuvent s'exercer localement, comme le montre par exemple la grève des couverturiers de Cours (Rhône) en 1899. Des élections législatives se déroulent en plein cœur du mouvement. Porté par la dynamique créée en sa faveur par la confrontation sociale, l'« artisan principal de l'expansion du syndicalisme dans la région », le socialiste Lachize, l'emporte face à son adversaire conservateur [41]. Nationalement, des mouvements de grande ampleur favorisent des changements politiques : Mai 1968, qui combine contestation étudiante et grèves massives, accélère le déclin de la République gaullienne ; le conflit social de novembre-décembre 1995 n'est sans doute pas étranger à la défaite de la droite aux élections législatives de mai-juin 1997.

En somme, le rapport de la grève à la politique est multiforme. Au cours de son premier âge, il s'exerce localement et modestement. Puis il tend à se « nationaliser », à s'étendre. Il s'épaissit en même temps que se transforment les répertoires d'action collective, se renforce la puissance des États et se trouve intégré à la nation le monde ouvrier, avant que le salariat devienne, avec la construction des États sociaux, l'élément central des sociétés et un enjeu politique majeur. Au fond, un fait social devenu une réalité institutionnelle des systèmes sociaux s'inscrit nécessairement dans l'espace de la vie de la cité.

GRÈVE ET OPINION : LA MÉDIATISATION D'UNE CAUSE

Parce qu'elle peut perturber le fonctionnement du système économique, gêne parfois la vie quotidienne des individus et prend régulièrement une ampleur qui dépasse des enjeux strictement professionnels, la grève est en mesure d'attirer l'attention du public et des médias. En outre, leur rôle grandissant peut conduire les grévistes et leurs organisations à rechercher leur soutien ou à les utiliser pour populariser un mouvement qui se donne une dimension légitime.

Dès la première moitié du XIXᵉ siècle, les conflits du travail les plus spectaculaires intéressent la presse[42]. Mais leurs acteurs n'en appellent pas à l'intervention du public, dont le champ d'influence est encore réduit. L'opinion est alors « de façon quasi exclusive celle d'une élite de citoyens », c'est-à-dire « l'opinion majoritaire des instances parlementaires[43] ». De surcroît, la grève n'est pas encore un fait social à part entière. Et la présence marginale d'organisations ouvrières susceptibles de gérer un conflit, de le faire connaître, de le populariser n'encourage guère à la médiatisation.

À mesure que la grève prend sa substance de fait social et, a fortiori, s'institutionnalise, elle implique de façon croissante la société. En outre, l'opinion publique n'est plus seulement celle des élites ; elle est aussi, sous l'effet des mouvements de masse, des manifestations et, surtout, de la diffusion d'une presse populaire et nationale, « l'opinion du public lui-même[44] ». Une société médiatisée prend corps, singulièrement dans la seconde moitié du XXᵉ siècle. La place et l'influence de l'opinion, de ceux qui la façonnent et la transmettent grandissent : ils deviennent progressivement des acteurs indirects à part entière qui influent sur le comportement des protagonistes des conflits.

D'autre part, la présence accrue des organisations ouvrières favorise le développement progressif d'une médiatisation de la grève. D'ailleurs, c'est surtout à partir de la décennie 1880, celle de la légalisation du syndicalisme, que le public commence d'être pris à témoin par des communiqués de presse, des affiches ou des tracts[45]. Mais, jusqu'à la Seconde Guerre mondiale, cette démarche se limite pour l'essentiel à une volonté d'explication pour obtenir la bienveillance de la population et éviter son incompréhension hostile. Une affiche placardée sur les murs de Paris par la fédération CGT et les syndicats parisiens du bâtiment en septembre 1921 illustre ce dessein :

« À l'opinion publique, Aux travailleurs,

Nous voulons vous faire juger des raisons qui nous poussent à poser de nouvelles revendications. Nous espérons que vous comprendrez et que votre sympathie et votre solidarité seront pour nous un réconfort qui nous permettra de lutter pour le triomphe de nos idées [46]. »

Cela dit, les conflits du travail sont alors, pour leurs protagonistes, une confrontation dans laquelle le milieu extérieur occupe une place réduite. Faire connaître pour faire comprendre n'implique pas encore nécessairement la recherche de l'adhésion active du public. C'est dans la période la plus contemporaine que ce type d'attitude se développe. Après la Seconde Guerre mondiale, le rôle d'une opinion mieux informée et relayée croît dans les démocraties occidentales, tandis que les médias connaissent un développement considérable favorisé par la diffusion de nouvelles technologies. Dès lors, les salariés et leurs organisations s'emploient de plus en plus souvent, surtout à l'occasion de conflits longs et durs, à attirer l'attention, la sympathie, le soutien de leur environnement local ou national.

L'accès aux médias présente un faisceau d'intérêts. Au niveau interne, « les médias permettent à la fois de communiquer avec les militants et les adhérents [47] », d'influer sur l'état d'esprit, la mobilisation des grévistes s'ils constatent une solidarité de l'opinion [48]. Au niveau externe, ils offrent de multiples possibilités : sortir le mouvement d'une dangereuse indifférence, « étendre le potentiel de mobilisation par l'information d'une large partie de la population » et contribuer à donner au mouvement « une image de respectabilité et de légitimité... », de « neutraliser les opposants potentiels par l'imposition du sens à donner à leur action [49] ». La médiatisation peut aussi être un moyen de pression sur le patronat s'il craint les effets d'une contre-publicité. Cette pression est aussi susceptible de s'exercer sur les pouvoirs publics qui peuvent se sentir contraints d'intervenir ou de moduler leurs réactions en fonction de l'état d'esprit de la population. Ainsi, en mars 1963, le soutien quasi unanime de l'opinion aux mineurs en grève leur assure une protection quand ils refusent d'obéir à l'ordre de réquisition du gouvernement [50].

Certaines professions attirent l'attention des médias en raison de leur situation dans la société. C'est le cas par exemple de celles des transports qui gênent l'usager, ou des métiers de la santé, censés concerner l'ensemble de la population. Ainsi, la médiatisation des mouvements des infirmières des années 1988-1992 résulte de la visibilité sociale de la profession, non d'une démarche des grévistes [51]. Mais la plupart des métiers n'attirent pas naturellement l'œil du public. Dès lors, des stratégies de médiatisation, de popularisation, doivent être mises en œuvre. Voici les grévistes de Péchiney-Noguères en conflit au début de l'été 1973 qui parcourent les rues en voiture pour appeler la population à la solidarité et l'inviter à se rendre devant l'usine s'informer de leur lutte [52]. Dix ans plus tard, les chauffeurs de la SMTU de Montpellier qui, en octobre-novembre 1983, appliquent une tactique d'arrêts subits du travail installent des stands sur la place de la Comédie pour expliquer leurs motivations [53].

L'organisation de manifestations peut également constituer une manière d'informer, de faire connaître un mouvement et d'inciter à la solidarité [54].

Le soutien de l'opinion apparaît d'autant plus recherché et obtenu qu'un conflit concerne l'entreprise dominante d'un bassin d'emploi. La population locale n'hésite pas à se mobiliser aux côtés des grévistes. C'est le cas par exemple lors du conflit qui touche l'usine Alsthom de Belfort en 1979 ; les habitants, les commerçants, les élus se mobilisent massivement, une opération « ville morte » est organisée, au cours de laquelle la population suspend ses activités quotidiennes en signe de solidarité avec les grévistes [55]. En mai 2001, plusieurs milliers de personnes défilent dans les rues d'Alençon (Orne), en signe de soutien aux salariés de l'usine Moulinex dont la fermeture a été annoncée quelques semaines auparavant [56].

La médiatisation d'un conflit peut être obtenue au moyen d'une « stratégie de la scandalisation ». Dabord, « scandaliser ce peut être [...] soumettre des cas au jugement des autres par le recours à des actions qui font scandale [57] ». La grève déborde de son cours habituel par des mises en scène spectaculaires, des comportements aux contours parfois violents qui participent en fait d'une mise en médiatisation de l'action gréviste. Lors du conflit de la SMTU de Montpellier, sept grévistes licenciés mènent du 1er au 18 février 1984 une grève de la faim ; les articles du *Midi Libre*, jusqu'alors hostiles au mouvement, compatissent à leurs souffrances[58]. À l'été 2000, des grèves attirent l'attention médiatique par la menace que les salariés font peser sur leur outil de travail et leur environnement. Ainsi les ouvriers de l'usine de fabrication de fibres textiles artificielles Cellatex de Givet (Ardennes) font-ils la « une » des journaux dès lors qu'ils s'affirment prêts à faire sauter leur usine et déversent de l'acide sulfurique dans un ruisseau affluent de la Meuse[59].

Dans un autre registre, ajoute M. Offerlé, « scandaliser c'est aussi dire, énoncer qu'il y a scandale. En prenant la parole indignée en son nom, en le décrivant, en le montrant, en le photographiant en le télévisant [...]. Scandaliser c'est [...] aussi trouver les moyens de faire dire et faire croire que le fait, la situation continue sont bien scandaleux ». La grève des ouvriers maghrébins de l'entreprise Penarroya de Lyon-Gerland spécialisée dans la fabrication de plomb, en février-mars 1972, en est un exemple emblématique. Les grévistes alertent la presse écrite et télévisuelle pour qu'elle vienne voir leurs conditions de travail, de vie, de logement particulièrement difficiles. L'exposition de la dureté de ces conditions d'existence dans une société qui achève ses Trente Glorieuses suffit à créer un large écho empreint de sympathie[60].

Les acteurs des conflits sont par ailleurs influencés par les éléments censés construire ou refléter l'état de l'opinion, tels les sondages[61]. Le traitement de l'information par les médias importe également aux acteurs dans la mesure où il contribue à modeler l'appréciation du public. En retour, l'état d'esprit de ce dernier modifie parfois l'attitude des médias. Ainsi, lors du mouvement social de novembre-décembre 1995, les reportages télévisés mettent au départ l'accent sur les désagréments occasionnés par la grève des cheminots et donnent volontiers la parole aux usagers mécontents. Le soutien de l'opinion au conflit, mesuré par les sondages, contribue à modifier les reportages dans un sens plus favorable aux grévistes[62]. Ce mouvement est d'ailleurs révélateur de l'impact de la médiatisation d'un conflit : le mélange du soutien de l'opinion, du traitement d'une information qui porte l'accent sur la détermination des grévistes contribuent certainement au recul du gouvernement.

Dans des sociétés pacifiées, la maîtrise du sens de la parole et de l'image représente un enjeu majeur que les acteurs des faits sociaux n'ignorent pas. Les stratégies de médiatisation destinées à légitimer et populariser une cause visent à atteindre cet objectif devenu primordial.

Nouveaux secteurs, nouveaux acteurs : l'extension du domaine de la grève

L'un des traits majeurs de l'histoire de la grève réside dans sa diffusion, qui suit pour l'essentiel le processus de construction des sociétés industrielles et salariales. Longtemps limités pour l'essentiel au secteur privé et au monde ouvrier, les conflits du travail s'immiscent dans celui des employés, des fonctionnaires et de l'encadrement, tandis que se diffuse l'activité revendicative des femmes et des immigrés.

DE L'ATELIER AU BUREAU, DU PRIVÉ AU PUBLIC

Dans son premier âge, la grève fait surtout partie de l'univers qualifié du monde des métiers. Les ouvriers de l'atelier, mieux organisés que ceux des manufactures, sont déjà rompus aux pratiques de contestation. Avant la Révolution française, les compagnons organisent de nombreuses cabales [63]. Sous la monarchie de Juillet, sur un échantillon de 382 coalitions, 42 % sont l'œuvre des ouvriers de l'artisanat et 32 % des métiers du bâtiment ; 21 % se déroulent dans l'industrie textile et environ 4 % dans les mines et l'industrie lourde [64].

Sous le Second Empire, la situation s'harmonise : les ateliers de taille moyenne, à la pointe du mouvement gréviste, sont concurrencés par la manufacture [65].

Cet équilibre commence véritablement à se rompre dans les dernières décennies du XIXᵉ siècle, alors que s'engage la deuxième révolution industrielle : la grève devient une pratique courante de l'ensemble du monde ouvrier, notamment parmi les jeunes peu qualifiés. Les ouvriers spécialisés et les manœuvres sont à l'origine de 60 % des conflits de 1871-1890. Certes, les professionnels en initient encore 40 %, mais ils ne sont plus le fer de lance d'auparavant. Plus du tiers des conflits se déroulent désormais dans le textile qui, avec la mécanisation récente du tissage, est l'univers type de l'ouvrier spécialisé ; les mines et le bâtiment se montrent aussi très actifs [66]. L'usine et le chantier supplantent ensuite définitivement l'atelier, des déplacements interviennent entre les groupes d'industries : jusqu'à la Grande Guerre, le textile, le bâtiment et les mines continuent d'occuper l'avant-scène ; ils restent très frondeurs dans l'entre-deux-guerres, mais la métallurgie occupe désormais une place majeure.

Au cours du troisième âge de la grève s'opère un nouveau tournant. L'activité gréviste la plus intense change de secteurs : l'énergie et les transports, les industries mécaniques et électriques dépassent les vieilles industries. Dans la société en voie de tertiarisation, la grève banalisée, ritualisée, gagne des catégories où jusque-là elle était peu pratiquée, voire inconnue. Les fonctionnaires en usent de manière accrue. Plus largement, l'ensemble du secteur tertiaire, le monde des employés, des bureaux se font plus revendicatifs. L'univers des cadres entre lui aussi en action [67]. Ils participent à des mouvements intercatégoriels nationaux ou, le plus souvent, locaux. Quelques exemples emblématiques : leur participation à la grève d'EDF du 17 octobre 1957, à celle des mineurs de 1963, là où jusqu'alors l'hostilité entre les « gueules noires » et l'encadrement était fréquente. En mai-juin 1968, les cadres s'associent à la vague de grèves. Ils se mettent également en mouvement pour défendre leurs intérêts exclusifs, comme lorsque le 20 mai 1970 ils se mobilisent à l'appel de la CGC pour défendre leur régime de retraite. Depuis le début des années 1990, on assiste même à leur participation accrue aux conflits du travail. Ainsi lors de la journée d'action du 12 octobre 1993 à France Telecom, où près d'un tiers des cadres supérieurs suivent le mouvement [68], ou encore à la SNCF en novembre-décembre 1995.

C'est donc un nouveau monde qui s'ouvre à la grève au cours de son troisième âge. Depuis un quart de siècle surtout, une double tendance se dessine : le déclin de l'industrie réduit la part du monde ouvrier dans la grève, lui qui en était le fer de lance jusqu'au début des années 1970 ; le secteur tertiaire, dans sa version publique en particulier, occupe de plus en plus l'avant-scène gréviste.

Au fond, à chaque âge de la grève correspond sa sociologie. Au temps de la coalition illicite, ceux qui possèdent déjà une habitude du conflit, de l'organisation, hésitent moins devant les dangers de l'action. Ensuite, le monde de l'usine, ses ouvriers peu qualifiés sont progressivement intégrés à la société qui leur laisse les moyens de se regrouper, de revendiquer, de porter la grève au cœur des relations sociales. Enfin, la société salariale triomphante, celle où le salariat et ses modes d'expression conflictuelle sont des vecteurs d'intégration majeurs, diffuse dans toutes les catégories du monde du travail une pratique devenue un mode de régulation communément admis.

FEMMES ET IMMIGRÉS : UNE INSTALLATION PROGRESSIVE AU CŒUR DE LA GRÈVE

L'une et l'autre de ces mains-d'œuvre montrent des caractéristiques communes frappantes. Présentes dès les débuts de l'industrialisation, elles occupent des emplois subalternes, mal payés et ingrats. Elles constituent tardivement une réelle préoccupation du syndicalisme dont elles suscitent longtemps la méfiance. Le chemin qui mène à leur pleine intégration à la société industrielle et salariale, à leur installation dans le champ des conflits du travail est donc chaotique.

Dès les premières décennies du XIXᵉ siècle, les femmes sont nombreuses dans l'atelier et à l'usine, en particulier dans le textile-vêtement[69]. Elles mènent alors quelques grandes grèves, telle celle des ovalistes lyonnaises, ces ouvrières de la soie qui sont deux mille à interrompre la production en juin-juillet 1869[70]. Mais l'activité conflictuelle des femmes demeure modeste : en 1871-1890, les différends purement féminins réunissent un peu moins de 6 % des grèves et 4 % des grévistes ; les mouvements mixtes représentent un peu plus d'un cas sur dix.

La pratique de la grève continue ensuite de se diffuser, sans correspondre pour autant à l'importance de la place que les femmes occupent dans l'industrie : entre 1893 et 1914, elles comptent en moyenne pour 11,5 % du total des grévistes[71]. Pendant la Grande Guerre, les hommes partis au front, elles sont à la pointe de la plupart des grands conflits de la période, tant dans le secteur traditionnel du vêtement que dans celui, plus nouveau, des usines d'armement. Puis dans le Paris de 1919-1935, plus d'une grève sur cinq est mixte[72], tandis qu'en mai-juin 1936 les femmes sont très présentes, comme dans les grands magasins qui entrent pour la première fois massivement en action.

Quoi qu'il en soit, durant toute cette période, elles sont encore absentes de nombreux métiers, demeurent plus souvent que les hommes à l'écart des syndicats. Elles conservent donc des traits d'une main-d'œuvre qui n'est pas pleinement intégrée à la société industrielle. Cette situation se retrouve dans des modes de contestation souvent plus défensifs, plus éruptifs, moins structurés que la moyenne.

Avec les Trente Glorieuses, les femmes, devenues des citoyennes par l'obtention du droit de vote en 1944, entrent plus massivement dans le monde du travail. Le besoin de main-d'œuvre, la tertiarisation de l'emploi, l'évolution des mentalités favorisent cette tendance. Au moment où triomphe la société salariale, elles participent à ce grand mouvement d'intégration. L'attention que leur prêtent les organisations syndicales, elles-mêmes influencées par les évolutions de la société, est nettement plus forte. La grève devient bientôt pour elles une pratique familière. Elles participent massivement aux grèves de mai 1968 et mènent au début des années 1970 des mouvements qui reçoivent parfois un large écho. Au fond, on pourrait dire que les femmes deviennent des grévistes comme les autres, au sens où leur participation aux conflits ne présente plus de caractère exceptionnel. Pourtant, leur condition d'épouse et de mère ne s'arrête pas à la porte de l'usine, même en grève. À cet égard, les témoignages recueillis après le conflit retentissant de la CIP, de juin 1975 à janvier 1977, sont emblématiques. Après l'annonce du dépôt de bilan, les ouvrières occupent l'usine. Une syndicaliste explique que les roulements sont établis de manière à faire coïncider les heures d'occupation avec la vie de famille. Les célibataires restent à l'usine plutôt la nuit et viennent « le dimanche, parce que nous les maris et la vie de famille, ça n'allait pas » ; une autre vient pendant les heures de travail de son conjoint[73]. Si la grève en elle-même ne pose pas directement la question de la condition féminine, en revanche, sa pratique peut en recevoir les échos.

Le parcours des étrangers dans les méandres de la pratique gréviste apparaît peut-être encore plus singulier.

L'utilisation de la main-d'œuvre étrangère est elle aussi contemporaine de la première révolution industrielle : en 1851, la France compte 381 000 étrangers venus des pays frontaliers (Belges, Italiens, Allemands, Espagnols, Suisses). Le million est franchi en 1881. Pendant la Grande Guerre arrivent les travailleurs coloniaux (Algériens, Marocains, Indochinois) ; ceux du Maghreb sont massivement présents dans l'entre-deux-guerres et après 1945. Au cours des années 1920 sont accueillis en masse les Polonais qui peuplent les mines. D'amples flux migratoires se poursuivent jusqu'au milieu des années 1970 où, après le déclenchement de la crise, les pouvoirs publics cherchent à les enrayer[74].

Au cours des deux premiers âges de la grève en particulier, cette main-d'œuvre est régulièrement en butte à l'hostilité des ouvriers français, attisée par les périodes de crise économique. Sous la monarchie de Juillet, des grèves sont déclenchées par les terrassiers contre la présence des Piémontais et des Polonais sur les chantiers de travaux publics, accusés d'être mieux payés que les ouvriers locaux[75]. Au tournant des années 1880-1890, des troubles xénophobes tournent parfois à l'émeute sanglante[76]. La crise des années 1930 accentue de nouveau les manifestations de rejet[77]. La méfiance est grande également chez les syndicalistes qui agissent peu pour organiser cette main-d'œuvre.

Pourtant les étrangers participent souvent, en tant qu'acteurs minoritaires, aux conflits du travail. Là encore, la grève est un signe, sinon d'insertion, au moins de stabilisation de ces ouvriers. En effet, « sachant qu'ils ne rentreront pas au pays, ils cherchent à s'intégrer à leur nouvel univers, ce qui se traduit par des comportements nettement plus revendicatifs qu'auparavant[78] ». Les Italiens dans le bâtiment, les Belges dans le Nord illustrent cette tendance. Dans le Paris de 1919-1935, la présence d'étrangers est relevée dans 7 % des conflits[79]. Dans les mines de Lorraine et du Nord-Pas-de-Calais, les Polonais ne sont pas inactifs[80]. Cela dit, leur participation aux conflits apparaît moindre que leur poids dans l'industrie. Outre les relations parfois difficiles entre étrangers et Français ou la lenteur de l'éveil du syndicalisme à leurs problèmes, il faut évoquer les risques que représente la grève pour les immigrés : à la menace d'un licenciement s'ajoute l'éventualité d'une expulsion. En somme, ils ne sont pleinement intégrés ni à la société française, ni au mouvement ouvrier, ni à ses pratiques.

De l'après-guerre à la fin des années 1960, la situation change peu. La position des syndicats demeure souvent assez restrictive à l'égard de l'immigration et des immigrés.

Une évolution forte se dessine dans la foulée de Mai 1968. En effet, l'immigration « devient progressivement "un phénomène social total", tandis que se dessine l'éveil d'une conscience collective à la fois à l'égard des immigrés et parmi les immigrés[81] ». En 1971, la CGT et la CFDT mènent une campagne commune contre la xénophobie et le racisme, posent la question de l'égalité des droits syndicaux et de salaire.

Au début des années 1970, les immigrés mènent des grèves médiatisées qui contribuent à éclairer le public sur les conditions de travail souvent pénibles réservées à cette main-d'œuvre dans une société d'abondance[82]. Aux revendications classiques sur les salaires s'ajoutent d'ailleurs des griefs liés à la vie quotidienne hors travail, en particulier au logement. Le thème « À travail égal, salaire égal » émerge fortement de ces mouvements[83]. Le désir d'obtenir des conditions d'existence identiques à celles des autres marque une volonté d'intégration par et dans le travail. Mais le regard porté sur ces grévistes les maintient parfois comme hors de la communauté nationale. En 1982-1983, les grèves des OS immigrés des usines automobiles font couler beaucoup d'encre et témoignent de l'étrangeté qu'ils conservent aux yeux de certains : l'épouvantail d'une manipulation « religieuse et intégriste » est brandi par des responsables politiques au pouvoir[84]. Pourtant dans ces mouvements, « le travailleur prime sur l'étranger même si on ne peut réduire ces conflits à des conflits de classe[85] ». Au fond, si leurs grèves s'éloignent peu du commun dans leur forme et leurs griefs, les ouvriers immigrés sont encore vus en partie comme des éléments extérieurs à la société française. En somme, d'une certaine manière, « la parole immigrée c'est le bruit de l'impact d'une condition globale, homogène, celle des travailleurs immigrés, sur l'univers normatif, cloisonné et fonctionnel de la société française[86] ».

Quoi qu'il en soit, pour les femmes comme pour les immigrés, c'est au moment où se cristallise le processus de construction de la société salariale que leur immersion dans la pratique gréviste se parachève. Cette dernière est somme toute un indicateur pertinent du positionnement d'une main-d'œuvre dans la société : marginale, elle en use peu ; mieux intégrée, elle la fait sienne.

La structure des grèves : un univers de ruptures

La structure des grèves est traditionnellement observée au travers de deux grands indicateurs : leur ampleur (nombre moyen de grévistes par conflit) et leur durée (produit du nombre de journées de grève sur celui des grévistes). Celles-ci connaissent depuis le XIXᵉ siècle des évolutions en forme de ruptures qui illustrent les métamorphoses de la grève.

D'abord la durée des conflits change radicalement. On peut

distinguer trois temps qui recouvrent globalement les trois âges de la grève. Au cours du premier, elle est de courte durée. Elle dépasse rarement quelques jours sous la Restauration[87] et s'étend en moyenne autour de quatre jours pendant la monarchie de Juillet[88]. Cesser la production constitue alors un risque réel tant de renvoi immédiat que de répression judiciaire. En outre, les organisations ouvrières sont présentes dans une minorité de mouvements, ce qui rend d'autant plus compliquée la gestion d'un conflit. En somme, le monde ouvrier ne dispose pas des ressources nécessaires à une lutte de longue haleine.

Le deuxième âge de la grève voit l'allongement notable de sa durée. Désormais licite, elle devient un mode de lutte courant du monde ouvrier. Celui-ci dispose, à partir de 1884, d'organisations syndicales autorisées par la loi qui se développent, encadrent toujours davantage les conflits et offrent une capacité de résistance accrue. En outre, les employeurs et les syndicats privilégient une logique de confrontation dans un environnement où les structures légales de négociation sont tout juste balbutiantes. De 11 jours en 1871-1890, la durée moyenne passe à environ 14,5 jours en 1890-1914. Le maximum est atteint entre les deux guerres : 16 jours en 1919-1935, avec une pointe à 34 jours en 1934, au moment où la crise économique donne lieu à des conflits défensifs très âpres.

Après 1945, une rupture forte se produit : la durée des grèves connaît une chute spectaculaire. Elle atteint difficilement une moyenne de 2,5 jours en 1946-1962. Cette diminution brutale se produit d'ailleurs plus rapidement en France que dans les autres pays industrialisés : la durée des grèves françaises est désormais presque toujours inférieure à celle des conflits britanniques et allemands[89].

Certes, dans les années qui suivent, une tendance au rallongement de cette durée se dessine, confirmée au début des années 1970 où se développent des conflits pour l'emploi parfois très longs. En 1976, la moyenne s'établit à 5,6 jours[90]. Mais les années récentes confirment la tendance de fond : au milieu des années 1980, les grèves retrouvent une durée moyenne située autour de 2,5 jours[91] ; elle est d'environ trois jours en 1997-2000.

Ce raccourcissement se produit avec la poussée de l'institutionnalisation des conflits. Leur installation au cœur des modes de régulation des sociétés salariales implique le développement d'initiatives de courte durée (journées d'action, débrayages) jusque-là plutôt marginales et de pratiques de négociation qui parviennent à réduire la longueur des affrontements. Au fond, la grève n'est plus seulement une épreuve de force qui doit déterminer un vainqueur et un vaincu ; elle devient un moyen de pression limité qui démontre une capacité de mobilisation susceptible de mettre en mouvement les modes de régulation et les acteurs de la négociation sociale.

L'ampleur des conflits connaît aussi des évolutions notables. En l'absence de statistiques précises, on ne peut la mesurer pour l'époque de la coalition interdite. Mais la prédominance de l'atelier et la faible extension des grèves laissent supposer une dimension réduite. Au cours de leur deuxième âge, cette ampleur est relativement homogène : autour de 400 grévistes par grève entre 1864 et 1870 ; entre 200 et 300 de 1871 à 1913 ; environ 370 dans l'entre-deux-guerres. Une première grande rupture s'opère après la Seconde Guerre mondiale. Entre 1946 et 1962, la moyenne se situe à plus de mille. Elle se maintient à un niveau élevé jusqu'en 1977 (près de 700 en 1963-1977). Les conflits généralisés qui se multiplient sous la forme de journées d'action modifient donc en profondeur le visage de la grève. Leur institutionnalisation s'exprime alors volontiers par des protestations nationales d'envergure.

Un nouveau tournant majeur se produit à la fin des années 1970 : l'ampleur des grèves chute brutalement, alors même que la conflictualité diminue et, surtout, change de visage. Les différends localisés, sous la forme de débrayages, se multiplient, les journées d'action, les conflits généralisés se raréfient. Dans la première moitié des années 1980, on ne compte plus qu'environ 200 grévistes par conflit ; la tendance se poursuit : pour 1997-2000, la moyenne se situe à 82. Elle reflète l'atomisation des conflits du travail : les salariés se mettent désormais plus volontiers en mouvement sur des enjeux ponctuels, internes à une entreprise ; le temps n'est plus aux conflits globaux massifs.

Les vagues de grèves : une singularité française ?

S'il est un point sur lequel se rejoignent ceux qui ont réfléchi au phénomène gréviste hexagonal, c'est bien celui de la récurrence d'accès de fièvre sociale, qualifiés de « vagues de grèves ». Cette réalité a été mise en évidence par E. Shorter et C. Tilly[92], qui les définissent comme le moment où « le nombre de grèves et de grévistes pour une année dépasse de plus de 50 % la moyenne des cinq années précédentes [93] ». Sans s'en tenir à cette acception un peu restrictive qui tend à effacer certaines poussées secondaires et « accentue excessivement les discontinuités [94] », il est possible de discerner des moments au cours desquels l'activité revendicative s'enflamme. Cela dit, plutôt que d'insister sur le sentiment de singularité que peut donner l'observation isolée des vagues de grèves, il paraît pertinent d'insister sur leur inscription dans l'évolution générale du phénomène gréviste : elles sont pour lui comme un reflet dans un miroir grossissant.

D'abord, l'ampleur et la fréquence de ces vagues accompagnent la diffusion de la pratique gréviste. La période de la coalition illicite présente deux poussées revendicatives dont la dimension est cependant médiocre, replacée dans l'histoire des conflits du travail. En 1833, on compte en effet moins de 100 grèves, puis 130 en 1840. Ce sont des moments exceptionnels dans une période où l'arrêt de la production est encore une pratique marginale.

Le deuxième âge de la grève concentre le plus grand nombre de vagues : 1869-1870, 1878-1882, 1888-1890, 1893, 1899-1900, 1904, 1906, 1919-1920 et, surtout, mai-juin 1936. Leur ampleur ne cesse de grandir, tout comme le phénomène gréviste. On passe d'une centaine de conflits en 1870 à près de 300 en 1882 ; le millier est dépassé pour la première fois en 1904 ; en 1919-1920, les 2 000 grèves sont atteintes et le million de grévistes franchi. Enfin, point culminant, 1936 rassemble environ 17 000 conflits et 2,5 millions de grévistes. Cette configuration s'inscrit bien dans cette période dorée de la grève, désormais inscrite au cœur des sociétés industrielles.

Son troisième âge rassemble les accès de fièvre les plus spectaculaires, mais leur fréquence diminue : l'hiver 1947-1948, l'été 1953, mai 1968 et novembre-décembre 1995 sont les moments de forte poussée d'un phénomène gréviste qui, davantage institutionnalisé, acquiert une plus grande régularité. Mai 1968, avec ses sept millions de grévistes, marque l'apogée de l'activité conflictuelle. Le dernier quart de siècle, où recule l'ampleur des grèves, compte une seule vague qui s'insère là encore parfaitement dans l'évolution globale de la pratique revendicative : le nombre de journées de grève qu'elle occasionne évoque un peu celui des vagues de la fin du XIXᵉ et du début du XXᵉ siècle.

D'autre part, les secteurs et les catégories socioprofessionnelles moteurs de ces accès de fièvre reflètent aussi les évolutions globales des conflits du travail. Au cours du premier âge,
les artisans qualifiés des petits ateliers sont à l'avant-garde des
vagues de grèves. Au tournant des XIXᵉ-XXᵉ siècles, les ouvriers
d'usine prennent le relais et restent en pointe jusqu'au début des
années 1950. Ils sont ensuite fortement concurrencés par les
salariés du tertiaire en expansion, surtout ceux de l'État. Les dernières vagues, en particulier 1953 et 1995, se déroulent pour
l'essentiel dans le secteur public. En 1953, elle débute aux PTT ;
en 1995, les transports publics, plus particulièrement la SNCF
puis la RATP, sont le fer de lance du mouvement. Et Mai 1968
voit des acteurs nouveaux, tels les ingénieurs et les cadres, entrer
pour la première fois en lutte de manière aussi massive. Cette
sociologie recoupe donc pour l'essentiel les évolutions rencontrées
par la grève au cours de ses trois âges.

Enfin, ces paroxysmes de la contestation font ressortir la
nature de fait social total de la grève. En règle générale, ils sont
en effet le point de convergence de trois conditions qui montrent combien les conflits du travail sont inséparables de leur
environnement. D'abord, une conjoncture économique propice
qui n'entrave pas le passage à l'action. Ensuite, une situation de
vulnérabilité des employeurs et, à mesure que son rôle grandit
dans la société, du pouvoir politique. Enfin, une capacité organisationnelle satisfaisante des salariés[95]. Tels sont les ingrédients
nécessaires à l'émergence de ces fièvres sociales.

Sont-elles pour autant particulièrement françaises ? Shorter
et Tilly le laissent penser quand ils concluent qu'« en France,
l'activité de grève a pour forme caractéristique la vague de
grèves[96] ». Pourtant, les pays d'Europe occidentale connaissent
eux aussi ce phénomène[97]. D'ailleurs, certaines vagues leur sont
communes. C'est le cas par exemple de celles de la fin du XIXᵉ et
des premières années du XXᵉ siècle, de celle de 1919-1920 sur un
continent ébranlé par la Grande Guerre et la révolution russe.
L'agitation de 1936, celle de 1947, concernent également la Belgique. L'Italie de 1953 et de la fin des années 1960 est aussi le
cadre de conflits d'envergure. Ces pays connaissent en outre des
accès de fièvre qui leur sont propres. La France des vagues de
grèves n'est pas isolée.

L'originalité hexagonale n'est donc pas à rechercher dans
l'existence même de ces soubresauts, mais plutôt dans leur

récurrence et leur ampleur qui leur donnent souvent un fort retentissement. Un faisceau de phénomènes l'explique, parmi lesquels la centralisation du pouvoir, le rôle croissant de l'État dans le système économique et social, ou encore des relations sociales fondées durablement sur la confrontation. Cette importance des vagues de conflits doit certainement aussi être reliée au succès de l'idée de grève générale, porteuse d'habitus qui familiarisent avec la perspective de mouvements de grande ampleur débordant du social vers le champ politique. Elle exprime de manière exacerbée l'action directe du monde du travail, fondatrice du mouvement ouvrier français qui marque durablement son discours et sa pratique.

Les grands traits de la physionomie des grèves, leurs relations aux différents éléments constitutifs des sociétés industrielles et salariales évoluent avec les transformations de ces dernières. Les principaux acteurs des conflits changent eux aussi à la faveur de ces évolutions. La grève apparaît ainsi puissamment connectée et réceptive à son environnement. Son enracinement progressif dans les rapports sociaux contribue également à modifier son visage : à mesure qu'elle quitte la marginalité pour devenir un événement courant, presque naturel, elle se montre plus sensible à l'univers qui l'entoure, au sein duquel le monde ouvrier est progressivement intégré, avant que le salariat en devienne le vecteur d'intégration majeur.

III

REVENDICATIONS

Suspendre la production pour obtenir une amélioration des conditions de travail ou éviter leur détérioration : telle est la fonction première de la grève.

Tout au long du XIXe siècle, la transmission des griefs ouvriers se fait en général oralement. Au temps de la grève illicite et dans les années qui suivent sa légalisation, les demandes sont réduites : on cesse le travail pour obtenir le succès d'une revendication, plus rarement de quelques-unes. Mais un changement se produit dès les années 1880 : le monde ouvrier est désormais mieux rompu à la pratique gréviste, l'intervention des syndicats est plus fréquente, les militants deviennent les « scribes du mouvement ouvrier [1] ». La formulation écrite des griefs s'impose, et leur liste s'allonge. Dans l'entre-deux-guerres, le cahier de revendications se répand. Puis au cours du troisième âge de la grève, la présence encore accrue du syndicalisme, l'habitude de la pratique gréviste, la négociation plus fréquente, le niveau de formation sans cesse plus élevé des salariés favorisent une formulation toujours plus précise et exhaustive des demandes.

Sur la longue durée, ces motifs de mise en mouvement, sans cesse élargis, montrent cependant une certaine continuité dans leurs grands thèmes. Quelques-uns ressortent nettement : d'abord le salaire, dont la permanence et l'ampleur frappent l'observateur ; le temps de travail, lié au précédent et à des enjeux de société majeurs ; l'organisation du travail, sa modernisation ; l'emploi, préoccupation croissante depuis un quart de siècle ; la discipline au travail, qui met en jeu les rapports de pouvoir à l'intérieur de l'entreprise.

La place occupée par chacun de ces griefs, leur contenu connaissent des modifications qui suivent pour une large part les transformations des sociétés industrielles et salariales. Le passage de la « condition prolétarienne » à la « condition ouvrière », puis de cette dernière à la « condition salariale », accompagné de l'installation progressive de protections qui écartent peu à peu les travailleurs de la précarité du quotidien font évoluer leurs perceptions des priorités revendicatives. Leur mise en mouvement reflète, accompagne et accélère parfois les grandes évolutions sociales des XIXᵉ et XXᵉ siècles.

Le salaire : la grève au miroir de la société salariale

La question de la rétribution du travail est primordiale et transversale : d'abord, elle réunit à elle seule une part écrasante des motifs de grève ; ensuite, elle est inscrite en filigrane dans bien des griefs qui paraissent pourtant concerner d'autres domaines ; enfin, elle peut contribuer à masquer des mécontentements plus profonds, moins matériels qui trouvent en elle une forme d'exutoire ou de compensation [2].

La revendication salariale est, sur la longue durée, le principal enjeu de la grève, presque hégémonique jusque dans les années 1970, progressivement moins prégnant mais toujours très présent ensuite. En revanche, le contenu des griefs évolue en suivant le processus de construction des sociétés salariales : la revendication n'est pas exactement la même selon que la condition ouvrière et, plus largement, salariale est marquée par une situation de précarité dominante ou, au contraire, se trouve consolidée, entourée de droits et de garanties. Dans le premier cas s'imposent des revendications à dimension conjoncturelle, destinées à obtenir des avantages immédiats. Dans le second se développent plus volontiers des griefs à dimension « régulatoire », ceux « où se regroupent tous les choix en faveur des garanties et, plus généralement, d'un ordre quasi juridique des rémunérations, qui les protège contre les fluctuations du marché [3] ».

Tout au long du XIXᵉ siècle et jusque dans l'entre-deux-guerres, le salaire est la seule source de revenu des ouvriers, même si, durant la première révolution industrielle surtout, la culture d'une terre peut encore améliorer le quotidien des nombreux prolétaires immergés dans le monde rural. Il n'en reste pas moins que l'absence de prestations sociales fait du salaire le véritable horizon susceptible d'ouvrir la voie à une amélioration du niveau de vie. À un moment où il n'offre guère plus qu'une simple reproduction de la force de travail, il concentre donc la majeure partie des énergies revendicatives. On pourrait même dire qu'il est le motif originel de déclenchement des conflits : il est déjà la principale cause des cabales menées par les compagnons au XVIIIe siècle[4]. Et même lorsque l'expression des griefs paraît aborder d'autres aspects des conditions de travail, le salaire n'est jamais très loin. En effet, comme nous le constaterons ensuite, les revendications sur la durée du travail constituent une manière de peser sur la rémunération. De même, les conflits menés pour limiter le nombre des apprentis ou s'opposer, comme les typographes, à l'accès des femmes aux ateliers, participent, aux yeux des ouvriers, aux moyens de garantir le niveau de la rémunération en préservant la qualification et en organisant une raréfaction de la force de travail[5].

Au cours du premier âge de la grève, les ouvriers cherchent d'abord à défendre le niveau de leur rémunération. Ils veulent en effet se prémunir contre une baisse de salaire, contre des retenues diverses imposées par les employeurs. Et même lorsqu'une augmentation est demandée, il s'agit en fait souvent de réajuster un salaire particulièrement faible ou d'obtenir le « rétablissement de conditions antérieurement appliquées[6] ». La formulation des griefs est souvent assez vague : les demandes sont rarement accompagnées de chiffres précis. Pourtant, quelques corps de métiers organisés et qualifiés, en particulier dans le bâtiment (charpentiers, tailleurs de pierre), dans le travail du cuir ou parmi les tailleurs d'habits et les typographes, cherchent déjà à obtenir des garanties. Ainsi, le « tarif », qui consiste « en une traduction en argent des différents stades de transformation de la matière[7] », destiné à uniformiser les conditions de rétribution dans un métier ou dans une ville, est réclamé[8]. À une époque où la mobilité ouvrière est grande, la distorsion des rémunérations d'un atelier à l'autre est un souci qu'une harmonisation peut contribuer à résoudre[9]. En outre, le tarif limite la pression sur les salaires ; c'est ce qu'expriment les cordonniers de Chalon-sur-Saône en 1833 : « Messieurs les Maîtres, vos ouvriers ne veulent plus être les victimes de l'affreuse concurrence qu'un grand nombre d'entre vous exercent sans borne [10].» Le souci d'une dimension régulatoire de la question salariale est donc précocement présent, quoique de façon encore marginale rapportée à l'ensemble des revendications salariales.

Le passage de la grève du «fait coupable» au «fait social» et de la «condition prolétarienne» à la «condition ouvrière» ne modifie guère la structure revendicative : le salaire demeure la préoccupation écrasante. Mais des manières plus élaborées de la formuler apparaissent, un comportement plus offensif se dessine, et la volonté d'obtenir des garanties plus solides se diffuse.

Entre 1871 et 1890, les deux tiers de l'ensemble des revendications se rapportent directement au salaire, tandis que huit grèves à grief unique sur dix sont déclenchées sur ce motif [11]. C'est toujours le taux de la rémunération qui constitue le souci premier des ouvriers. Mais plus que lors des années précédentes, les mouvements se font plus offensifs : on interrompt la production plus pour obtenir de meilleurs salaires que pour protester contre une tentative de diminution. Et la formulation des revendications elle-même se précise : les demandes d'augmentation sont plus souvent chiffrées.

De surcroît, des garanties sont désormais plus volontiers recherchées dans la détermination des salaires : les professions les mieux organisées cherchent à substituer au marchandage individuel du niveau de la rémunération une élaboration collective de ce dernier. Par la demande de tarifs uniques régionaux et professionnels, il s'agit de «transformer l'arbitraire maquis des rémunérations individuelles en véritable contrat collectif de salaire [12]». Les ouvriers du bâtiment se trouvent toujours à la pointe de ce combat. Dans ce secteur existent des séries de prix fixées par les pouvoirs publics pour toute une ville. Elles n'ont cependant qu'une valeur indicative, ce qui conduit les «gars» du bâtiment à mener de nombreuses grèves, jusqu'à la Grande Guerre, pour faire appliquer ces tarifs, les rendre obligatoires et les ériger en salaire minimum [13].

Les modes de rémunération font aussi l'objet de litiges plus nombreux. Les ouvriers s'opposent de manière croissante au travail aux pièces, privilégié par l'employeur car susceptible d'activer la production et de réaliser des économies sur les charges salariales. Ils réclament davantage une rétribution au temps, parfois à la journée, plus souvent à l'heure, une notion plus concrète qui permet d'introduire celle d'heures supplémentaires. Une soixantaine de grèves sont en outre menées pour obtenir un meilleur rythme de paie, plus rapproché[14].

Cette configuration revendicative est relativement stable jusqu'en 1914. Le salaire indirect demeure inexistant : il ne représente encore que 1 % du revenu disponible des ménages en 1913[15]. Améliorer sa rémunération reste donc pour l'ouvrier le moyen d'enrichir son quotidien. Du tournant du siècle à la Grande Guerre, la question du taux du salaire est présente dans les deux tiers des grèves. Mais l'opposition au travail aux pièces et la contestation relative au mode d'établissement ou de paiement de la rémunération se consolident : ces griefs sont presque chaque année présents dans plus d'une grève sur dix[16].

De l'après-guerre au Front populaire, la question salariale regroupe encore les trois quarts des revendications. Le taux de la rémunération demeure la préoccupation essentielle. Cependant, la présence plus prégnante des syndicats et la consolidation de la « condition ouvrière », exprimée notamment par la mise en place des premiers éléments d'un salaire indirect (retraites ouvrières en 1910, assurances sociales en 1930)[17], introduisent, certes à la marge, quelques modifications dans la manière d'appréhender la rémunération, donc dans le contenu des demandes. Les revendications « régulatoires » prennent de l'ampleur alors que grandit l'aspiration à des conditions d'existence plus stables. Un grief émergent souligne le besoin d'une forme de sécurité accrue : l'échelle mobile des salaires. Ce système qui permet d'augmenter la rémunération parallèlement au coût de la vie présente l'avantage d'éviter une chute du pouvoir d'achat. Lancée par la CGT, reprise et amplifiée par la CGTU en 1925, cette revendication est formulée à partir de 1926 dans des conflits du travail, notamment à Paris dans la plupart des secteurs d'activité. Elle doit faire face à des employeurs qui la rejettent dans près des deux tiers des cas et disparaît dans les années qui suivent[18].

Si la dimension régulatoire progresse, elle est encore loin d'être prioritaire. Les grévistes préfèrent obtenir une augmentation immédiate, sans attendre l'application de méthodes qu'ils méconnaissent largement, que leurs employeurs ne semblent pas prêts à accepter et qui paraissent se situer sur un moyen terme encore trop incertain. En effet, les protections hors travail sont encore balbutiantes, le niveau de vie ouvrier modeste et la crise des années 1930 accentuent un repli sur la défense des conditions d'existence du moment.

En revanche, la construction des États sociaux après la Seconde Guerre mondiale, qui contribue à améliorer le quotidien et à garantir l'avenir, modifie le contenu et le sens de la revendication salariale.

Au cours des Trente Glorieuses, la rémunération est toujours aussi présente dans les conflits du travail. Des années 1950 au début de la décennie suivante, elle représente entre 70 et 85 % des causes de mise en grève[19]. Certes, jusqu'au milieu des années 1950, le pouvoir d'achat augmente lentement, mais le salaire réel stagne : dans ce contexte, il paraît naturel de voir le monde du travail se mettre en mouvement pour l'amélioration de sa rémunération. Mais ensuite, alors que le niveau de vie s'accroît fortement, cette prééminence exprime sans doute davantage les contours du compromis fordiste : les contraintes de la productivité, les modifications intervenues dans les conditions de travail trouvent plus que jamais leur compensation dans la revendication salariale, dont la dimension de « rémunération des conditions de travail[20] » est essentielle. Par exemple, dans les entreprises industrielles, « le passage aux 3 × 8 a été le plus souvent négocié en contrepartie de compensations en termes de salaire indirect ». Autrement dit, au cours des Trente Glorieuses, « *le salaire sert d'équivalent général à l'ensemble des revendications des travailleurs*[21] ».

Pourtant, la « société salariale » qui se construit rend la question du niveau de la rétribution directe un peu moins pressante, moins omniprésente, même si cette réalité peine à trouver sa traduction dans la structure revendicative. Le niveau de croissance sans précédent s'accompagne d'une progression notable du pouvoir d'achat des salariés en France et en Europe occidentale. Des garanties sont octroyées, avec en particulier l'instauration du SMIG en 1951. Le salaire indirect représente désormais le tiers du revenu ouvrier[22]. Autour de la fin des années 1960, au moment même où les bienfaits de la société de consommation commencent à être interrogés, le niveau de salaire retient un peu moins l'attention. Une enquête sur l'ouvrier français en 1970 montre qu'une « hausse des salaires respectant l'éventail actuel » des rémunérations, réclamée par la CGT, n'est pas jugée prioritaire[23]. Certes, statistiquement, le salaire demeure de manière écrasante la préoccupation majeure des salariés jusqu'en 1977. À cette date, il est encore le motif essentiel du déclenchement de 70 % des grèves[24]. Pourtant, la nature de ce grief majeur s'est sensiblement modifiée au tournant des années 1960-1970 : la demande classique d'une augmentation est devenue moins fréquente qu'auparavant, au profit de doléances plus qualitatives, comme la mensualisation, l'échelle mobile, le contrôle des classifications et des modes de rémunération[25]. Ces demandes aboutissent parfois à la diffusion de garanties supplémentaires qui assoient encore un peu plus la condition salariale. Ainsi, en avril 1970, un accord sur la mensualisation est signé entre le CNPF et les syndicats[26].

L'installation dans la crise économique, après le premier choc pétrolier de 1973, marque un tournant : la revendication salariale entame un recul dont l'ampleur et la durée paraissent signifier le caractère structurel. D'abord, les griefs salariaux connaissent un déclin presque continu pendant dix ans, entre 1977 et 1986, où ils sont la raison de l'engagement de 36 % des conflits du travail. Une remontée éphémère de cette question se produit en 1987-1989 (60 % des causes de conflits), puis en 1993-1994. Mais cela n'obère pas une tendance lourde : le thème salarial est globalement en décrue. La période la plus récente le confirme : dans la seconde moitié des années 1990, les salaires sont le motif du déclenchement de 37 % (1996) à 27 % des grèves (1999)[27]. Même s'ils demeurent le plus souvent le premier grief de cessation du travail, ils sont concurrencés, en particulier depuis le début des années 1980, par le problème de l'emploi. On retrouve là de manière accentuée une caractéristique des périodes de crise : protéger ou conserver son emploi devient une préoccupation grandissante qui occulte en partie la question salariale. En outre, la revendication collective sur les salaires n'est sans doute pas facilitée par les politiques d'individualisation qui ne cessent de gagner du terrain à partir des années 1970-1980. D'autant plus que, face à cette mutation, les réactions des syndicats ne sont pas unanimes : la CGT et FO y sont plutôt opposées, alors que la CFDT s'emploie surtout à discuter ses modalités d'application[28]. Enfin, la mise en place de procédures de négociation obligatoires sur les salaires après le vote des lois Auroux de 1982 permet certainement de résoudre en amont une partie des griefs : la chute presque ininterrompue des revendications de salaire intervient d'ailleurs précisément entre 1982 et 1983. Quoi qu'il en soit, la tendance paraît profonde : la question salariale ne retrouve plus, même dans les moments de bonne conjoncture, la place hégémonique qui fut la sienne jusqu'à la crise des années 1970.

La durée du travail : l'émergence progressive du temps libre

Depuis le XIXᵉ siècle, la durée du travail constitue de manière récurrente un enjeu économique, social et politique majeur. Bien plus tôt et plus qu'en matière de rémunérations, l'État et le législateur interviennent directement dans les débats, pèsent fortement sur les évolutions. Des premières lois des années 1840 à celle sur les 35 heures en 1998, le champ politique contribue à réglementer, accompagner ou modifier la perception sociale du temps et influe ainsi sur le sens des conflits en la matière. Les revendications sur la durée du travail, aux multiples implications, ne peuvent être comprises que par la prise en considération des divers facteurs susceptibles d'influer sur elles : les débats qui secouent la société, les transformations des structures de production et celles qui accompagnent le processus menant de la marginalité du monde ouvrier à la centralité de la condition salariale.

D'un point de vue quantitatif, la question de la durée du travail constitue, après le rapport salarial, le deuxième grief le plus souvent émis par les grévistes. Les deux thèmes sont d'ailleurs intimement mêlés.

La gestion et le contrôle du temps représentent un enjeu primordial des sociétés industrielles en construction. En particulier dans une nation aussi longtemps rurale que la France, où jusqu'à la deuxième révolution industrielle, les ouvriers partagent souvent leur existence entre la culture de la terre et l'usine, où le rythme des travaux de la première tend à être privilégié sur celui de la seconde. Pour le patronat, parvenir à renverser l'équation, imposer la régularité de la journée de travail est un enjeu majeur. L'industrialisation, avec les machines qui impriment leur rythme, l'horloge qui impose son implacable régularité, modifie en profondeur la façon d'appréhender le temps. Comme l'écrit R. Sue, « avant l'industrialisation, le travail [à dominante rurale et artisanale] ou l'activité en général était la mesure du temps ; avec l'entreprise capitaliste le rapport s'inverse, *c'est le temps qui devient la mesure du travail*[29] ». Les sociétés industrielles apprennent à séparer nettement le moment du labeur et celui du non-travail, une frontière auparavant bien plus floue.

Le contenu des revendications sur le temps de travail est profondément lié à cette perception sociale du temps, qu'elles contribuent aussi, à la marge, à faire évoluer. Une sorte de dialectique s'installe sur la longue durée : les grèves influent sur l'évolution de la durée du travail ; en retour, la perception du temps amène les ouvriers et leurs organisations à modifier le contenu de leurs demandes.

Au XIXe siècle, celui de la « condition prolétarienne », faite de précarité et d'instabilité, l'horizon de l'existence laborieuse est celui du quotidien. Dans ce contexte, l'expression privilégiée des revendications est la journée.

Au début de l'industrialisation, le temps de travail s'accroît pour atteindre un maximum vers 1835-1840, avec des journées de douze à quinze heures [30]. Pourtant, jusqu'aux années 1820, les revendications sont rares. Les ouvriers du bâtiment sont parmi les premiers à soulever fortement la question ; en 1821-1822, ils réclament une diminution du temps passé sur les chantiers [31]. Ces premières luttes sont souvent liées aux revendications salariales : l'alourdissement de la charge de travail est alors ressenti comme une atteinte au niveau de la rémunération. Mais dans cette première moitié du XIXe siècle, la durée du labeur déclenche encore assez peu de coalitions. Sous la monarchie de Juillet, ce thème se développe en 1833-1834. Mais ce sont encore les ouvriers du bâtiment qui, en 1839-1840, se font les plus ardents promoteurs de la journée de dix heures. À un moment où les moyens de subsistance sont médiocres, revendiquer une diminution du temps de travail peut sembler, aux yeux des ouvriers, une arme à double tranchant : elle allège la pénibilité de l'acte de production, mais elle est aussi susceptible d'être accompagnée d'une baisse de salaire. Ce grief est donc porté par les ouvriers des métiers de l'artisanat payés à la journée ; ceux rétribués au rendement tiennent ce problème à l'écart de leurs préoccupations immédiates.

La décennie 1840 voit la société s'emparer de la question de la durée du travail. À la suite d'une prise de conscience largement due aux enquêtes des hygiénistes sur les conditions des femmes et surtout des enfants, les premières lois sont votées. Ainsi, en mars 1841, la journée est limitée à 8 heures pour les 8-12 ans et à 12 heures pour les 12-16 ans. Le premier texte qui encadre le temps de travail des adultes intervient après les journées révolutionnaires de février 1848 qui mettent un terme à la monarchie de Juillet ; il est aboli le 30 juin 1848, peu après l'écrasement dans le sang des barricades parisiennes.

Sous le Second Empire, la revendication d'une diminution des heures de travail « tend à prendre un caractère de régularité [32] ». On cherche alors à obtenir soit un accroissement des temps de pause, soit une réduction du nombre d'heures de présence dans la journée. La revendication des 10 heures réapparaît dans les mouvements sociaux des années 1860, celles de la libéralisation du régime impérial [33].

Au cours des deux décennies suivantes, la durée du travail est présente dans les grèves, mais de manière encore assez marginale : elle émerge dans seulement 4,9 % des conflits à revendication unique et représente 11,4 % du total des griefs de cette période. Dans l'immense majorité des cas, c'est la réduction de la journée qui est réclamée (409 revendications sur 524), le plus souvent à 10 heures. La demande d'un repos hebdomadaire reste très marginale (23 revendications) [34].

L'exigence d'une baisse de la durée du travail est régulièrement associée à celle d'une augmentation de salaire. Elle est même fréquemment sacrifiée au profit de cette dernière. Au moyen de la réduction du temps de production, il s'agit donc d'abord de faire pression sur le niveau de la rémunération. Les serruriers lyonnais l'expriment clairement en 1881 : « Le travail est une marchandise », par conséquent, « comme toute marchandise s'offre et se demande, le prix en augmente quand il y a pénurie de marchandises [35] ». D'ailleurs, au cours des années 1871-1890, les revendications sur la durée du travail demeurent surtout le fait des ouvriers payés au temps qui y voient un moyen d'augmenter les heures supplémentaires, donc le salaire.

Les arguments utilisés couramment par les grévistes partisans de la réduction du temps de labeur sont essentiellement de deux ordres. Il est d'abord question de servir l'intérêt général en donnant du travail à ceux qui en manquent et obtenir l'« amortissement du chômage, la vraie plaie de l'ouvrier », comme l'écrivent en 1881 les teinturiers de Villefranche [36]. D'autre part, produire moins permet de mieux vivre en échappant à la fatigue : « Faire moins d'heures de travail, c'est ménager ses jours et sa santé », proclament les ouvriers du bâtiment en 1909 [37]. Ces deux considérations se retrouvent sur la longue durée. Après la Seconde Guerre mondiale et la mise en place d'une société de loisirs progressivement étendue à l'ensemble des catégories sociales, l'idée d'une moindre fatigue au travail est prolongée par celle d'un droit légitime au temps libre et aux vacances [38].

Les patrons rejettent massivement l'idée d'une baisse de la durée du travail. En 1871-1890, comme dans le bâtiment parisien du début du XXe siècle, cette revendication échoue dans la plupart des cas [39]. Là encore, cette attitude représente une constante. Dans le Paris de 1919-1935, près des deux tiers des demandes sur ce thème sont repoussées [40]. Dans la période la plus contemporaine, la réaction hostile des organisations patronales à la loi sur les 35 heures fait encore ressortir ces réticences.

En 1890, un palier symbolique est franchi dans l'histoire de la revendication du temps de travail : en France et en Europe, le 1er mai devient une journée de grève pour l'obtention des 8 heures. Le rituel qui s'instaure donne une valeur emblématique à ce thème, contribue à le populariser et accentue la pression sociale en faveur d'une telle réforme. Les initiatives gouvernementales ne tardent d'ailleurs pas à reprendre, dans le contexte d'une « République radicale » plus attentive à la question sociale. Elles concernent d'abord, classiquement, l'horizon de la journée, telle la loi Millerand du 30 mars 1900. Mais la référence à la semaine émerge. Ainsi, le 30 septembre 1900, la loi Millerand-Colliard prévoit de limiter le temps de labeur à 60 heures par semaine. Et le 13 juillet 1906 est votée la loi sur le repos hebdomadaire obligatoire de 24 heures. Le législateur prend donc en considération, au tournant du siècle, une mesure plus large de la durée du travail.

Cette tendance émerge également dans le monde ouvrier avec la revendication de la « semaine anglaise ». La demande d'un repos le samedi après-midi apparaît en effet dans quelques grèves à la fin du XIXe siècle. Elle s'affermit dans le milieu de la couture, de la mode et de la confection. Une loi votée le 11 juin 1917 l'instaure dans ces secteurs. Mais, jusqu'en 1914, l'univers de l'usine demeure avant tout soucieux de diminuer le labeur quotidien, comme en témoigne par exemple la grande campagne sur les 8 heures menée par la CGT autour du 1er mai 1906. Cette année-là, la revendication d'une baisse du temps de travail atteint d'ailleurs un sommet puisqu'elle apparaît, selon la *Statistique des grèves*, dans 30 % des conflits.

La loi du 23 avril 1919 qui institue les 8 heures est un tournant majeur. Face à une forte pression sociale au lendemain de la

Grande Guerre, alors que les partisans de la révolution russe gagnent du terrain en Europe et que les manifestations du 1er mai s'annoncent agitées, le législateur paraît accéder à une revendication institutionnalisée par le 1er Mai. Mais cette loi, autant que des 8 heures, est celle des 48 heures. C'est en effet la première fois qu'est suggérée aussi nettement une certaine flexibilité des horaires. D'une part, les employeurs obtiennent la possibilité de recourir à un volume conséquent d'heures supplémentaires. D'autre part, le texte évoque une durée légale qui peut être « soit 8 heures par jour, soit 48 heures par semaine, soit une limitation équivalente établie sur une période de temps autre que la semaine » (art. 1-6).

Cette loi a une triple conséquence sur les attitudes et les revendications dans l'entre-deux-guerres. D'abord, la question de la réduction quotidienne du temps de travail tend à s'effacer du discours syndical et des conflits, puisqu'une vieille revendication emblématique est théoriquement satisfaite. Ensuite, l'application de la loi, subordonnée à la publication de décrets longs à négocier, surtout en raison du grand nombre d'heures supplémentaires réclamé par les patrons, motive la majeure partie des grèves sur la durée du travail jusqu'au Front populaire : les ouvriers arrêtent la production pour demander une stricte application du texte[41]. Enfin, elle contribue à déplacer le regard du monde ouvrier : autrefois rivé sur la diminution du labeur quotidien, il se tourne aussi désormais vers la revendication d'un temps libre. Ainsi, dans les années qui précèdent le Front populaire, même dès 1919, la question d'un congé annuel payé devient une préoccupation grandissante, d'abord du mouvement syndical avant d'apparaître dans les conflits sociaux[42]. Cette aspiration est cependant encore marginale. Les ouvriers parisiens, pourtant très en pointe puisqu'ils sont parmi les premiers à formuler ce grief, le font figurer dans seulement 79 grèves sur près de 2 500. Cette revendication émerge aussi en province dans la seconde moitié des années 1920[43]. La loi de juin 1936 qui institue les 15 jours de congés payés prend donc ses racines plusieurs années auparavant. L'œuvre du législateur, qui instaure en outre la semaine de 40 heures, est la combinaison d'un rapport de forces immédiat favorable au mouvement ouvrier et l'aboutissement d'une évolution des mentalités en germe dès les lendemains de la Grande Guerre.

Mais le bénéfice des lois sociales du Front populaire est de courte durée. De mai à novembre 1938, des décrets-lois du ministre des Finances, Paul Reynaud, autorisent la multiplication des heures supplémentaires et permettent d'organiser la semaine sur six jours. Un nouvel allongement de la durée du travail s'amorce, tendance qui ne s'inverse qu'à la fin des Trente Glorieuses.

Après 1945, la question du temps libre devient plus prégnante, et l'horizon s'allonge : la condition salariale consolidée, l'emploi stabilisé, le pouvoir d'achat accru et la perspective d'une période grandissante de non-travail après la vie active élargissent les perspectives des revendications.

Après la guerre, la semaine de 40 heures est officiellement rétablie. Mais dans la pratique, jusqu'au milieu des années 1960, la France vit une situation particulière comparée aux autres nations industrialisées : la durée hebdomadaire du travail augmente ; jusqu'en 1976, elle est même la plus élevée parmi ces pays. Les mineurs et les métallurgistes œuvrent 47 à 48 heures par semaine, on produit 45 heures dans la métallurgie. Pourtant, le temps de travail mobilise assez peu : entre 1946 et 1961, il occasionne moins d'une grève sur dix. Au début des années 1970, la semaine est encore en moyenne de 43 à 44 heures. Cette situation est compensée par l'allongement des congés payés qui, en 1956, sont portés à trois semaines, puis à quatre en 1969. Or, en ces temps où le niveau de vie s'accroît, alors que la société de consommation et de loisirs s'installe, la durée annuelle du travail et la question du temps libre deviennent des préoccupations fortes des salariés, autant que la durée quotidienne ou hebdomadaire passée à l'usine ou au bureau. Ainsi, au début des années 1970, lorsque le temps de travail est évoqué dans 17,5 % des conflits et représente une revendication sur dix, les congés payés et la retraite, prises ensemble, mobilisent plus que le retour aux 40 heures effectives [44].

Il faut ensuite attendre 1982 pour trouver de nouvelles mesures générales : la gauche au pouvoir institue les 39 heures, la cinquième semaine de congés payés et la retraite à 60 ans. Puis la durée du travail recommence à diminuer au début des années 1990, de manière souvent subie, avec le développement du temps partiel. Désormais, la durée d'activité est plus un enjeu politico-économique qu'une revendication sociale majeure [45]. Elle joue le rôle de variable d'ajustement qu'elle avait déjà tenu pendant la crise des années 1930. La loi sur les 35 heures votée en 1998 s'inscrit dans cette démarche : elle résulte d'une volonté politique de réduire le chômage en partageant le travail. Mais ses modalités d'application sont à l'origine d'une recrudescence des conflits. En effet, les revendications pour l'aménagement et la réduction du temps de travail constituent une cause de mise en grève sur neuf en 1997-1998, une sur quatre en 1999[46]. Cette montée en puissance se poursuit : entre juin 2000 et juin 2001, les 35 heures rassemblent près de 30 % des revendications émises par les salariés[47]. Elles donnent lieu, par exemple, à des mobilisations massives et répétées dans la fonction et le secteur publics[48].

Sans doute plus encore que les autres, les revendications sur la durée du travail évoluent avec les mentalités et la perception du temps, elles-mêmes influencées par la construction progressive des sociétés salariales.

Face à la modernisation du travail

Les révolutions industrielles, dont l'une des caractéristiques majeures est d'introduire des innovations technologiques, de modifier les manières de travailler, sont accompagnées de contestations de ces transformations.

Au cours de la première révolution industrielle, la nouveauté majeure concerne l'introduction de machines, en particulier dans le textile, secteur moteur, mais aussi dans les imprimeries ou le travail du bois (sciage de long, menuiserie). Elles sont parfois perçues comme l'ennemie menaçante, la cause de l'aggravation des conditions de travail et un substitut possible à la force humaine. Elles sont donc la source de conflits qui expriment moins « un refus systématique du progrès technique[49] » que la crainte de voir la machine prendre la place des bras laborieux. Ce placard anonyme, affiché par les ouvriers pareurs de Clermont-l'Hérault (Hérault) en janvier 1818, l'exprime de manière emblématique :

« Messieurs, l'inhumanité et la dureté de votre cœur nous met hors de nous-mêmes. Nous ne prétendons pas attenter à votre fortune, mais si vous ne faites pas en sorte de nous donner du travail, nous ne pourrons éviter que de tenter sur vous et sur les méchaniques... Si vous ne retirez pas vos laines méchaniques pour faire travailler quatre ou cinq cents personnes qu'ils sont aux portes et que vous ne daignés pas les regarder, ne soyez pas surpris si vous voyez un soulèvement pour tomber sur vous et vos méchaniques, tant les pauvres ouvriers nous souffrons pour nous et nos pauvres enfans [50]. »

Cette crainte d'une pression sur l'emploi est la réaction première, presque instinctive qui se retrouve sur la longue durée. D'autres préventions, dont le contenu et la formulation transcendent la chronologie, surgissent face à la machine et à la modernisation des techniques. L'inquiétude devant une possible déqualification est présente, comme en témoigne la place occupée par les ouvriers de métier dans les mouvements d'opposition aux machines [51]. La menace d'une pression sur les salaires est aussi une motivation majeure récurrente. Mais à partir de la fin des années 1840, l'opposition aux machines s'atténue fortement [52]. En effet, « il semble bien qu'il faille situer dans la seconde moitié de la monarchie de Juillet la période d'accoutumance définitive de l'ouvrier à l'usage des machines. Ces dernières sont désormais entrées dans les mœurs et ont été adoptées comme auxiliaires de la production [53] ». La contestation de leur présence est désormais d'une extrême marginalité. Entre 1871 et 1890, seules huit grèves sont menées contre leur introduction [54]. Cette tendance se prolonge jusqu'à la Grande Guerre. Quelques rares mouvements surgissent encore, comme dans le textile, secteur traditionnellement sensible. Le plus long conflit est celui du tissage Plancke d'Hazebrouck, où les ouvriers refusent l'introduction du métier automatique qui permet la conduite de plusieurs métiers par un seul d'entre eux. Déclenchée en avril 1908, elle s'achève au bout de huit mois, quand le patron accorde la possibilité de refuser d'œuvrer sur ces machines [55].

Mais à la veille de la Grande Guerre se dessine une évolution qui se prolonge dans les années 1920-1930 : désormais, c'est moins l'apparition de nouvelles machines que celle de méthodes innovantes qui est contestée. Chez Renault se déroulent, en décembre 1912 et février-mars 1913, les premières grandes grèves contre une tentative de chronométrage [56]. Des griefs traditionnels émergent : la crainte d'une pression sur les salaires et les rythmes de travail, comme l'indique un rapport de 1913 sur le point de vue des ouvriers de chez Renault : « Le chronométrage [...] détermine un surcroît de production énorme en même temps qu'une diminution de salaire pouvant aller jusqu'à 50 %[57]. »

À cette date, la rationalisation du travail en est, en France, à ses balbutiements. Elle prend son essor dans l'entre-deux-guerres, où les méthodes de rationalisation, taylorisme et fordisme, sont désormais employées sur une plus grande échelle. Les syndicats sont divisés face à ces changements[58]. La CGT accepte l'organisation scientifique du travail si elle s'accompagne d'améliorations de la condition ouvrière. La CGTU y est pour sa part défavorable. Pour elle, en système capitaliste, la rationalisation menace l'emploi, risque d'occasionner une baisse des salaires et un surmenage. Mais au fond, ni la CGT ni la CGTU n'expriment véritablement d'opposition de principe à la modernisation. Seules ses implications soulèvent la vigilance des syndicalistes comme des ouvriers. Les conflits sont cependant rares. Par exemple, à Paris en 1919-1935, ce sont seulement vingt-six grèves, surtout entre 1927 et 1935 dans le secteur des métaux, qui sont déclenchées pour des motifs liés aux nouvelles méthodes de production. Près des deux tiers échouent. Moderniser est en effet, aux yeux des employeurs, un enjeu majeur du fonctionnement de l'entreprise qui souffre difficilement une remise en cause[59].

Les années 1950-1960 connaissent bien peu de conflits liés au machinisme. Les sociétés salariales se construisent sur un mode de régulation fordien qui établit une « connexion serrée entre production de masse et consommation de masse[60] » : ce compromis est alors largement perçu comme la condition de l'épanouissement d'une croissance économique spectaculaire profitant au plus grand nombre. À la fin des années 1960, dans le sillage des mouvements de contestation qui ont touché l'Europe occidentale, ce modèle entre en crise. La critique de certains aspects d'un mode de production contraignant émerge de nouveau, illustrée par les grèves d'OS, ces ouvriers symboles à la fois de la modernisation de l'appareil de production et de la répétitivité des tâches. Mais la contestation ne se limite pas au monde de l'industrie et touche aussi le tertiaire. Par exemple, la grève des banques déclenchée en mars 1974 est motivée par les conditions de travail des employés, modifiées notamment par le développement de l'informatisation et de la parcellisation des tâches. Les employées « se sont retrouvées entassées à plusieurs dizaines dans un bureau, à taper des bordereaux du matin au soir. [...] Les machines font un boucan à ne plus s'entendre. [...] "En cinq ans, nous sommes toutes bonnes pour la scoliose et, en beaucoup moins, pour les dépressions nerveuses à répétition. Ce n'est pas du travail : c'est de l'abrutissement organisé"[61] ». Il ne faut cependant pas surestimer l'importance de cette critique. En 1971, le thème de la « réorganisation du travail » n'est soulevé que dans 3,4 % des conflits, celui des cadences dans 3,9 % d'entre eux[62]. Au fond, sur la longue durée, les débats dans les syndicats et la société sur ces questions paraissent rencontrer un écho fort limité dans la pratique gréviste. D'une manière générale, les revendications liées aux conditions de travail occupent jusqu'à nos jours une place nettement minoritaire dans les motifs exprimés de déclenchement des conflits. Ainsi, en 1979-1986 comme dans la première moitié des années 1990, ces griefs sont la raison majeure de mise en grève dans un maximum de 7 à 8 % des cas[63]. Et même s'ils connaissent un certain regain depuis 1996-1997, avec environ 15 % des causes de conflit, ils continuent de tenir quantitativement une place assez réduite[64].

En somme, le monde du travail n'a guère montré, dans ses accès de colère, d'opposition au principe de la modernisation des techniques et des méthodes de production. Les problèmes posés par leur mise en œuvre sur les conditions de travail ont accaparé la contestation dans ce domaine, dans des proportions cependant limitées : la longue omnipotence, en France, de la revendication salariale a largement absorbé, dans une sorte de troc numéraire, le mécontentement engendré par des transformations parfois radicales.

L'emploi : une revendication de crise grandissante

La défense de l'emploi n'intervient pas seulement face aux contraintes de l'organisation du travail. Elle est l'enjeu de conflits autonomes dont la fréquence s'est considérablement accélérée dans le dernier quart du xxᵉ siècle.

La Révolution française instaure le principe d'un libre contrat entre le salarié et son employeur qui peut aisément se séparer de ceux dont il ne souhaite plus la présence dans son établissement. Jusqu'à la construction des États sociaux qui s'accompagne, en particulier au tournant des années 1960-1970, de protections accrues en matière d'emploi[65], les patrons peuvent congédier sans aucune contrainte leurs ouvriers jugés peu productifs ou insuffisamment adaptés à la discipline de l'usine. Cette situation donne lieu régulièrement à des grèves destinées à défendre les ouvriers ainsi renvoyés. Ces conflits localisés à une entreprise sont, au fond, fortement rattachés à la question du pouvoir de décision patronal et rencontrent généralement l'échec. Ainsi, dans le Paris de 1919-1935, il est au rendez-vous dans les trois quarts des conflits dont l'emploi est le principal enjeu[66].

Plus largement, les périodes de crise économique, propices aux licenciements, voient éclore en grand nombre des mouvements dont l'objectif prioritaire est le maintien de l'emploi. Pourtant, l'émergence massive de cette question dans les conflits du travail est somme toute assez récente. Au XIXᵉ siècle, le besoin d'une main-d'œuvre massive et stable prédomine. Les ouvriers conservent en outre assez fréquemment des activités agricoles qui leur permettent de survivre si le travail en usine vient à manquer. À partir de la fin du siècle, les données du problème changent fondamentalement : les ouvriers se fixent à l'usine ; conserver son emploi est encore plus indispensable qu'auparavant, d'autant qu'aucune protection n'existe en cas de chômage. Jusqu'à la Grande Guerre, la conjoncture économique est globalement assez favorable, et les conflits liés à l'emploi sont plutôt rares. En revanche, l'entre-deux-guerres, marqué par des moments de crise aiguë en 1921, 1927, et surtout dans la première moitié des années 1930, voit croître les oppositions aux licenciements. Cette question émerge dans une grève parisienne sur dix et dans 8 % des conflits survenus dans le Nord en 1919-1935[67].

Les Trente Glorieuses et leur plein-emploi estompent logiquement ce problème. Mais la crise qui commence au début des années 1970 engendre assez rapidement une multiplication des conflits liés à la préservation de l'emploi, au refus des licenciements ou à des mesures de reclassement[68]. Sur un plan strictement statistique, les « conflits de l'emploi », qui en 1977 sont le motif de déclenchement d'un mouvement sur dix, deviennent, au milieu des années 1980, celui d'une grève sur trois[69].

Dès le début des années 1970 émergent des conflits retentissants sur ce thème, accompagnés d'occupations d'usines, quelquefois de la remise en route par les ouvriers eux-mêmes de l'outil de production, comme le font les ouvriers de chez Lip en 1973 ou les femmes de la CIP en 1975. D'autres mouvements de grande ampleur sont ensuite menés contre des restructurations qui touchent des industries lourdes en voie d'extinction dans les pays d'Europe occidentale. C'est le cas, par exemple, dans la sidérurgie lorraine en 1979 et en 1984.

Dans la dernière décennie, l'emploi continue d'occuper une place prépondérante : il motive, selon les années, entre un tiers et un cinquième des grèves. Certes, une tendance à la décrue accompagne le retour à la croissance après 1997 : en 2000, ce ne sont plus que 14 % des griefs qui se rattachent à ce problème[70]. Mais il engendre toujours les différends les plus âpres. Ainsi, à l'été 2000, la fermeture de sites industriels donne lieu à des conflits au retentissement médiatique considérable[71]. Et les plans sociaux qui touchent des grandes entreprises en difficulté, les restructurations et les fusions, généralement accompagnées de suppressions d'emplois, font surgir de nombreuses luttes défensives[72].

À partir de la fin des années 1980 affleure sur la scène gréviste la question de la précarité de l'emploi. En 1988, elle apparaît dans seulement 2 % des conflits mais présente une expansion suffisamment notable pour que les statistiques officielles soulignent le phénomène[73]. Aujourd'hui encore, dans un contexte où le travail temporaire occupe une place considérable, ce problème continue de motiver régulièrement des conflits, en particulier dans les industries agroalimentaires ou certains services publics (BNF, La Poste)[74].

En somme, la sauvegarde de l'emploi, dans une société où les protections mises en place au cours des Trente Glorieuses perdent en intensité, est donc devenue un thème revendicatif prioritaire, jusqu'à concurrencer la puissante question de la rémunération.

La discipline au travail : l'entreprise, enjeu de pouvoirs

L'entreprise est un lieu où des rapports de force se nouent entre les salariés et les employeurs : les premiers cherchent à disposer de droits, de moyens de contrôle, voire d'une autonomie accrue, tandis que les seconds s'emploient à élaborer des formes de contrainte et à construire un contexte propice à l'encadrement de la main-d'œuvre, à limiter ou à canaliser l'expression des revendications.

Historiquement, l'enjeu de pouvoir que constituent l'atelier, l'usine, le chantier puis le bureau fait éclore trois grands types de conflits : ceux produits par la volonté patronale de contrôler la main-d'œuvre (règlements d'atelier, amendes) ; ceux liés à la question de la représentation du monde du travail dans l'entreprise, à la place dévolue aux organisations ouvrières ; ceux, enfin, nés de différends avec le personnel d'encadrement.

Dans une société rurale aux rythmes propres, l'industrialisation introduit un nouveau rapport au temps, de nouvelles formes de contraintes, indispensables à son fonctionnement mais difficiles à imposer. L'usine nécessite une activité régulière, homogène, avec une main-d'œuvre disciplinée, stable, qu'il faut « modeler en corps dociles – respectueux de la ponctualité et de l'assiduité qu'impose la production mécanisée et endurant les actes productifs contraints qui l'accompagnent[75] ». Les employeurs cherchent donc à imposer le rythme et la discipline considérés comme indispensables au fonctionnement efficace et régulier imposé par les machines. Tout au long du XIXe siècle, leur préoccupation majeure est de contraindre à un corps de règles qui visent plusieurs objectifs[76] : parvenir à fixer dans l'espace de production des ouvriers qui considèrent souvent le travail à l'usine comme un appoint de celui aux champs ; discipliner la main-d'œuvre, la soumettre au rythme régulier de la production (punition des retards) ; assurer le rendement de la force de travail et garantir le bon usage des machines ; réprimer les actes déviants (boire, fumer, se battre). Cette volonté est à l'origine d'assez nombreux conflits, surtout jusqu'à la Grande Guerre : de 1871 à 1914, les différends sur les règlements d'atelier et les systèmes d'amendes sont posés chaque année dans 5 à 10 % des conflits. Ensuite, les mouvements motivés par ces questions reculent : dans le Paris de l'entre-deux-guerres, seules 9 grèves sur près de 2 500 les soulèvent[77]. Sans doute l'existence d'une main-d'œuvre stable, adaptée à la discipline de l'usine, explique-t-elle pour une large part la rareté des conflits en la matière.

Désormais, l'enjeu majeur est celui de la présence de contre-pouvoirs constitués à l'intérieur même du lieu de production. Déjà sous la Restauration, certains métiers s'élèvent contre la remise en cause par les employeurs des principes du compagnonnage. En octobre-novembre 1817 par exemple, la chapellerie lyonnaise proteste notamment contre la suppression de vieilles pratiques compagnonniques comme les amendes entre ouvriers et les « damnations[78] ». En décembre 1822, les papetiers de Troyes et de Coulommiers cessent à leur tour la production pour défendre l'institution compagnonnique[79]. Alors que la Révolution française a créé un vide institutionnel en instaurant la liberté du travail, ces mouvements marquent sans doute surtout une volonté de conserver des structures, des usages qui permettent de garantir une certaine continuité aux statuts professionnels[80].

En fait, il faut surtout attendre les années 1880 pour voir réellement surgir sur la scène gréviste des revendications liées à la place des organisations ouvrières, des militants sur le lieu de travail. C'est en 1884 qu'est accordé le droit de constituer des syndicats. Mais, déjà depuis 1878 en particulier, la tolérance gouvernementale permet l'existence d'associations ouvrières. Les réactions patronales ne tardent pas, et, à partir de 1880, la défense de la liberté syndicale devient un thème de différends récurrents. Certes, cette question occupe statistiquement une place marginale : en 1887, son point culminant des deux dernières décennies du XIXᵉ siècle, elle est soulevée dans 5 % des conflits. Mais il s'agit souvent de grèves retentissantes, âpres, où les positions semblent irréconciliables : les négociations sont rares, et la durée des mouvements souvent longue, jusqu'à 45 jours en moyenne[81]. Dans la plupart des cas, la grève est déclenchée par le renvoi des ouvriers syndiqués.

Dans l'entre-deux-guerres, on continue certes de lutter contre les tentatives patronales de congédier des syndicalistes. Mais la reconnaissance par les employeurs des délégués ouvriers devient un motif de grève tout aussi fréquent. Un monde ouvrier mieux intégré, organisé, aspire désormais à voir admis un interlocuteur institutionnel. Cette reconnaissance de représentants choisis par les salariés, qui implique d'accepter la représentativité et la présence, sur le lieu de travail, d'un contre-pouvoir, est farouchement rejetée par les patrons[82]. C'est en 1936 que la vague de grèves et les lois du Front populaire qui s'ensuivent imposent la reconnaissance des délégués ouvriers élus. Le militantisme syndical demeure cependant un engagement périlleux, il s'impose lentement sur le lieu de travail. Ce n'est qu'après les événements de mai 1968 que la loi du 27 décembre suivant légalise la section syndicale d'entreprise. Les élus syndicaux deviennent, à l'intérieur de l'entreprise, des « salariés protégés » dont la loi et la jurisprudence entravent le renvoi arbitraire[83]. Les différends en la matière sont désormais réglés davantage devant les tribunaux qui, chaque année, prononcent une centaine de condamnations suite à des mesures de licenciement des représentants du personnel jugées discriminatoires[84]. Il n'en reste pas moins que des grèves sont encore déclenchées pour s'opposer au renvoi de militants, en particulier dans des secteurs où le fait syndical est encore fragile. Ainsi dans la restauration rapide où, en 2001-2002, les différends se sont multipliés dans un secteur où domine une précarité permettant jusqu'alors aux entreprises de retenir l'expression revendicative et militante[85].

Enfin, l'enjeu de pouvoir que constitue le lieu de travail implique directement le personnel d'encadrement. C'est le cas en particulier tout au long du XIXᵉ siècle, où les conflits avec les cadres, perçus comme les exécutants parfois trop zélés des volontés patronales, sont fréquents. En 1871-1890, M. Perrot relève des demandes de renvoi des cadres dans environ 150 grèves[86]. Au XXᵉ siècle, cette revendication s'estompe : dans le Paris de l'entre-deux-guerres, elle apparaît dans seulement 1,5 % des mouvements[87]. Une discipline de l'usine mieux acceptée, une identification progressivement plus forte de l'encadrement à la condition salariale, surtout après la Seconde Guerre mondiale, contribuent à réduire le fossé qui le séparait souvent du personnel d'exécution. Malgré tout, les griefs nés de relations conflictuelles avec les cadres resurgissent périodiquement. En témoigne la multiplication, ces deux dernières années, de conflits souvent médiatisés dont l'enjeu est le harcèlement moral. Ce dernier « émane le plus souvent de cadres qui se voient fixer des objectifs de plus en plus difficiles à tenir et qui font peser sur leurs subordonnés la pression dont ils sont eux-mêmes l'objet[88] ». Les salariés demandent le renvoi du directeur, pour ne plus venir « travailler la peur au ventre », à l'instar de ceux d'une entreprise nancéienne en grève pendant près de trois semaines en mars 2000[89]. L'écho de ces différends trouve peu après une traduction législative. La loi de « modernisation sociale » de janvier 2002 améliore en effet le dispositif de lutte contre le harcèlement sur le lieu de travail et fait apparaître dans le Code du travail, pour la première fois, la notion de harcèlement moral[90].

Les griefs exprimés par le monde du travail évoluent lentement au cours des deux siècles écoulés. Les changements émergent en fonction de l'état du processus d'intégration des ouvriers en particulier, puis du monde du travail en général. Les préoccupations de ceux qui connaissent la « condition prolétarienne » ont un caractère limité et immédiat lié aux impératifs d'une vie dont l'horizon est le moment présent. La « condition ouvrière » en formation s'accompagne d'un souci plus manifeste de garanties structurelles et collectives. Les protections offertes par la société salariale apportent des modifications profondes : l'inquiétude du lendemain qui s'estompe crée les conditions d'éclosion de demandes laissant percevoir une manière de vivre progressivement réfléchie sur le terme d'une vie. Enfin, les transformations du marché du travail, du rôle social de l'État avec la crise du dernier quart de siècle, rendent plus prégnants les problèmes de l'emploi. Une fois encore, les conflits du travail montrent l'étroitesse de leurs relations avec les transformations du monde dans lequel ils évoluent.

DEUXIÈME PARTIE

Pratiques

LE COURS DE LA GRÈVE

Chaque grève est un événement aux singularités affirmées. Il est néanmoins possible de distinguer des ruptures et des continuités, des évolutions surtout, dans la manière d'entamer, de conduire, d'organiser et d'achever une grève. Au fil du temps, des pratiques d'abord empiriques se transforment quasiment en rituels institutionnalisés. D'autres apparaissent à mesure que s'affermit l'installation des conflits du travail au cœur des rapports sociaux des sociétés industrielles et salariales.

La grève présente, dans son cours, quatre moments essentiels : le choix du type de déclenchement ; celui de la méthode conflictuelle ; celui du mode d'organisation ; celui du dénouement.

Se mettre en grève : de l'« échappée belle [1] » au préavis institutionnalisé

Il existe deux manières d'entrer en grève : brusquement, sans que l'employeur soit averti de l'éventualité d'un arrêt du travail, ce dernier débutant avant la formulation des revendications ; au contraire, des grèves éclatent après le dépôt des griefs, à la suite d'une mise en demeure, parfois même après des négociations de durée variable. Ces deux grands modes d'interruption de la production sont qualifiés, pour les premiers, de grèves subites ou spontanées et, pour les seconds, de grèves annoncées ou concertées. Naturellement, la part occupée par chacun d'eux évolue nettement entre la période de la grève illicite et celle du conflit institutionnalisé. La nature de la grève, défensive ou offensive, influe également sur la réaction des salariés, de même que leur degré d'organisation, leur plus ou moins grande pratique de la contestation sociale, leur qualification. Mais c'est d'abord la place occupée par les conflits du travail dans les sociétés industrielles et salariales qui détermine leur mode de déclenchement.

Au cours du premier âge de la grève, celui de son interdiction, la part des mouvements subits atteint sa plus haute fréquence : les ouvriers cessent volontiers la production par surprise. Voici les imprimeurs sur étoffe de Dornach (Haut-Rhin) qui, le 11 décembre 1830, « ne se présentèrent pas à leurs ateliers pas plus qu'ils ne se présentèrent pour toucher la paie qu'ils devaient recevoir ce jour-là. Le lendemain, après une réunion dans un cabaret, ils décidèrent de se rendre auprès des propriétaires de la fabrique », ce qu'ils firent deux jours après le début de leur grève[2]. On voit même, jusque dans les années 1871-1890 surtout, des ouvriers quitter l'usine sans rien demander dans l'immédiat. Parfois, le travail cesse et reprend sans que des revendications ne soient jamais formulées : à Pérenchies (Nord) en mars 1889, « les tisseurs ont cessé le travail durant deux jours et cela sans réclamer aucune augmentation de salaire[3] ». L'effet de contagion peut intervenir. Des tisseurs de Lille, interrogés en mai 1890 sur leur attitude, alors qu'un mouvement se développe dans la profession, « donnent comme motif de leur cessation de travail qu'ils veulent faire comme les autres[4] ». Il s'agit là de situations qui sont ensuite en voie de disparition : elles sont surtout typiques d'un moment où les conflits du travail n'ont pas encore atteint un fort degré de banalisation, où le monde ouvrier est pour une large part marginalisé, où l'absence fréquente d'organisations permanentes laisse une plus grande latitude au développement d'épisodes où la spontanéité l'emporte.

En dehors de cette configuration particulière à la grève dans sa jeunesse, le caractère subit des conflits du travail recouvre pour l'essentiel deux cas de figure bien différents qui se retrouvent tant au XIXᵉ qu'au XXᵉ siècle. Dans le premier, il peut s'agir d'une réaction spontanée, presque épidermique face à l'annonce de mesures patronales considérées comme une remise en cause intolérable de situations acquises. Une baisse du salaire, un allongement de la durée du temps de travail, une modification de l'organisation de la production sans concertation, le renvoi d'un ouvrier provoquent des réactions de rejet susceptibles d'exclure l'annonce préalable de la mise en mouvement. Quelles que soient les périodes considérées, il apparaît en effet que ces grèves défensives sont le terreau de prédilection de l'arrêt spontané du travail. Dans ce cas, la plupart du temps, les salariés se croisent les bras en même temps qu'ils se rendent auprès de leur employeur exposer leurs griefs. Ce cas de figure intervient aussi quelquefois dans des conflits offensifs, pour appuyer le dépôt des revendications, comme lorsque, le 14 décembre 1929, trois cents serruriers parisiens « ont abandonné le travail tandis qu'une délégation se présentait à la direction pour demander une augmentation de salaire[5]... ». Il s'agit alors pour les grévistes d'un mode de pression raisonné qui crée un rapport de forces immédiat, montre leur détermination et laisse ainsi espérer des concessions rapides du patron.

La grève subite peut aussi constituer une tactique efficace pour mettre les employeurs en difficulté par son simple effet de surprise, ou permettre aux ouvriers d'échapper à une intervention rapide des autorités pour juguler la coalition interdite. Voici décrit le procédé mis en œuvre sous la monarchie de Juillet par des ouvriers de la région rouennaise :

« Avant 1849, en Seine-Inférieure, se produisaient des manifestations d'une nature particulière : il arrivait assez fréquemment que des ouvriers faisaient ce qu'on appelait un bloc. À un jour donné pour une raison quelconque et sans avertissement de leur part, ils cessaient le travail, l'établissement était bloqué, c'est-à-dire placé dans une espèce d'interdit[6]. »

Cette pratique aux contours mystérieux pour les employeurs nécessite une préparation, une organisation qui excluent la spontanéité. Elle est surtout représentative de moments où les différends se résolvent presque exclusivement par une épreuve de force. À partir de l'entre-deux-guerres, et surtout au cours du troisième âge de la grève, elle perd de son intensité, même si la surprise est encore parfois utilisée pour désorganiser la production et obtenir satisfaction en cherchant à éviter un long mouvement. À Saint-Nazaire en 1955, par exemple, elle est employée efficacement par des ouvriers des chantiers navals :

« Depuis plus d'un mois les soudeurs emploient une forme d'action efficace. Chaque semaine, ils observent une journée de grève-surprise. Cela veut dire que, inopinément, une affichette est apposée dans les ateliers un soir de la semaine, une demi-heure avant la débauche, demandant aux soudeurs de ne pas se présenter au boulot le lendemain[7]. »

De même, en octobre-novembre 1984, les chauffeurs de bus de Montpellier cessent subitement le travail à plusieurs reprises. Cette tactique découle d'une décision prise par le personnel en assemblée générale[8].

Dans ces conditions, la surprise résulte d'une tactique délibérée, calculée, pratiquée en général sous la houlette de syndicalistes qui l'estiment capable de mener au succès.

Malgré tout, à partir de la fin du XIX siècle, le dépôt des revendications avant la mise en mouvement devient la pratique majoritaire. Déjà répandue au cours du premier âge de la grève, elle présente alors le plus souvent un caractère d'immédiateté : la réponse du patron est attendue en général sans délai, on lui accorde rarement un temps de réflexion substantiel. Là encore, les dangers que recèle l'utilisation d'une pratique illégale impliquent une action rapide.

Au cours du deuxième âge de la grève, l'habitude de privilégier l'annonce préalable de la mise en mouvement se diffuse, s'affermit progressivement. L'encadrement grandissant des conflits du travail par les organisations syndicales accélère le processus. Un bref éclairage sur les deux moments extrêmes de cette période illustre la vigueur de ce phénomène. En 1871-1890, pour les grèves dont le mode de déclenchement est connu, 51 % sont subites ; mais dès la décennie 1881-1890 le rapport s'inverse : les conflits annoncés deviennent légèrement majoritaires[9]. À l'autre extrémité de la période, l'annonce préalable de la mise en mouvement est devenue une pratique commune. Dans le Paris des années 1919-1935, les trois quarts des conflits débutent après le dépôt des revendications[10]. Cependant, une différence très nette existe entre grèves offensives et défensives : les premières sont presque toujours annoncées, alors que les secondes, réaction instantanée à une remise en cause inattendue des conditions de travail, débutent le plus souvent subitement, sans préavis.

Il n'en reste pas moins que la pratique gréviste, sous l'effet de l'intégration du monde ouvrier, de sa meilleure organisation, de l'immersion du conflit dans le système des relations industrielles, est engagée dans un processus de ritualisation qui en fait un instrument rationnel, contrôlé de protestation. Désormais, le mode de déclenchement diffère moins par son caractère subit ou annoncé que par la longueur du préavis et l'existence ou non de négociations préalables à la mise en mouvement.

Le plus souvent, c'est encore devant une simple mise en demeure que se trouve l'employeur : une délégation d'ouvriers se présente devant lui, formule les demandes de ses mandants ou dépose un cahier de revendications ; le patron doit les accepter ou les refuser sur-le-champ. À l'été 1898, des terrassiers parisiens en décident ainsi : ils quittent le travail immédiatement « après le refus opposé par l'entrepreneur à leur revendication [...]. Dans une réunion tenue la veille [...] il avait été décidé qu'une délégation se rendrait [...] auprès du patron et que si celui-ci refusait d'accorder l'augmentation demandée, le travail serait aussitôt abandonné. Ils ont tenu parole [11] ».

Des délais un peu plus longs sont parfois laissés à l'employeur. Quelques heures ou le temps d'une soirée. Ainsi lorsqu'en avril 1870 les fondeurs en fer de la région rouennaise, mécontents du règlement de leur usine, adressent un ultimatum à leur patron :

« Monsieur Elméring, les ouvriers de votre établissement ont l'honneur de vous demander l'abolition de vos règlements [...]. Les ouvriers ne peuvent marcher plus longtemps dans ces conditions. Ainsi, Monsieur, veuillez bien vouloir demain, à 6 heures du matin, rendre votre réponse, car les ouvriers ne commenceront pas avant [de l'avoir reçue]. »

En l'absence de réponse du patron, la grève commence [12]. Un week-end de réflexion peut aussi être accordé, comme avec ces ouvriers mécaniciens et électriciens de Paris qui, le samedi 8 janvier 1926, envoient une délégation auprès de « la direction pour demander une indemnité de vie chère de 5 F. Devant le refus opposé par la direction, 50 ouvriers ont abandonné le travail lundi matin à 11 heures [13] ».

Lorsque le temps qui sépare le dépôt des revendications du début de la grève est de plus longue durée, la présence d'une organisation syndicale est presque toujours relevée. Elle est sans doute seule à même de contrôler la situation dans un tel cas de figure, de freiner les ardeurs offensives des ouvriers. Parfois, des négociations qui peuvent durer précèdent la cessation du travail. Cette pratique est certes déjà présente au temps de la grève interdite, comme lorsque les compagnons charpentiers mènent à l'été 1832 de longues discussions sur les salaires avec la chambre syndicale patronale avant de cesser le travail [14]. Mais cette attitude est alors l'exception et concerne des professions très organisées. En revanche, la banalisation de la grève et la présence accrue des syndicats en amont des conflits du travail rendent ensuite ce type de situation bien plus fréquent. La procédure est de plus en plus souvent élaborée : les grévistes se réunissent, discutent des revendications, les soumettent à l'employeur et, en fonction de sa réponse, prennent leur décision. Voici les carriers du Dramont (Var) dont l'assemblée générale du 17 août 1899 « proclame la grève et rédige un épais dossier de doléances » tout en décidant de laisser une semaine de réflexion à la direction de la compagnie ; le 24 août, « après une réunion houleuse, un vote secret décide de la grève par 411 voix contre 122 et 200 abstentions [15] ».

Plusieurs mois peuvent séparer la grève de l'énoncé des revendications. La communication du comité central de la FFTL du 29 février 1920, envoyée aux sections quelques jours après le déclenchement du conflit des imprimeurs parisiens, illustre bien cet état de fait :

« Depuis novembre, nous faisons patienter les travailleurs du Livre parisien qui, très justement, demandaient à cette époque une augmentation de salaire de 5 F. Leur demande a été rejetée en novembre par les patrons. Aujourd'hui, ils veulent bien la considérer comme justifiée mais ils nous opposent leur nouvelle formule : "Augmentez les salaires par des heures supplémentaires." Malgré nos démarches, après avoir poussé la conciliation jusqu'à l'extrême limite, leur réponse reste invariable. Nous ne pouvons nous incliner [16]. »

Si ce type de situation est encore relativement rare et correspond aux pratiques d'une fédération bien organisée, portée de longue date à la négociation, il n'en reste pas moins que, sous l'égide du syndicalisme, la grève annoncée est privilégiée, de manière à faire éventuellement l'économie d'une confrontation qui peut être longue et coûteuse.

Après la Seconde Guerre mondiale, le processus d'institutionnalisation de la grève s'accompagne d'une codification accentuée des conflits du travail, notamment dans leur mode de déclenchement. Les mises en mouvement subites sont l'exception ; la règle est celle de l'annonce et du préavis. Dans les services publics, ce dernier a même force de loi depuis 1963. Dans certaines branches ou entreprises, des accords signés entre la direction et les syndicats prévoient également des négociations préalables à la mise en mouvement. Pionnier, celui signé chez Renault en septembre 1955 stipule qu'« en cas de conflit [...] les parties contractantes s'engagent à ne recourir ni au lockt-out, ni à la grève avant d'avoir épuisé les possibilités conventionnelles, réglementaires ou légales de solution [17] ». Plus récemment, en 1996, la direction de la RATP se dote d'un processus dit d'« alarme sociale », renouvelé en octobre 2001, destiné à éviter la grève par la tenue de réunions préventives : les syndicats ou la direction de l'entreprise, s'ils « identifient un problème susceptible de générer un conflit », provoquent la tenue d'une réunion dans les cinq jours pour tenter de régler le différend par la négociation, avant tout déclenchement d'une grève. C'est seulement à l'issue de l'éventuelle « rédaction d'un constat [...] de désaccord » que le différend constaté peut se transformer en confrontation [18].

Cela dit, la spontanéité de la grève ne disparaît jamais vraiment. Elle connaît des résurgences parfois fortes, comme en mai 1968 et dans les années qui suivent, où la mise en mouvement se produit simultanément au dépôt des revendications, le précède même parfois [19]. Néanmoins, le troisième âge de la grève, celui des conflits du travail comme moteur de la régulation des systèmes sociaux, s'accompagne d'une présence accrue du syndicalisme et d'une pratique maîtrisée de l'affrontement de la part des salariés, même lorsqu'ils agissent en dehors des grandes structures pacificatrices.

Mais déclencher une grève implique, outre son mode d'annonce, le choix d'une méthode.

Choisir sa grève : la panoplie conflictuelle
entre élargissement et adaptation

Au XIXᵉ siècle, tandis que la grève est d'abord interdite puis commence à s'enraciner dans la geste sociale industrielle, sa pratique est encore dans sa jeunesse. Elle présente alors la plupart du temps des contours simples : les ouvriers cessent le travail, quittent leur poste et le reprennent une fois l'épreuve de force achevée. À la fin du XIXᵉ siècle encore, près des deux tiers des conflits correspondent à cette « désertion collective de l'atelier et pour une durée indéterminée[20] » ; seuls 10 à 15 % présentent des méthodes plus élaborées, dont la panoplie demeure cependant réduite. Mais, à mesure que la grève se diffuse, s'enracine dans la condition ouvrière et salariale, les modalités de la lutte se diversifient tout en s'adaptant aux transformations des cadres sociaux et de la production. La présence accrue des organisations permanentes de défense du salariat contribue également à l'élaboration de formes de conflit plus sophistiquées, plus fonctionnelles.

Les méthodes exclues de notre panorama sont celles qui ne donnent pas lieu à un arrêt du travail. Forme ancienne de ce type de pratique, la grève perlée : la production est ralentie ou exécutée de manière volontairement défectueuse pour rendre suffisamment insupportable, aux yeux de l'employeur, la baisse du rendement. Utilisée par les compagnons imprimeurs dès le XVIe siècle[21], elle l'est aussi régulièrement dans le bâtiment. Cette forme de travail au ralenti est aujourd'hui interdite. Autre mode de conflit sans suspension de la production, la grève du zèle consiste à freiner l'exécution du travail par le respect scrupuleux des formalités administratives, du règlement de la profession ou de l'établissement concernés. Pour des métiers exclus du droit de grève, elle représente une forme d'opposition privilégiée, comme l'ont montré des gendarmes d'Aquitaine à l'automne 2001[22].

Les modalités d'action qui suivent ont au contraire toutes donné lieu à une suspension d'activité et marquent, sur la longue durée de l'histoire des grèves, les pratiques privilégiées du monde du travail.

LA GRÈVE TOURNANTE

Cette méthode s'inscrit dans une longue tradition. Elle est fille du compagnonnage, de la « damnation », cette « mise en interdit » d'un atelier, plus rarement d'une ville où ne sont pas appliquées les conditions exigées par les compagnons[23]. La grève tournante est donc en quelque sorte la forme moderne de cette pratique ancienne. La voici décrite telle qu'usitée dans le bâtiment parisien au début du XXe siècle :

« Les ouvriers désertent un chantier et sont soutenus pécuniairement par leurs camarades jusqu'à ce que les patrons aient cédé aux revendications présentées. Immédiatement après la signature d'un contrat sur ce point, les ouvriers d'un autre chantier quittent en bloc le travail. Et ainsi de suite[24]. »

Elle consiste donc à mettre en grève, les uns après les autres, les chantiers ou les ateliers d'un secteur d'activité ou d'une entreprise. Elle nécessite la présence d'une organisation ouvrière suffisamment influente pour maintenir un niveau de discipline indispensable à ce type de pratique. C'est la raison pour laquelle, en particulier au XIXᵉ siècle, elle est surtout utilisée par des ouvriers de métier des ateliers et des chantiers, ceux des grandes villes comme Paris ou Lyon, rompus aux pratiques de contestation. Sa capacité de désorganisation de la production en fait une arme efficace qui la rend populaire : en 1871-1890, près des trois quarts des grèves tournantes connaissent le succès [25]. Mais elles correspondent largement à un temps, celui du premier et du début du deuxième âge de la grève, qui est celui des luttes fractionnées dont le vivier est ce monde des petits ateliers si présent dans un contexte français où l'usine se développe lentement.

L'entrée en scène du prolétariat des grandes concentrations ouvrières diminue la part des grèves tournantes. En plein cœur de la deuxième révolution industrielle, elles ne représentent plus qu'une part marginale des conflits. Dans le Paris des années 1919-1935, leur proportion s'établit à environ 6 % [26]. On en trouve dans le livre, mais surtout dans le bâtiment, chez les maçons et les terrassiers, où près d'un conflit sur cinq ressort encore de cette méthode. Au cours de ce deuxième âge de la grève, cette pratique correspond moins à la forme des conflits, plus longs, plus intenses et menés de plus en plus souvent par des ouvriers spécialisés qui adoptent une démarche gréviste simple, celle de l'arrêt continu du travail jusqu'au dénouement du conflit.

La grève tournante ne disparaît cependant jamais. Jusqu'à aujourd'hui, elle est en effet régulièrement utilisée, sous une forme adaptée aux conditions nouvelles de la production. Dans les années 1950 et au début de la décennie 1960, cette pratique paraît même retrouver les faveurs accrues du monde du travail, en particulier auprès des salariés du secteur public et nationalisé, des fonctionnaires. Par exemple, les ouvriers des ateliers du Métropolitain l'emploient volontiers, soit atelier par atelier, soit au sein d'un même atelier, une profession après l'autre [27]. Les ouvriers des chantiers navals de Saint-Nazaire l'utilisent en 1955, de même, en 1962-1963, que les employés d'Air France et de la SNCF. D'ailleurs, pour contrecarrer l'utilisation récurrente et efficace de cette méthode, la loi du 31 juillet 1963 interdit son usage aux salariés de l'État [28].

Dans le secteur privé aussi, la grève tournante revient à l'avant-scène, en particulier à la fin des années 1950. Sa pratique s'adapte à la parcellisation des tâches qui se développe alors dans l'industrie : au travail en miettes correspond la grève en miettes. Le conflit de l'usine Thomson-Houston de Bagneux en octobre-novembre 1959 en donne une illustration emblématique. Les syndicats organisent « une série de coups de boutoir établis en fonction du planning de l'entreprise. Ici un labo, là un atelier ou un secteur d'atelier débrayaient une heure, une heure et demie [...] la répercussion de ces différents bouchons était telle que c'est toute la production de l'entreprise qui se trouvait paralysée. Au total 10 % d'heures de grève ont bloqué toute la production pendant six semaines[29] ». Cette forme de grève tournante qui touche un atelier ou un service clé de l'usine s'apparente à la grève bouchon, ou grève-thrombose, manière de détournement par les ouvriers de la parcellisation des tâches. L'arrêt du travail concerne alors un service, un atelier ou une catégorie de personnel en mesure de perturber tous les autres, parfois de paralyser la production. Les OS, symboles et acteurs de ce mode d'organisation du travail, en sont les principaux utilisateurs. Les chaînes de la Régie Renault se situent d'ailleurs en pointe dans ce type d'action qui se développe à la fin des années 1960[30].

La grève tournante reste donc en usage jusqu'à nos jours, sous des formes chaque fois adaptées à la situation spécifique des professions qui l'utilisent. En témoignent deux des derniers exemples en date. Celui des instituteurs spécialisés de l'Éducation nationale d'abord. À la fin de septembre 2001, leurs syndicats organisent un mouvement tournant pour réclamer un alignement de leur temps d'enseignement sur celui des professeurs du secondaire. La méthode est modulée en fonction du découpage des académies en trois zones ; une semaine d'action est organisée successivement dans chacune d'elles : du 18 au 22 septembre dans la zone C, du 24 au 29 dans la zone B, enfin du 1er au 6 octobre dans la zone A[31].

Deux mois plus tard, à la fin de novembre 2001, le personnel soignant de l'hôpital psychiatrique de Lille entame un mouvement déclenché par les modalités d'application de la loi des 35 heures. Des arrêts de travail d'une heure par jour, à tour de rôle, sont observés car, comme l'explique une infirmière, « il faut continuer à assurer les soins vingt-quatre heures sur vingt-quatre ». Aux spécificités du métier répond comme en écho une forme de lutte originale : la grève tournante appliquée à chaque individu[32].

En somme, une méthode pluriséculaire enracinée dans le compagnonnage perdure au cours des deux siècles écoulés en se transformant pour tenir compte des évolutions de l'appareil productif ou des singularités d'une profession. Mais la diffusion de la grève hors de l'atelier et du chantier, son immersion grandissante dans le monde de l'usine appellent l'émergence de choix nouveaux de mise en mouvement.

GRÈVES GÉNÉRALES ET GÉNÉRALISÉES

La mise en pratique et, surtout, le développement de l'idée de grève générale symbolisent l'entrée des conflits du travail dans l'ère du fait social. Au cours du premier âge de la grève, les luttes ouvrières sont souvent morcelées, peu coordonnées au-delà d'une entreprise ou d'une localité. La diffusion de la grande industrie, de l'action revendicative, du mouvement ouvrier ouvre la voie à de nouvelles formes de contestation plus globales.

Mais qu'est-ce que la grève générale ? Abondamment utilisée pour désigner des réalités bien différentes, cette méthode de cessation du travail impose un effort de définition. On peut donner à cette notion une double dimension : l'une à coloration politique, aux implications essentiellement nationales ; l'autre aux préoccupations strictement revendicatives, à caractère local, national et/ou professionnel.

Dans l'esprit des syndicalistes d'action directe qui en sont les ardents promoteurs avant 1914, elle s'apparente à « un arrêt concerté du travail s'étendant à tout le pays et à toutes les corporations – ou du moins englobant les services publics et les industries clés (transports, transmissions, mines, gaz, électricité, pétrole, alimentation, métallurgie...), ce qui paralyse les autres[33] ». Sa réalisation, qui implique une généralisation de la grève au niveau tant national que professionnel, s'inscrit dans une perspective de transformation sociale. De la fin du XIXe siècle à la Grande Guerre, la CGT la préconise, mais les rares tentatives échouent. Ainsi, en 1898, l'essai d'élargissement de la grève générale du bâtiment parisien aux cheminots avorte[34]. De surcroît, si, dans la pensée et l'imaginaire des syndicalistes d'action directe, la grève générale jouit d'un prestige certain, elle est plus présente dans le discours que dans l'action. Même dans le bâtiment, figure de proue de ce syndicalisme, on repousse à plusieurs reprises sa réalisation, notamment en 1899 et en 1907. Elle est jugée hasardeuse, coûteuse pour les forces ouvrières et le syndicat lui-même, dont « elle viderait la caisse en moins d'une semaine [35] ». Au fond, l'observation pragmatique de la situation conduit la plupart du temps à l'abandon d'une stratégie qui ne répond pas aux motivations ouvrières, focalisées sur l'amélioration des conditions de travail au quotidien [36].

Le déclenchement de la Grande Guerre porte un premier coup fatal à la grève générale : le mouvement ouvrier ne déclenche pas l'arrêt simultané du travail dans les pays belligérants comme l'avaient prévu les congrès internationaux. Puis, au lendemain du conflit, l'échec cuisant de la grève des cheminots de 1920, que la CGT tente de généraliser, met de nouveau à mal les fondements du syndicalisme d'action directe. Certes, des mouvements interprofessionnels paralysent ensuite à plusieurs reprises la production. Ainsi, la vague de conflits de mai-juin 1936, puis celle de Mai 1968 aux accents sociaux et politiques montrent la persistance en France de luttes de grande ampleur. Mais ce sont là des épisodes exceptionnels qui ne masquent pas la rareté des grèves générales interprofessionnelles de longue durée. Dans la seconde moitié du XXᵉ siècle, celles-ci prennent au contraire la forme de journées d'action limitées dans le temps.

La grève générale évoquée ici montre donc un caractère qui dépasse la seule revendication économique pour déborder dans le champ politique. Mais cette forme de confrontation peut aussi présenter une dimension purement revendicative, destinée à améliorer ou à défendre les conditions de travail. Elle concerne alors l'ensemble d'une industrie ou d'une corporation, à l'échelle d'une localité, d'une région ou du pays. Ce type de grève généralisée [37] est encore réduit au cours du premier âge des conflits du travail, quand ceux-ci touchent le plus souvent un atelier et s'étendent rarement. Le deuxième âge de la grève voit au contraire se multiplier les mouvements de ce type, à partir des années 1870-1880 [38]. Pendant cette période, ils parviennent difficilement à dépasser le champ d'une profession dans une ville, même si, de plus en plus, c'est l'ensemble d'une industrie locale qui est concerné. Au cours des décennies suivantes se développent des conflits qui englobent un secteur à l'échelon national ou local : par exemple, en octobre 1902, les mineurs des différents bassins se mettent en grève, tandis que, huit ans plus tard, en octobre 1910, les cheminots cessent à leur tour massivement le travail. Quelquefois, ce sont plusieurs professions d'une ville qui se mettent en mouvement. Ainsi, à Marseille en mars 1901, à la suite des ouvriers du port, plusieurs milliers de travailleurs marseillais solidaires se croisent les bras. Dans le Paris de 1919-1935, 5 % des conflits s'inscrivent dans la perspective d'une grève générale professionnelle ou interprofessionnelle à caractère local [39]. Ce chiffre souligne d'ailleurs l'utilisation modeste de ce type de pratique dont l'efficacité réduite est un trait caractéristique : elle échoue dans près des deux tiers des cas. Les organisations ouvrières s'éloignent d'une pratique symbolique d'un syndicalisme d'action directe considérablement affaibli par la guerre. Et une nouvelle génération de travailleurs, issue de l'immigration et des campagnes, peuple la grande usine en voie de rationalisation : pour eux, la « tradition de la "grève générale" [...] ne fait pas partie de leur histoire [40] ».

Au troisième âge de la grève, les mouvements généralisés à l'échelle d'une profession perdurent. Pour ne prendre que les plus emblématiques, citons le dernier grand conflit des mineurs en 1963, ou ceux des cheminots à l'hiver 1986 et en novembre-décembre 1995. Mais s'ils attirent les observateurs par leur ampleur, leurs implications dans le champ sociopolitique et leur charge symbolique, ils se noient dans une masse de conflits de plus en plus localisés et d'ampleur réduite.

Faut-il enfin considérer que la grève générale « de plusieurs semaines est une particularité de notre pays [41] » ? L'existence, un peu partout en Europe occidentale, de vagues de conflits qui tendent à généraliser la cessation du travail relativise une telle affirmation [42]. Et même en dehors de ces moments singuliers, on trouve ailleurs sur le continent des mouvements qui rassemblent les salariés d'une même profession, telle la grève générale emblématique des mineurs anglais en 1926. L'exception française réside davantage dans le statut conféré par son mouvement ouvrier à cette pratique, dans son utilisation assez récurrente et son caractère souvent national, dans un pays centralisé où le rôle de l'État, du pouvoir politique dans les relations sociales est plus prégnant qu'ailleurs. La généralisation de la grève représente une orientation marquante de l'action ouvrière et salariale en France. En témoigne de surcroît l'une des formes de mobilisation les plus récentes, la journée d'action, qui constitue une manière d'adaptation de la grève générale aux conditions nouvelles de lutte imprimées par la banalisation des conflits et leur transformation en mode de pression.

LA JOURNÉE D'ACTION

La journée d'action, qui consiste à faire cesser le travail par une ou plusieurs professions pendant 24 heures, est une méthode d'apparition relativement récente. Elle émerge alors que la grève se trouve à la frontière, au point de passage entre sa nature de fait social et son installation progressive dans le champ de la régulation des systèmes sociaux.

Les racines de cette pratique peuvent être situées dans la dernière décennie du XIXe siècle, lorsque la IIe Internationale choisit de faire du 1er mai un moment de lutte en faveur des 8 heures. La première journée qui se déroule en 1890 se répète ensuite chaque année. Sa récurrence, sa durée, son caractère national, font donc du 1er mai une forme originelle de journée d'action dont l'exemple demeure cependant isolé jusqu'à la Grande Guerre. On relève bien quelques initiatives, telle la grève de solidarité qui se déroule le 10 mars 1913 à Aix, en soutien aux ouvriers du bâtiment, mais elles demeurent exceptionnelles [43].

À partir du milieu des années 1920, les appels à des grèves interprofessionnelles de 24 heures se multiplient. Cette orientation recoupe une tendance de fond : désormais socialement banalisée, la grève devient un mode de pression qui gagne parfois le champ politique. Des arrêts de travail d'une journée sont lancés par le PCF et la CGTU sur des thèmes en relation avec leurs engagements partisans. Le 12 octobre 1925, ces organisations proposent aux ouvriers français de suspendre la production pour protester contre la guerre coloniale au Maroc ; elles récidivent notamment le 8 août 1927, en opposition à la condamnation à mort, aux États-Unis, de Sacco et Vanzetti, puis, le 1er août 1929, pour le 15e anniversaire du déclenchement de la Grande Guerre.

Parallèlement, des syndicats unitaires réinvestissent ce mode d'action sur un plan strictement social et professionnel. Le bâtiment s'inscrit à la pointe de ce mouvement. À partir de 1926, les organisations de cette industrie, à l'instigation de la CGTU et des autonomes, suivies par les confédérés, appellent à une journée de grève pour la défense des 8 heures. La date du 1er mars est choisie car « ce jour doit entrer en vigueur le nouveau règlement d'administration publique pour les ouvriers du Bâtiment et des Travaux Publics[44] » permettant aux employeurs, grâce à un système d'heures de dérogation et de récupération, d'allonger la durée du travail au-delà de 8 heures.

Toujours dans le même secteur, le 13 septembre 1934, les syndicats unitaire et confédéré des terrassiers et paveurs de la région parisienne appellent « leurs adhérents [à] cesser le travail pendant 24 heures à l'effet de protester contre la fin de non-recevoir opposée par les Chambres syndicales patronales aux cahiers de revendications que les groupements syndicaux en question leur avaient fait parvenir[45] ».

À cette date, ce mode de mobilisation se répand. Il est la forme d'action choisie le 12 février 1934 par la CGT et la CGTU en riposte aux émeutes des ligues d'extrême droite du 6 février. Et le dernier grand conflit social de l'entre-deux-guerres qui marque l'échec définitif du Front populaire, la grève du 30 novembre 1938, s'inscrit dans ce mode de mobilisation massive ponctuelle, dont la forme « correspondait étroitement à la nouvelle stratégie d'action de masse[46] » déployée par le mouvement communiste.

Mais c'est le troisième âge de la grève qui voit la journée d'action s'épanouir. Plusieurs facteurs jouent alors en sa faveur. D'abord, elle correspond assez bien à une période où la cessation du travail s'inscrit davantage dans un cadre de régulation conflictuelle des rapports sociaux : la journée d'action doit représenter la démonstration de forces censée exprimer la mobilisation des salariés et permettre ainsi d'obtenir des concessions, d'engager une négociation ou de la poursuivre dans des conditions favorables. Au cours des Trente Glorieuses en particulier, à un moment où les forces syndicales connaissent leur apogée, « la grève d'avertissement, à durée fixée par avance, se propose d'intimider l'adversaire en lui montrant la cohésion des salariés, mais sans lui infliger des dommages, qu'en fait les deux parties auraient à subir[47] ». Récemment encore, en 2001, un exemple frappant de cet exercice de pression est donné par les salariés des transports publics de province. Pour obtenir un départ anticipé en retraite à 55 ans pour les traminots, leurs syndicats organisent des journées d'action à répétition qui se déroulent de préférence lors des réunions de la commission paritaire de branche[48].

Ensuite, cette méthode a les faveurs de la plus puissante organisation syndicale de l'après-guerre et des Trente Glorieuses, la

CGT. Cette centrale témoigne d'une véritable prédilection pour les journées d'action. Elles permettent de satisfaire, mieux que d'autres pratiques, à la « stratégie de relais [49] » entre le PCF et la CGT qui domine cette période. La « grève de masse » est considérée, dans l'univers communiste, comme « le lieu privilégié de réconciliation des objectifs revendicatifs ouvriers et des objectifs politiques partisans [50] ».

Enfin, porteuses de revendications englobantes à dominante salariale, les journées d'action peuvent faciliter ou concrétiser le rassemblement dans l'action des centrales syndicales. Ainsi, entre 1966 et 1977, à l'époque du rapprochement CGT-CFDT, chaque année sauf en 1970, une ou plusieurs initiatives de ce type sont organisées. Plus récemment, la journée nationale d'action du 16 octobre 2001 pour « l'augmentation des salaires, la revalorisation des retraites, des minima sociaux et des allocations », « de nouvelles garanties afin de s'opposer aux suppressions d'emploi et à l'extension de la précarité », la « consolidation » du système de protection sociale et la clarification de ses financements, est appelée par les cinq confédérations (FO, CGT, CFDT, CFTC, CGC) [51].

Mais au cours du dernier quart de siècle, la journée d'action suit l'évolution de la pratique gréviste. Celle-ci perd en intensité, et, surtout, les grèves localisées, parcellisées l'emportent toujours plus largement sur les conflits globaux [52]. Ceux-ci paraissent, au fond, représentatifs d'un moment, les Trente Glorieuses, où le compromis fordiste et la croissance donnaient à ce type de grève-pression une certaine efficience. D'ailleurs, parmi les réticences qui accompagnent aujourd'hui la pratique de la journée d'action, sa portée concrète et immédiate réduite est mise en avant. Ainsi, au sein du SNES, les opposants au mouvement appelé le 10 décembre 2001 par cette organisation mettent au premier plan de leurs arguments « l'"inefficacité" de la grève de 24 heures [53] ». Le temps est davantage à des formes de conflits limités à la fois dans le temps, dans l'espace et dans leur ampleur, tel le débrayage.

LE DÉBRAYAGE

Le débrayage diffère des modes de revendication évoqués précédemment d'abord par sa durée. C'est une grève courte : de quelques minutes parfois, tout au plus de quelques heures.

Surtout, le débrayage témoigne à sa manière de la banalisation des conflits du travail, devenus des instruments rationnels de contestation et de pression aux mains de salariés mieux rompus à la pratique gréviste sous la conduite de leurs organisations.

Le débrayage sort en effet de la marginalité une fois la grève devenue une pratique commune au monde ouvrier. Jusqu'en 1914, il est confiné aux replis de la contestation sociale. La Grande Guerre marque une forme de tournant : le débrayage quitte l'horizon de la marginalité pour devenir un mode d'action courant. Dans le Paris de 1914-1918, ces brefs arrêts de travail représentent près du quart des grèves recensées. La particularité du contexte qui rend difficile la réalisation de mouvements de longue durée et, surtout, l'efficacité de cette pratique lui permettent d'acquérir alors une véritable popularité [54].

Au cours des années 1920-1930, les arrêts brefs de la production sur le lieu de travail ne s'éteignent pas, même si la fin de la guerre conduit à la reprise de pratiques plus habituelles. Dans la capitale en 1919-1935, les débrayages représentent environ 6 % de l'ensemble des grèves [55]. Certains secteurs en usent plus que d'autres. Ainsi dans l'automobile, les transports en commun et les usines à gaz où le tiers des conflits ne dépassent pas quelques minutes ou quelques heures. Dans les autobus parisiens par exemple, à la STCRP, les syndicats en font une tactique à part entière : la plupart des arrêts de travail qui s'y produisent dans la seconde moitié des années 1920 durent entre quinze et trente minutes. Il s'agit donc d'une stratégie délibérée adaptée à des situations spécifiques. L'objectif des militants est d'entraîner dans l'action la majeure partie des salariés, sans doute plus enclins à des actions brèves, assez peu coûteuses, face à un patronat qui, dans le gaz, les transports ou l'automobile, est souvent des plus combatifs. Mais cette pratique n'est pas encore habituelle. En témoigne son caractère généralement défensif, de riposte : le débrayage est la réponse immédiate à une décision patronale rejetée, un moyen d'obtenir rapidement réparation d'un préjudice. Il est en effet pratiqué pour s'opposer à des sanctions contre des syndicalistes, à une baisse de salaire ou au renvoi d'un ouvrier. Plus rarement, le débrayage est un mode de pression offensif : pour montrer leur détermination pendant que leurs délégués sont partis exposer les griefs aux employeurs, les ouvriers s'arrêtent de travailler. Voici par exemple à Paris, en décembre 1931, des électriciens qui font « la grève des bras croisés, pendant une heure, pour appuyer une démarche effectuée auprès de la direction par une délégation en vue d'obtenir le paiement des heures dues[56] ». Plus rarement encore, le débrayage est une première escarmouche en forme d'avertissement. Ainsi, en décembre 1929, le Comité intersyndical unitaire des travailleurs des services publics et assimilés, après le rejet de ses revendications, « avait décidé, en signe de premier avertissement, un arrêt de travail d'une heure dans les divers services[57] ». Mais l'utilisation du débrayage comme moyen de pression calculé demeure rare au cours du deuxième âge de la grève, où la confrontation sociale présente un caractère intransigeant qui laisse peu de place à des pratiques d'avertissement.

En revanche, le débrayage se répand au troisième âge de la grève, lorsqu'elle devient plus qu'auparavant un mode de pression calculé et une manière de régulation conflictuelle des rapports sociaux. Des secteurs qui l'utilisaient déjà abondamment, tel celui des transports en commun, reprennent et amplifient cette méthode. À la RATP par exemple, entre 1949 et 1956, les débrayages de cinq minutes à quatre heures représentent plus de la moitié des arrêts de travail survenus dans les ateliers[58]. Et il n'est plus de secteur qui reste à l'écart de cette pratique. Depuis le déclenchement de la crise économique au milieu des années 1970, le débrayage est même devenu un mode d'action privilégié. Au dernier trimestre 1974, plus d'un cinquième des conflits du travail s'y apparentent[59], proportion qui s'élève jusqu'à près de 40 % au milieu des années 1980[60]. Une double tendance explique ce succès. D'une part, en période de crise et d'atomisation du monde du travail et des rapports sociaux, le débrayage est une pratique qui correspond à la situation : elle représente un investissement moins coûteux qu'un arrêt continu et répond à des besoins de mobilisation ponctuels. D'autre part, l'institutionnalisation du conflit, illustrée notamment par son utilisation comme moyen de pression circonscrit et limité, permet au débrayage d'acquérir une dimension structurelle et offensive : il crée un rapport de forces destiné à montrer la détermination des travailleurs mobilisés et à renforcer ainsi les capacités de négociation de leurs représentants. Ainsi, lorsque la section CGT de l'usine de Pessac (Gironde) de la monnaie et des médailles appelle à un débrayage le 11 octobre 2001, elle le fait « pour appuyer une délégation du personnel d'établissement » auprès de la direction[61].

Le débrayage paraît ainsi devenu une méthode de conflit durablement enracinée dans la pratique gréviste la plus contemporaine. À l'instar des autres dispositifs conflictuels, il marque une adaptation des salariés en mouvement aux conditions sociales, économiques et politiques qui déterminent pour une large part, au XIXᵉ comme au XXᵉ siècle, les contours de leurs modes d'action.

S'organiser en grève : des meneurs au comité de grève

La grève, si elle s'installe dans la durée, nécessite une capacité de gestion des tâches et des actions qui l'accompagnent. Cette administration du quotidien de la lutte comprend de multiples facettes, tels la surveillance ou l'occupation du lieu de travail, le débauchage des non-grévistes, les réunions, la collecte des secours, les manifestations ; il s'agit aussi d'assurer la meilleure issue possible aux conflits, de plus en plus souvent par la négociation. Cet ensemble d'initiatives explique le besoin d'organisation qui traverse l'histoire des conflits du travail, car elle seule « coordonne les actions, rassemble des ressources, mène un travail de propagande pour la cause défendue [62] ». C'est donc une nécessité vitale pour la réussite des grèves, surtout celles de grande ampleur ou de longue haleine.

Au XXᵉ siècle, la gestion des conflits est assurée de manière accrue par les syndicats. Mais au XIXᵉ siècle, la présence des structures permanentes du monde du travail (compagnonnages, sociétés de secours mutuel, puis syndicats) est marginale. La conduite de la grève est souvent prise en charge de manière individuelle, par des ouvriers dont la forte personnalité s'impose à leurs camarades : ce sont les « meneurs », comme les qualifient ordinairement les représentants de l'ordre et les patrons. Souvent loués pour leurs qualités professionnelles par ces derniers [63], ils possèdent un don certain de la parole, une force du verbe qui les imposent à l'avant-scène [64]. Plutôt jeunes dans les professions peu qualifiées, ils sont plus matures dans le monde des métiers où l'habileté qui impose le respect s'acquiert avec l'âge.

Mais, déjà, la présence des organisations ouvrières s'accompagne régulièrement de la constitution de formes structurées et collectives de conduite de la grève. Ainsi, dans la première moitié du XIXᵉ siècle, les compagnonnages constituent des « coteries ».

Ces commissions de grève rassemblent des représentants des obédiences compagnonniques concurrentes ; elle permettent ainsi, le temps d'un conflit, de mettre en sourdine les rivalités, souvent fortes dans ce milieu. En voici l'esprit et le fonctionnement décrits à l'occasion du mouvement des charpentiers parisiens d'août-novembre 1832 :

« La "coterie" a son président, ses secrétaires, sa tribune [...]. Son objet, une délibération sur le salaire alloué par le "singe" (c'est ainsi qu'ils qualifient l'entrepreneur de charpente). Après une discussion dans laquelle chacun est entendu pour ou contre, l'assemblée fixe le taux des journées, le nombre d'heures qui doit la composer. Si un "singe" s'est montré récalcitrant, son procès est instruit sur l'heure ; il est interdit pour un temps plus ou moins long et ses ouvriers [...] sont tenus de faire grève [65]. »

Au cours de cette période de la grève illicite, on assiste aussi parfois à l'apparition d'organisations avant le déclenchement d'une grève, dans le but explicite de conduire le mouvement envisagé. Les exemples abondent. En 1833, les passementiers de Saint-Étienne créent une société de résistance avant de passer à l'action ; en 1839, les fileurs lillois font de même, ainsi que les ouvriers en laine de Castres. D'autres organisent, sur le même principe, des sociétés de secours [66].

Parallèlement, des commissions de grève sont constituées de façon ponctuelle. Par exemple en octobre-novembre 1833, les tailleurs d'habits de Paris disposent d'une « commission d'action » qui prend la tête du mouvement. Au même moment, les cordonniers de la capitale désignent une « commission des ouvriers cordonniers [67] ».

Les professions qualifiées du monde des métiers, surtout dans les grandes villes, sont celles qui prennent alors le plus volontiers ce type d'initiative. Elles sont davantage rodées à la pratique gréviste, mieux structurées, disciplinées, autant d'éléments qui leur confèrent la panoplie des ressources nécessaires à la mise en place de modes d'organisation.

Au deuxième âge de la grève, en particulier après 1884 et la légalisation des syndicats, les comités de grève fleurissent. Ils accompagnent surtout les conflits amples qui mettent en mouvement de nombreux ouvriers, plusieurs entreprises ou chantiers, ainsi que ceux de moindre importance mais d'assez longue durée. Ils sont communément installés à l'initiative des syndicalistes.

Avant 1914, à la belle époque du syndicalisme d'action directe, ils sont en partie une manière de pratique participative des ouvriers. Ce sont souvent eux qui désignent les membres des comités qui doivent leur rendre régulièrement des comptes au cours des assemblées générales[68].

Ces formes d'organisation temporaire peuvent permettre d'associer à la direction des conflits des ouvriers non syndiqués, ce qui explique notamment l'aspect pléthorique de certains comités. S'ils excèdent rarement une dizaine de membres, ils s'élargissent quand une représentation plus visible des non-syndiqués est souhaitée. Ils comptent alors le plus souvent jusqu'à une trentaine de personnes ; le cas du cas du comité de grève de chez Citroën en mars 1933, qui en rassemble jusqu'à 120, est exceptionnel[69]. Quoi qu'il en soit, la présence des non-syndiqués est généralement minoritaire et rarement décisive en termes d'orientation de l'action. Les membres des comités sont en effet le plus souvent des militants qui, pour l'essentiel, contrôlent le déroulement du conflit.

Cette tendance se renforce au cours de l'entre-deux-guerres, où les syndicalistes exercent une véritable mainmise sur ces comités. Ils en forment l'ossature, en sont parfois même les seuls membres, comme lorsque, le 17 avril 1923, la Commission exécutive du syndicat du bâtiment d'Aix appelle à l'arrêt de la production et se constitue en comité de grève qui siège à la Bourse du travail jusqu'au terme du conflit, le 12 mai[70]. Mais pendant cette période qui voit la scission de la CGT en 1921, véritable coup d'envoi au morcellement du syndicalisme français, les comités permettent aussi de réunir dans une même structure, le temps d'un mouvement, des militants de toutes tendances : unitaires, confédérés ou syndicalistes autonomes. Ils sont en quelque sorte l'occasion de recréer ponctuellement, à la base, une unité syndicale de lutte susceptible de favoriser le succès du mouvement en cours. Après la Seconde Guerre mondiale, cette situation perdure d'autant plus que l'éparpillement du syndicalisme s'accentue : la CGC apparaît ; FO naît d'une nouvelle scission de la CGT en 1947, tandis que le schisme de la CFTC en 1964 s'accompagne de la création de la CFDT ; enfin, le syndicalisme autonome se développe. Les comités de grève présentent ainsi régulièrement le visage d'une « intersyndicale élargie[71] ».

En somme, les comités de grève échappent peu au contrôle des syndicats qui les mettent en place et en prennent la direction.

Cet ascendant perd quelquefois de sa vigueur et s'accompagne d'une plus grande ouverture aux non-syndiqués. Il en est ainsi, par exemple, pendant et dans la foulée de Mai 1968, où ces derniers sont plus nombreux dans les structures destinées à conduire les grèves, notamment lors des mouvements des nouveaux acteurs majeurs de la scène conflictuelle, tels les OS, les femmes ou les immigrés[72]. Pourtant, même pendant le Mai français, « la volonté d'élargissement n'empêche pas les syndicats locaux de conduire la grève ; elle renforce seulement la représentativité du comité[73] ». Au fond, « les comités de grève sont d'abord des comités intersyndicaux[74] ».

Plus récemment, dans les années 1986-1992, des structures qui se veulent souveraines et autonomes des organisations permanentes de salariés émergent : les coordinations. Inspirées du mouvement étudiant de l'automne 1986, alors que ne tardent pas à se développer en Italie des Comités de base (COBAS)[75], elles fleurissent dans le monde des salariés de l'État (instituteurs, infirmières, cheminots, personnels d'Air France et de la SNECMA). Si elles expriment une volonté d'agir indépendamment des enjeux du champ purement syndical, ces coordinations ne sont pas une remise en cause des nécessités de l'organisation. Comme dans la plupart des mouvements sociaux, la critique ou la méfiance à l'égard des structures établies ne signifie pas la négation des besoins d'organisation mais la recherche d'autres modes de conduite[76]. Au sein de ces coordinations naissent donc des comités de grève élus et révocables qui associent syndiqués et non-syndiqués. Ces structures, si elles échappent aux directions syndicales, ne se soustraient pas localement aux militants. Des syndicalistes, souvent de sensibilité minoritaire au sein de leurs organisations, sont en effet à l'initiative des coordinations et, sauf chez les infirmières où le militantisme syndical est largement absent, elles « sont composées exclusivement de syndiqués[77] ».

L'histoire de longue durée de l'organisation de grève montre qu'elle est apparue d'emblée indispensable aux yeux des ouvriers en mouvement. Elle représente d'ailleurs un gage d'efficacité : quelle que soit la période, les mouvements organisés échouent moins souvent que les autres. Le répertoire d'actions collectives qui accompagne les conflits du travail, en particulier s'ils sont appelés à durer, implique en effet une gestion efficace des ressources du groupe gréviste. Cette réalité, conjuguée au processus de fonctionnalisation des mouvements sociaux, explique sans doute pour une large part la forte présence des militants syndicaux au sein des comités de grève : ils disposent plus aisément des moyens indispensables à la recherche d'une issue satisfaisante de la lutte engagée. La négociation, qui accompagne de manière accrue l'issue des conflits, en fait partie.

Terminer une grève : vers la transaction et la négociation

La grève, épreuve de force entre salariés et employeurs, paraît devoir comporter un vainqueur et un vaincu. Son utilité est d'ailleurs souvent jugée à l'aune de son efficacité, cette « rentabilité de l'action[78] » qui fait partie des interrogations majeures des observateurs des conflits du travail[79]. Dans ce domaine également, notre trilogie des âges de la grève permet de structurer et de saisir les traits de leur aboutissement.

Le résultat des grèves est communément réparti en trois catégories statistiques : les réussites quand les grévistes obtiennent entière satisfaction ; les transactions lorsqu'une partie seulement des demandes est satisfaite ; les échecs qui voient le conflit s'achever sans aucun résultat tangible pour les salariés en mouvement.

Au cours du premier âge, quand les coalitions sont coupables, l'insuccès est souvent au rendez-vous : elles échouent dans la grande majorité des cas jusqu'à la fin des années 1830. Ensuite, leur issue tend à s'équilibrer[80]. Cette situation perdure jusqu'au début du deuxième âge de la grève : en 1871-1890, 48,25 % des grèves échouent, 51,75 % aboutissent à un succès complet ou à une transaction. Cet équilibre presque parfait se rompt au moment où les conflits du travail s'ancrent dans la réalité sociale : 55 % d'entre eux environ voient la victoire totale ou partielle des grévistes en 1890-1914, tout comme en 1919-1935. Durant cette période, la grève présente le caractère d'une opposition aux contours encore assez radicaux. En effet, elle se termine dans l'écrasante majorité des cas soit par la défaite des grévistes, soit, plus rarement, par la capitulation patronale ; en revanche, les issues qui aboutissent à des concessions des deux parties, les transactions, demeurent nettement minoritaires : elles rassemblent moins d'un conflit sur trois jusque dans les années 1880, puis un peu plus du tiers jusqu'à la Seconde Guerre mondiale. Certes, avant 1939 se dessine une tendance plus prononcée à la conciliation. Mais il faut attendre le troisième âge de la grève pour voir un véritable tournant s'accomplir. Désormais, les concessions réciproques sont plus fréquemment au rendez-vous. Ainsi, en 1946-1962, près d'un conflit sur deux aboutit à une transaction, proportion que l'on retrouve en 1971 [81]. Une telle évolution témoigne d'une approche nouvelle de la confrontation entre les salariés et les employeurs : à mesure que la grève se banalise, acquiert une dimension régulatoire majeure, elle s'achève plus par un compromis que par une victoire ou une défaite totale de l'un ou l'autre des protagonistes. Si elle s'inscrit naturellement dans une démarche de confrontation, ses acteurs admettent l'idée qu'elle se conclura probablement par des concessions réciproques. Tout se passe comme si une manière de dictature des limites s'instaurait entre les parties opposées : le rapport de forces, aux frontières désormais plus fermement fixées par sa dimension régulatoire, impose des codes qui impliquent des situations conflictuelles dans lesquelles chacun évite de sortir du cercle de ce qui peut être admis par l'autre, de manière à ne pas provoquer une rupture susceptible d'enrayer durablement les rapports sociaux. Cela explique sans doute notamment que l'issue des différends, longtemps assez étroitement liée à la conjoncture [82], paraît en partie s'en déconnecter. Comme l'écrit S. Erbès-Seguin, « globalement, le pourcentage de succès – au moins partiel – des grèves ne cesse de croître, même lorsque l'on se trouve en période de crise [83] ». La crise mondiale n'empêche pas, en effet, la croissance de la part des issues positives, qui atteint près des trois quarts en 1976 [84]. Et ces dernières années, en 1997-2000, satisfaction totale, ou surtout partielle, est obtenue par les salariés dans 70 % des cas.

Cette montée en puissance des dénouements transactionnels est favorisée par la pratique accrue de la négociation, qu'elle contribue à nourrir en retour. L'usage de la négociation émerge véritablement au cours du deuxième âge de la grève : lorsqu'elle devient un fait social de l'univers industriel, ses protagonistes admettent davantage le principe du compromis. Les ouvriers et leurs organisations recherchent la discussion, tandis que le patronat, plus longtemps réticent, s'y refuse de moins en moins souvent. Dans les années 1871-1890, une grève sur cinq trouve une issue négociée, puis 40 % dans le Paris de 1919-1935 [85]. Parallèlement, les refus de dialoguer se raréfient, et, fait nouveau qui symbolise cette recherche accrue de la conciliation, les patrons acceptent de manière grandissante l'immixtion des syndicats dans la négociation. Alors que, jusqu'à la fin du XIXᵉ siècle, les discussions se déroulent la plupart du temps entre les patrons et leurs propres ouvriers, sans intermédiaire, au cours de l'entre-deux-guerres, plus du tiers des conflits parisiens négociés voient la présence de représentants syndicaux[86]. L'intériorisation du fait syndical et de la pratique négociatrice progressent et s'enracinent au cours du troisième âge de la grève, comme en témoigne la multiplication des issues transactionnelles évoquée précédemment.

En matière de sortie de conflit, l'accroissement des interventions extérieures médiatrices constitue une autre tendance forte qui facilite l'ouverture des discussions et leur aboutissement. À partir du moment où la grève irrigue la société, l'appel à des intermédiaires sans lien direct avec les parties opposées se banalise[87]. À cet égard, ce sont surtout les pouvoirs publics, leurs multiples représentants et les membres de leurs administrations (inspecteurs du travail, personnel préfectoral, etc.) qui sont mis à contribution[88].

Pour les salariés en mouvement, la sortie de conflit n'est pas toujours aisée. C'est le cas en particulier quand la défaite se profile à l'horizon ou que le niveau des concessions accordées par les employeurs prête à débat entre grévistes. Les réunions de grève prennent alors parfois un tour houleux entre ceux qui appellent à reprendre le travail et ceux qui estiment que la lutte doit se poursuivre pour tenter d'obtenir des résultats plus substantiels[89].

D'autre part, en cas d'échec, surtout au cours des deux premiers âges de la grève, où celle-ci marque une rupture du contrat de travail permettant de ne pas reprendre le personnel une fois le différend achevé, plane la crainte d'un renvoi de l'entreprise. En certaines occasions, les employeurs cherchent en effet à évincer ceux qui ont pris une part active au conflit, de manière à prévenir de nouveaux différends[90].

Malgré tout, les évolutions rencontrées par les formes de dénouement des conflits montrent une volonté progressive de la recherche du compromis et de la négociation. Quand la grève est interdite, elle part d'emblée avec un handicap de légitimité qui en rend l'issue plus compliquée et plus souvent défavorable aux grévistes. Lorsque les conflits s'enracinent dans la société industrielle, le monde ouvrier, mieux organisé, s'engage dans des épreuves de force frontales au dénouement plus favorable mais qui laissent fréquemment l'un des deux adversaires défaits. Enfin, l'âge de la régulation sociale par le conflit marque une pratique grandissante de la négociation et de la concession.

Le cours de la grève, des débuts de l'ère industrielle jusqu'au triomphe des sociétés salariales tertiarisées, conserve un visage dont les permanences sont fortes. Chaque âge voit cependant ses traits s'enrichir, tandis que d'autres se creusent ou s'estompent. L'espèce de faculté d'adaptation du déroulement des conflits du travail à l'environnement dans lequel ils se déploient apparaît singulièrement frappante. Elle s'épaissit à mesure que la grève s'affirme comme un moteur des rapports sociaux. Il en est de même, comme nous allons le constater, de la manière dont les salariés en mouvement vivent et mènent leur action.

V

UNE JOURNÉE DE GRÈVE

Du XIXᵉ siècle à nos jours, la grève connaît des changements de forme et de contenu. Mais, dans sa structure, la journée d'un gréviste conserve, sur le temps long, des traits caractéristiques fortement affirmés.

La grève est pour ceux qui la pratiquent, en particulier quand elle s'installe dans la durée, une activité qui tourne autour de trois grands moments qui sont autant de nécessités : celle d'imposer ou de maintenir une participation massive au conflit, d'obtenir un arrêt aussi total que possible de la production ; celle d'assister aux réunions où est discutée la conduite du mouvement ; celle de rassembler les moyens financiers indispensables à la poursuite d'une mise entre parenthèses de la production signifiant aussi celle de la rétribution du travail.

Débaucher, surveiller et occuper le lieu de travail

DÉBAUCHAGE ET SURVEILLANCE :
LE CONTRÔLE DE LA GRÈVE

Une participation massive et maintenue représente une condition majeure tout à la fois de la réussite et de la légitimité d'un conflit. Pour l'obtenir, une pluralité de moyens sont employés : certains transcendent la chronologie, d'autres apparaissent ou se systématisent plus tard, parallèlement à la banalisation de la grève, qui implique une évolution des méthodes utilisées.

Le non-gréviste est la bête noire des salariés en action. En témoignent l'intensité et la fréquence des actes de violence à leur encontre[1], mais aussi la multiplicité des qualificatifs péjoratifs de la ruse et de la trahison dont ils sont affublés[2] : les « macchabées », « sarrazins », « renards » et, surtout, « traîtres » ou autres « jaunes[3] », sont considérés comme un obstacle majeur au succès de la lutte. Il faut donc parvenir à limiter leur nombre.

Une mesure prise parfois au cours du premier âge de la grève, issue de la tradition des compagnonnages, consiste à appliquer un système d'amendes convenu entre ouvriers. Ainsi, en 1819 et 1824, dans les Hautes-Pyrénées, les ouvriers papetiers doivent verser cinquante francs s'ils choisissent de poursuivre leur ouvrage dans une fabrique mise en interdit[4]. À Paris, les maréchaux-ferrants et les charpentiers usent de ce système au début de la monarchie de Juillet[5]. Ce sont là cependant des situations singulières qui ne tardent pas à disparaître, d'autant que, dès cette époque, l'influence des compagnonnages et de leurs usages décline.

Le plus souvent, la police de la grève implique deux activités complémentaires : faire quitter leur poste de travail au maximum de salariés et surveiller les lieux touchés par un conflit. Ces pratiques se retrouvent sur la longue durée, selon des procédés dont la panoplie s'enrichit à mesure que les grèves se diffusent et deviennent un mode d'action toujours mieux maîtrisé.

Au moment où le mouvement est déclenché, la première préoccupation des grévistes est d'obtenir la cessation de toute activité productive. C'est le temps du débauchage qui intervient au fil du déroulement du conflit, pour empêcher ou limiter la reprise de l'ouvrage.

Si le cadre de l'action est limité à un seul chantier ou une unique usine, la tâche est généralement rapide et simple. Les grévistes essaiment dans l'espace de production et font arrêter le travail aux autres ou, au sein des grands établissements, dans les ateliers où le labeur continue. Ce scénario relativement immuable est ainsi rapporté par l'un de ses acteurs à propos du déclenchement du conflit aux usines Renault de Billancourt en mai 1968 : le 16, après avoir débrayé, les « travailleurs se forment en cortège. [...] Nous avons ainsi parcouru divers départements[6] ».

En revanche, si les grévistes sont déterminés à étendre leur mouvement à plusieurs établissements, voire à une profession, à une localité ou à un bassin minier, le débauchage peut prendre des allures de manifestation, avec des groupes parfois imposants qui se déplacent d'un lieu de travail à un autre [7]. Voici des maçons lyonnais qui, en juin 1831, après le rejet de leurs revendications, « traversèrent alors la ville et se dirigèrent sur la Croix-Rousse où ils se mirent à débaucher leurs camarades. Leur nombre passa de cinquante à deux cents [8] ». Chez les mineurs, les bandes de grévistes qui marchent de puits en puits dans un spectacle de puissance massive font peur aux patrons et aux pouvoirs publics [9]. Il n'est d'ailleurs pas rare, même une fois la coalition sortie de l'illégalité, que les forces de l'ordre cherchent à disperser les groupes d'ouvriers qui veulent étendre la lutte. Voici par exemple comment, le 14 avril 1923, *L'Humanité* décrit une journée de débauchage durant la grève des couturières parisiennes :

« On part à deux ou à trois d'un certain point. Plus loin on se retrouve à six. Et quand on arrive à quelques centaines de mètres de l'atelier visé, on en a ramassé en route plusieurs dizaines.
C'est là. On se masse sous les fenêtres : "You ! you ! you !" Des dizaines de voies joyeuses montent jusqu'aux fenêtres des ateliers [...] "Descendez ! Descendez !" Et souvent l'on descend avant que la police ait dispersé les débaucheuses.
Au 21 du faubourg Saint-Honoré, en voici une soixantaine qui montent chez Nelly sœurs. C'est au 4e étage. On n'y est pas arrivé que les flics sont là. Trois brigadiers de paix et deux hommes qui bousculent brutalement. [...] Les cousettes fuient, éperdues. »

Au cours des deux premiers âges des conflits en particulier, ces situations génèrent des tensions qui donnent lieu régulièrement à des affrontements violents [10].
Une fois la grève installée, il faut ensuite veiller à maintenir la paralysie de la production pour inciter les employeurs à céder ou, au moins, à négocier. Là encore, la tâche est relativement aisée si le mouvement concerne un seul site. Elle est plus ardue si le conflit est plus dispersé géographiquement. Un certain degré d'organisation est alors nécessaire. Il faut prévoir une surveillance des entreprises, des usines concernées, visitées quotidiennement ou devant lesquelles sont postés des grévistes qui empêchent ceux qui le souhaiteraient de se rendre au travail.

Les comités de grève s'emploient à organiser cette surveillance. Des équipes sont formées qui partent en général assez tôt le matin, au moment de la prise du travail. À propos de la grève des cuisiniers parisiens de mai 1924, un rapport de police relève ainsi :

« Comme les jours précédents des équipes de grévistes formées rue du Bouloi ont parcouru ce matin les principales voies du centre de Paris dans le but d'entraîner ceux qui sont restés au travail[11]. »

Avant eux, en 1909, le Comité de grève des boutonniers de la région de Méru (Picardie) met en place un système de patrouilles et de coursiers à bicyclette chargés de visiter les différents lieux engagés dans le conflit[12].

Au cours du troisième âge de la grève surtout, se développe la méthode efficace du piquet de grève. Des ouvriers placés aux abords de l'établissement cherchent à en empêcher l'accès, à inciter les non-grévistes à entrer en mouvement. On observe les prémices de cette pratique dès les premières décennies du XIXe siècle. Ainsi, au cours de la grève des tailleurs d'habits parisiens d'octobre-novembre 1833, devant les portes des ateliers abandonnés « stationnaient des "factionnaires" qui étaient relevés toutes les deux heures[13] ». Mais, en ces années de coalition interdite, ce phénomène demeure singulier. Il émerge véritablement au début des années 1880 mais reste encore assez exceptionnel ; il se diffuse davantage à partir des années 1888-1890, où les accès de l'usine sont plus étroitement surveillés. Cette pratique est cependant limitée par la crainte des représailles du patron ou des autorités chargées de lutter contre les « entraves à la liberté du travail ». L'idée même de prendre position près de l'usine peut d'ailleurs être rejetée. Ainsi, quand en juin 1882 il est proposé aux menuisiers parisiens « d'employer le système des cordonniers, c'est-à-dire de mettre un planton à la porte des maisons à l'index », ils s'y refusent[14]. Illustration supplémentaire de la rareté de la pratique, il n'existe pas de terme bien affirmé pour la désigner ; on parle de « sentinelle », « planton » ou surtout « postes[15] ». Ce dernier terme, rattaché à l'expression anglaise *picketing*, est d'ailleurs employé au cours de l'entre-deux-guerres, où cette pratique n'est pas oubliée. Ainsi dans le bâtiment de la région parisienne où, en août 1934, des grévistes interdisent l'entrée du chantier du pont-rail de Chatou, tandis qu'à Lyon, en 1930 et 1938, des piquets de grève volants font le tour des chantiers pour bloquer ceux qui fonctionnent encore[16]. Mais l'« entrave à la liberté du travail » est une notion encore souvent extensive, dont la mise en pratique expose les grévistes au risque de voir intervenir les forces de l'ordre et, le cas échéant, à celui de poursuites judiciaires. C'est donc surtout après la Seconde Guerre mondiale, alors que les conflits du travail entrent dans l'âge d'une pratique plus régulée, constitutionnellement légitimée et socialement intégrée, que les piquets de grève se généralisent. À l'utilisation de ce procédé répondent certes, parfois, des actions en justice de la part des employeurs, pour obtenir le déblocage des lieux de production. Des exemples très récents l'illustrent, telles les procédures en référé engagées en 2002 contre des grévistes de l'usine Perrier-Vittel à Vittel (Vosges)[17] et par la direction de la FNAC des Champs-Élysées à Paris, pour « entrave à la liberté de circulation[18] ». Mais les piquets continuent d'accompagner les mouvements où la confrontation est âpre, comme dans le secteur des transports en commun des villes de province, théâtre de nombreux conflits en ce début des années 2000, où les salariés en action cherchent à empêcher les autobus ou les tramways de sortir des dépôts[19].

Les modes d'extension des conflits, de recherche d'une participation massive s'enrichissent donc régulièrement de pratiques nouvelles. L'occupation du lieu de travail s'inscrit à l'origine dans cette démarche de police de la grève.

L'OCCUPATION DES LOCAUX : GRÈVE TOTALE,
MODE DE PRESSION ET APPROPRIATION SYMBOLIQUE
DU LIEU DE TRAVAIL

Pratique plus récente que celles décrites précédemment, l'occupation du lieu de travail participe également de la volonté d'assurer la paralysie de l'espace de production. Comme le souligne un délégué CFDT de chez Peugeot à propos de Mai 1968, « l'occupation, c'est une consolidation de la grève pour que l'usine ne tourne pas. C'est une manière de protéger la grève[20] ».

En France, cette méthode est d'abord associée au Front populaire. 1936 popularise en effet ce mode d'action et de pression, mais n'en marque pas l'acte de naissance. Il plonge ses racines loin dans l'histoire des conflits du travail et hors des frontières françaises.

Jusqu'à la Grande Guerre, la grève déclenchée, l'usage commun est de quitter l'usine ou le chantier. Pourtant, dès le XIXᵉ siècle, des ouvriers expriment à quelques rares reprises leur mécontentement en se croisant les bras sur le lieu de production. En 1855 se produit un fait qui intrigue le patron d'ouvriers tailleurs ; il l'évoque devant le tribunal chargé de juger cette coalition illicite :

« J'ai refusé [les réclamations] en leur disant que s'ils n'étaient pas contents de mon atelier ils pouvaient le quitter. Ils y sont restés cependant mais sans travailler. Quand d'autres ouvriers que j'avais dû embaucher sont venus pour les remplacer, ils n'ont pas voulu quitter l'atelier. C'est alors que n'étant plus maître chez moi j'ai eu recours à M. le Commissaire de Police[21]. »

Quelques autres cas épars d'occupation sont relevés par la suite : on en compte par exemple six en 1871-1890[22]. Puis, en mai 1914, les carriers du Faron (Var) se mettent en grève dans la nuit et occupent leur lieu de travail[23].

Mais cette attitude demeure très marginale et ne dure pas : soit les grévistes mettent rapidement fin d'eux-mêmes à leur initiative, soit les forces de l'ordre interviennent pour les déloger. Les ouvriers, mal intégrés à la société, ne se sentent pas chez eux à l'usine. De surcroît, l'occupation nécessite un degré d'organisation dont ils ne disposent pas encore suffisamment.

Au cours de l'entre-deux-guerres, les arrêts de la production de quelques minutes ou de quelques heures, sur le lieu de travail, se diffusent. Des velléités d'occupation se font jour, comme en mars 1921 quand les ouvriers d'un chantier de Gennevilliers qui refusent leur licenciement l'occupent la moitié de la journée[24]. Le développement de telles attitudes montre qu'une nouvelle manière de concevoir l'action gréviste est en germe. Mais ce ne sont encore que des démonstrations ponctuelles de courte durée.

Si les occupations françaises de 1936 ont donc des racines sur le territoire national, elles s'inscrivent aussi dans un contexte européen qui, dans la première moitié des années 1930, voit les initiatives de cet ordre se multiplier[25]. On en relève dès 1917 en Russie, à l'été 1920 en Italie où, dans un contexte politique quasi insurrectionnel, les ouvriers cherchent à faire fonctionner eux-mêmes leurs usines. Surtout, au début des années 1930, les mineurs polonais occupent avec efficacité les lieux de travail pour empêcher les non-grévistes d'œuvrer. De Pologne, cette méthode essaime en Europe centrale et émerge, en 1933-1935, chez les métallurgistes espagnols et les mineurs anglais. En France même, en août 1934, des mineurs polonais sont parmi les premiers à pratiquer l'occupation du fond lors d'une grève des mines de l'Escarpelle, à Leforest (Pas-de-Calais) [26].

Mais c'est la vague de conflits du Front populaire, en mai-juin 1936, qui installe durablement en France l'occupation du lieu de travail. Les usines sont certes les principales concernées, mais, pour la première fois, les employés des grands magasins se mettent massivement en mouvement et restent sur place. En juin, près de 9 000 occupations sont recensées [27]. Soulignons d'ailleurs que cette pratique demeure fréquente jusqu'à la guerre, puisque près de 450 occupations sont enregistrées par le ministère du Travail en 1937, et encore une centaine en 1938.

Pour les ouvriers, occuper les usines ne veut pas dire se les approprier : ils ne cherchent pas à les faire fonctionner pour leur propre compte ni à laisser planer une menace sur le sens de leur propriété. Il s'agit en fait d'empêcher les patrons de recourir au lock-out et de se prémunir contre d'éventuels non-grévistes. Les occupations apparaissent donc comme un moyen de pression efficace, une manière de faire participer l'ensemble du personnel à la cessation du travail. Elles se déroulent dans l'ordre, dans l'organisation, sous la direction de comités de grève avec à leur tête des syndicalistes. Les machines sont protégées et entretenues : les grévistes ne veulent pas encourir le reproche de négligence ou de sabotage à l'égard de leur outil de travail. Ainsi ceux de la première entreprise occupée, l'usine d'aviation Bréguet du Havre, prennent-ils immédiatement la décision de créer « un service contre les incendies » et un autre « pour le nettoyage et la sauvegarde du matériel [28] ». Aux Magasins réunis Étoile à Paris, à la fin du conflit, « par équipe de deux, nous avons visité tous les coins, remettant en place ce qui avait été déplacé [29] ».

La vie quotidienne des occupants est réglementée par les responsables des mouvements. Le ravitaillement est méthodiquement organisé, de même que les sorties, qui se font par roulement. L'alcool est proscrit, tandis que des pratiques festives remplissent le temps [30].

Les occupations contribuent aussi à forger une communauté solidaire qui se renforce au contact de la lutte en commun, là où le travail effectué souvent côte à côte, mais dans la relative ignorance de l'autre, ne parvient pas forcément à faire émerger une véritable proximité. Cet aspect est souligné par les femmes de la CIP qui, près de 40 ans après le Front populaire, occupent à leur tour leur usine : « On dormait là, on mangeait tous ensemble, alors que d'habitude on se voit que pour le travail et c'est tout juste si on se regarde [31] ! »

Après la Seconde Guerre mondiale, on retrouve cette manière de mise en mouvement par exemple lors des grèves dures de novembre-décembre 1947 [32]. Mais pour l'essentiel, elle est mise en sommeil : au cours des années 1950, la pratique de l'occupation se fait discrète. Les conflits sont de courte durée, et tout se passe comme si le monde du travail, qui n'a pas encore eu le temps d'enraciner cet acte dans ses habitudes avant la rupture de la guerre, attendait un nouvel événement exceptionnel pour le redécouvrir pleinement. Certes, dans la première moitié des années 1960, certaines professions l'emploient assez régulière-ment. Ainsi les mineurs, historiquement parmi les premiers à en user tant en France qu'en Europe, ou les ouvriers des chantiers navals [33]. Mais « avant 1968 on peut dire que la grève était "tout le monde hors de l'entreprise" [34] ». Il faut en effet attendre la vague de Mai pour assister de nouveau à une occupation massive des lieux de travail.

Dans la forme, peu de choses ont changé par rapport au Front populaire. La volonté de protéger l'outil de travail, de mon-trer un sens des responsabilités et de l'organisation aigus, est tou-jours présente. Alors que des représentants de la direction vien-nent distribuer un acompte sur salaires, un membre du service d'ordre de Citroën relève ainsi, non sans fierté :

« C'est la première fois qu'ils entrent dans l'usine depuis un mois [...]. Ils s'attendent à trouver la pagaille. Ils vont trouver quelque chose de propre, d'organisé, de discipliné [35]. »

Si, dans certains cas, les travailleurs participent un peu plus que leurs aînés à la conduite du quotidien de la grève, la pra-tique festive continue de rythmer les journées. Cette réalité per-dure donc sur la longue durée de l'histoire de cette forme de conflit. Comme le soulignent encore quelques années plus tard des ouvrières de la CIP : « Les nuits d'occupation, ben c'était pas du tout triste ! » dit Lucia, tandis que Michèle rappelle qu'« on faisait des parties de cartes. [...] C'était bien, là on s'était bien marrées [36] ».

Après Mai 1968, l'occupation s'installe durablement dans les conflits relatifs à l'emploi. Ainsi, dans la première moitié des années 1970, entre un tiers et la moitié d'entre eux connaissent cette pratique[37]. Leurs sens paraît s'épaissir par rapport aux périodes précédentes. Il ne s'agit plus forcément, ou seulement de paralyser l'entreprise, ou de rendre plus efficace le déroulement d'une grève. Ces mouvements éclatent après l'annonce de licenciements et marquent parfois un refus d'accepter une décision de fermeture d'un site industriel. En ce sens, « le conflit [...] remet en cause la légitimité de l'autorité patronale ou plutôt tire des conséquences nouvelles des fautes de gestion et de démission des responsables d'entreprise[38] ». Avec les premiers effets de la crise, « l'occupation n'est pas seulement une manifestation de la solidarité de la communauté des travailleurs ou un moyen de pression pour faire ouvrir des négociations. Elle symbolise la volonté des salariés de demeurer des producteurs, d'affirmer que la classe ouvrière se crée par le travail[39] ». Si jusque-là l'occupation s'inscrivait pour l'essentiel dans une forme d'économie fonctionnelle de la grève, elle prend aussi désormais l'allure, au moins symboliquement, d'une manière d'appropriation du lieu de production qui marque le refus de le voir mourir. Parfois, les grévistes cessent brièvement le travail avant de remettre les machines en route[40]. Ainsi nos ouvrières de la CIP qui, après le dépôt de bilan de leur usine, l'occupent et reprennent la fabrication de chemises qu'elles cèdent en échange d'une solidarité financière[41].

La fréquence de cette pratique conduit à une tolérance accrue de la justice à son égard. Elle paraît davantage admise comme l'une des formes possibles de la conflictualité contemporaine. L'ordonnance du tribunal de Bobigny du 8 mai 1974 considère même que la charge de la faute n'incombe pas forcément à ceux qui semblent, par leur geste, porter atteinte à la propriété et à la liberté du travail : « Pour apprécier s'il y a lieu d'expulser les occupants, il convient préalablement d'examiner si l'employeur ne fait pas un usage abusif de son droit[42] », apprécie-t-elle. De surcroît, et cette réalité perdure jusqu'à aujourd'hui, la volonté des pouvoirs publics de creuser le sillon de la conciliation plutôt que de la répression conduit à une situation où « l'autorité administrative ne met généralement pas un grand empressement à exécuter la décision d'expulsion » lorsqu'elle est prononcée[43].

Dans les années 1980, cette méthode perd en intensité mais reste marquante : un conflit sur trois lié à l'emploi voit l'occupation du lieu de travail au tournant des années 1970-1980 ; un sur cinq au milieu de la décennie 1980 et un peu plus d'un sur dix au terme de celle-ci[44]. La liaison puissante persistante entre occupations et luttes pour l'emploi paraît confirmer la signification enrichie de cette pratique.

Aujourd'hui encore, elle demeure un procédé usuel. Elle survient le plus souvent lors de conflits âpres, tel celui des employés des transports urbains de Rennes qui occupent les locaux pendant plusieurs jours en avril 2001[45]. Mais ce sont toujours les mouvements concernant l'emploi qui alimentent pour l'essentiel cet usage. Ainsi les salariés de l'usine Bata de Sarrebourg (Moselle) qui, après avoir reçu une lettre anonyme les informant d'un dépôt de bilan prochain, cessent immédiatement la production, occupent l'usine et le dépôt qui contient 500 000 paires de chaussures[46]. Ici, occuper permet aussi, en guise de monnaie d'échange, de garder la main sur un stock que l'employeur pourrait autrement récupérer. C'est ce qu'exprime à l'été 2001 un gréviste de la filature d'Hellemmes (Nord), occupée pendant six semaines après l'annonce de sa fermeture :

« Ce stock, c'est notre trésor de guerre, notre meilleur atout pour négocier un plan social correct[47]. »

Au fond, sur la longue durée, l'occupation est bien une façon, de la part des grévistes, de mettre de leur côté le maximum de chances de réussite. Elle s'inscrit sans cesse davantage comme une forme de transaction qui explique son émergence dans des moments de crise sociale aiguë ou lors de conflits durs qui, au travers de l'emploi, mettent en jeu l'existence quotidienne des salariés en mouvement.

Se rassembler : la réunion au cœur de la grève

Un conflit social implique une forme d'organisation. Il suppose également l'élaboration d'un consensus ou, tout au moins, d'une position commune sur les objectifs à atteindre et la conduite du mouvement. La réunion ou l'assemblée générale, les deux termes communément employés pour désigner le rassemblement des grévistes en un même lieu, est appelée à remplir cette fonction. Elle est un moment fort d'une journée de grève et connaît des évolutions, tant dans les endroits où elle se tient que dans son déroulement et son contenu.

LIEUX ET FONCTIONS

Lors des conflits de grande ampleur et/ou de longue durée, les grévistes se retrouvent régulièrement, parfois quotidiennement, voire biquotidiennement. Cette pratique devient vite comme consubstantielle à la lutte ouvrière dès lors qu'elle irrigue la société industrielle et sort de la relative clandestinité à laquelle elle était contrainte avant 1864.

Au temps de la coalition coupable, la réunion est souvent discrète, voire clandestine : il s'agit alors d'échapper autant que possible à la surveillance policière, à la répression des autorités. Et jusqu'à la fin du XIXᵉ siècle, les ouvriers ne disposent pas d'endroits propres destinés exclusivement à la pratique militante. Les locaux des traiteurs, des marchands de vin, les cabarets surtout, sont alors les lieux de réunion de prédilection des ouvriers. Ils participent d'une manière générale de la sociabilité populaire, et, en cas de mécontentement, on y élabore les revendications et la tactique gréviste. Ces réunions rassemblent surtout les meneurs, ceux qui prennent en charge la revendication, en particulier avant le déclenchement de l'action. Une fois celle-ci entamée, la communauté gréviste y participe plus largement, même si l'interdiction de la coalition rend dangereuse toute forme de rassemblement trop ostensible.

Les lieux clos ne sont pas les seuls endroits de regroupement. Sur les chantiers, dans les mines, dans les industries rurales ou quand la foule ouvrière est populeuse, les réunions se tiennent souvent à l'extérieur de la ville, en plein air. Cette pratique paraît mieux garantir la discrétion, dont l'habitude perdure même un temps après la légalisation de la grève. Et si les ouvriers des ateliers des villes disposent, à proximité de leur lieu de travail, d'espaces de convivialité, il n'en est pas forcément de même ailleurs.

À Paris, les masses ouvrières se retrouvent volontiers près des barrières. Le 3 septembre 1840 par exemple, les relieurs en grève se réunissent en différents endroits de la périphérie :

« Des rassemblements de plusieurs milliers d'individus [...] entourant ceux qu'on peut considérer comme les meneurs de ces coupables coalitions, écoutant ceux d'entre eux qui péroraient tour à tour[48]... »

Plus largement, dans les grandes villes, « les terrains vagues des faubourgs, les jardins publics, les foirails, les places[49] » sont des espaces de rassemblement habituels.

En province, les ouvriers des industries rurales, des petites villes, utilisent la campagne alentour. Voici les tisserands du Cambrésis qui, en 1889, « tiennent des conciliabules, la nuit, au milieu des champs[50] », ou les mineurs des Bormettes (Var) qui, en octobre 1910, se regroupent « sous les oliviers[51] ».

À la fin du XIXᵉ siècle, la situation évolue. Les organisations ouvrières ont désormais une existence légale et commencent à disposer de lieux qui accueillent désormais la majeure partie des réunions. C'est le cas en particulier des Bourses du travail, qui éclosent à partir de 1887 et deviennent vite « la maison des travailleurs[52] ». Les cafés et autres estaminets accueillent encore quelquefois des grévistes, au moins jusque dans l'entre-deux-guerres, mais bien moins qu'auparavant[53]. La Grande Guerre paraît marquer à cet égard un tournant : elle « liquide presque entièrement la vieille tradition de la réunion au cabaret[54] ». Sans doute une forme de dignité revendiquée accélère-t-elle ce déclin : en 1918, les employés de banque et de Bourses décident d'abandonner ce lieu traditionnel, car « dans les banques, on fait courir le bruit que les syndiqués se réunissent au Café [...] pour godailler et non pour discuter les intérêts de la corporation[55] ».

Après la Seconde Guerre mondiale, le syndicalisme et la grève participent de la société salariale en construction. Le lieu de travail en fait partie et n'est plus autant un sanctuaire patronal. Les réunions continuent certes d'occuper des endroits traditionnels comme la Bourse du travail ; mais elles investissent aussi plus massivement l'espace de production, soit à l'intérieur, soit à l'extérieur immédiat du bâtiment. Des lieux publics prêtés par des municipalités sont aussi parfois utilisés, comme lorsque les grévistes de Péchiney-Noguères se retrouvent dans la salle des fêtes d'une commune voisine[56]. La tendance à l'investissement des locaux de travail se développe encore après 1968 : la section syndicale est désormais admise légalement dans l'entreprise, devenue une aire de contestation légitime que le développement des grèves avec occupation contribue à banaliser. Aujourd'hui, les espaces qui servaient traditionnellement au rassemblement des salariés quand la grève semblait les exclure des lieux du labeur, telles les Bourses du travail, sont nettement moins utilisés. L'institutionnalisation des conflits s'accompagne d'une installation de l'activité revendicative au cœur même du périmètre de production.

Sur la longue durée, la réunion de grève a plusieurs fonctions qui impriment un sens à son déroulement. La première est d'informer. Les représentants des grévistes, les délégués, les syndicalistes ou le comité de grève font le point sur la situation du conflit : les salariés en action sont renseignés sur les endroits où le travail continue, sur l'état d'avancement des négociations avec les employeurs, sur les lieux et les heures de distribution des secours. La discussion suit ou accompagne ce tour d'horizon.

La deuxième fonction est la prise de décisions. Tout est prétexte à une mise aux voix : le contenu des revendications, l'activité des délégués ou du comité de grève, les initiatives à mettre en œuvre et bien sûr la poursuite ou l'arrêt du conflit. Dans les mouvements les mieux organisés et les mieux préparés, leur déclenchement est soumis à un vote préalable, et le comité de grève choisi avant l'entrée en action.

Cette deuxième fonction est inséparable de la troisième, peut-être la plus fondamentale puisqu'elle détermine pour une large part le déroulement des réunions : elles sont des lieux de légitimation des représentants choisis ou acceptés par les grévistes. La réunion est le centre d'une dialectique de la représentation, dans laquelle le mandataire se soumet formellement au mandant qui conteste rarement la légitimité de ses porte-parole, confirmés la plupart du temps dans leur rôle de personnification de la contestation. Car « c'est parce que le représentant existe, parce qu'il *représente* (action symbolique), que le groupe représenté, symbolisé, existe et qu'il fait exister en retour son représentant comme représentant d'un groupe [57] ». Les limites de la discussion sont le plus souvent tracées autour de ces frontières symboliques. À cette aune, la réunion, pouvoir exécutif formel de la grève, en est son Parlement ; dans le même temps, elle est un lieu de pouvoir et de débats contrôlés, organisés en système de canalisation de la spontanéité recelée par la forme d'action directe des salariés que constitue naturellement un conflit du travail. Cette question soulève celle de la pratique démocratique dans les grèves, c'est-à-dire du degré et des formes du pouvoir souverain de l'assemblée. Elle ne peut « être appréhendée sans tenir compte de la pédagogie syndicale aussi bien que du degré d'implication du groupe gréviste [58] ». C'est dire la diversité des situations selon les lieux, les moments, les professions. Des tendances et des évolutions structurelles peuvent cependant être dégagées.

LE PARLEMENT DE LA GRÈVE

La dimension de la réunion comme Parlement de la grève constitue un impératif et une réalité de ce moment fort des conflits du travail.

Un impératif en raison de sa fonction de légitimation des représentants des grévistes. Cette légitimité s'acquiert en effet à la condition d'une discussion collective laissant poindre l'existence d'un fonctionnement démocratique, dans lequel la libre parole peut se déployer pour construire et afficher la communauté d'expression du groupe revendicatif. On retrouve « l'effet d'oracle » ainsi décrit par P. Bourdieu : « Le porte-parole fait parler le groupe au nom duquel il parle, parlant ainsi avec toute l'autorité de cet absent insaisissable [59]. »

Les propos tenus en avril 2001 par le responsable CGT de l'usine Lu de Calais (Pas-de-Calais) reflètent bien les attentes des leaders grévistes :

« Ce sont les salariés eux-mêmes qui décident de la poursuite et de la forme du mouvement. Jusqu'à présent, ceux-ci ont souhaité se prononcer chaque semaine sur la continuation de la grève et de l'occupation. À chaque fois, c'est un vote qui conclut une assemblée générale, où plusieurs dizaines de collègues n'hésitent pas à prendre la parole, après une présentation que nous faisons de l'état de la situation [60]. »

On retrouve dans ces mots les aspects formels d'une démocratie directe. Pour qu'elle vive et se donne les plus fermes atours de la légitimité, la présence à ces assemblées doit être à la fois forte et volontaire. L'évolution du niveau de participation des grévistes aux réunions constitue d'ailleurs un bon indice des métamorphoses de la mobilisation : les conflits en voie d'échec voient une désertion progressive de l'auditoire.

Les porte-parole cherchent donc à assurer la contribution la plus ample aux débats. Témoignage récent, lors de l'assemblée générale des sages-femmes en grève tenue à l'hôpital parisien de la Pitié-Salpêtrière en avril 2001, la technique est mise au service d'une discussion élargie : « La province a eu maintes fois l'occasion de s'exprimer. De Toulouse, Montpellier, Strasbourg, Lyon, Lorient, Tours, Bordeaux, Grenoble, dans la salle ou par téléphone[61]. »

La réunion, par la parole qu'elle provoque et réclame, prend donc bien l'allure d'un Parlement de la grève. Elle l'est aussi dans les formes de son déroulement, dont les grands traits perdurent sur la longue durée. On retrouve là des rituels qui semblent tout droit inspirés des pratiques parlementaires[62]. Le premier acte est, à l'ouverture de la réunion, la désignation d'un « bureau » et/ou d'un président de séance chargés de veiller à la discipline et au respect de l'ordre du jour. Avec l'affirmation du syndicalisme, ce sont les militants qui monopolisent ces fonctions. Ainsi en novembre-décembre 1995, lors de la grève des cheminots, chez les contrôleurs, la « parole CGT se déploie dans un dispositif extrêmement classique avec des tables organisées en tribune où les délégués syndicaux s'installent signifiant que l'assemblée peut débuter[63] ».

Surtout, la pratique du vote constitue un élément central du déroulement de la réunion. Aucune décision n'est prise sans être entérinée par l'assemblée. La forme prise par le vote est variable : il s'effectue le plus souvent à main levée, parfois par acclamation, plus rarement à bulletin secret. Cette dernière forme de scrutin rencontre en général la réticence, aussi bien des meneurs des grèves que des grévistes eux-mêmes. Plus qu'un rejet d'une expression *a priori* plus démocratique, puisqu'elle assure un anonymat facilitant l'expression d'oppositions qui sinon n'oseraient peut-être pas braver la puissante certitude du groupe, il faut sans doute y voir la volonté de promouvoir la transparence des positions individuelles, et le refus de ce qui, aux yeux de certains, s'apparente à une forme d'individualisme ou de pusillanimité. Comme l'observe M. Perrot pour les années 1871-1890[64], le vote secret est réclamé surtout par ceux qui souhaitent cesser la grève ; il n'est donc accepté, le plus souvent, qu'à partir du moment où la reprise du travail semble inéluctable : le vote anonyme permet alors d'entériner la fin du conflit tout en ménageant les éventuelles susceptibilités. Mais même lorsque des situations de ce genre se présentent, ceux qui réclament un scrutin secret encourent les foudres de leurs camarades. Ainsi, dans les derniers jours de la grève des forges et aciéries de Trith-Saint-Léger et de Louvroil (Nord) en janvier-février 1935, lors d'une assemblée générale, les partisans d'un vote à bulletin secret doivent quitter la salle tant la discussion est houleuse [65]. Au cours de la grève de Péchiney-Noguères à l'été 1973, un gréviste qui demande de passer du vote à main levée à celui à bulletin secret se voit rétorquer par un de ses camarades : « Le vote à bulletin secret peut être comparé à un peloton d'exécution où tout le monde tire, mais on ignore qui a tué [66]. »

Cependant, avec la présence accrue des organisations syndicales dans l'entre-deux-guerres, le vote secret se fait désormais un peu moins rare, même s'il demeure très minoritaire. Dans le Paris des années 1919-1935, des professions de tradition modérée et de forte influence syndicale, telles celles du Livre, ne répugnent pas à ce mode de consultation. Voici par exemple, le 11 novembre 1919, la section de la brochure-reliure du syndicat du Papier-Carton qui réunit ses adhérents pour leur annoncer que « devant le désir que manifestent les brocheurs d'arracher leurs revendications, il va être procédé, au sujet de la grève, à un vote par section et à bulletins secrets. Par 190 voix contre 12, la section de la brochure vote la grève », déclenchée le lendemain [67]. Après la Seconde Guerre mondiale, la pratique du vote à bulletin secret, qui relève au fond davantage de la citoyenneté républicaine que de la tradition du mouvement ouvrier, poursuit sa vulgarisation. Le processus d'institutionnalisation et de diffusion de la grève au secteur tertiaire, l'intégration du mouvement syndical au fonctionnement de l'État social, le niveau de formation plus élevé du monde du travail, accompagné d'une volonté accrue de participer plus largement et librement aux décisions qui le concernent, expliquent sans doute cette évolution.

D'autre part, de longues discussions, parfois houleuses, s'emparent en certaines circonstances des réunions de grève. Elles témoignent de l'existence possible d'une expression ouverte et contradictoire aux allures de démocratie directe vivante. Dans les dernières décennies du XIXᵉ siècle, Paris, avec son prolétariat souvent plus qualifié qu'ailleurs, rompu à la pratique gréviste, offre l'archétype des réunions où les débats sont les plus approfondis et les plus fournis. Plus qu'en province, les discussions y sont plus argumentées et plus techniques, les contestations plus fortes, les dissensions plus fréquentes [68]. Cette tradition perdure au moins jusqu'à la Grande Guerre. Ainsi, les ouvriers du bâtiment, les plus combatifs et les plus frondeurs de la capitale avant 1914, n'hésitent pas à contredire les leaders, à contrôler le travail accompli par leurs délégués. Toute atteinte portée à la souveraineté de l'assemblée générale risque d'entraîner les foudres des ouvriers. Ainsi, lors du conflit de juillet 1911, le comité de grève, qui décide seul la reprise du travail, se voit adresser de vifs reproches : un ouvrier « s'élève contre le comité de grève qui a commis une "gaffe" », un autre allant même jusqu'à affirmer « qu'il y a parmi le comité de grève des camarades qui ont été achetés [69] ». Le contrôle exercé par les grévistes est parfois sourcilleux, comme en témoigne un épisode survenu pendant le mouvement de la maçonnerie d'août-septembre 1909. Les délégués envoyés auprès des patrons n'ayant pas signé le contrat collectif, s'engage alors un débat pour savoir si les représentants des ouvriers ont reçu ou non mandat de le parapher :

« VINCENT fait remarquer que les délégués n'ont pas le droit de signer le contrat ; ils ont simplement eu plein pouvoir de discuter les intérêts de la corporation. D'après lui, les délégués doivent convoquer les adhérents du syndicat et les consulter avant de signer un contrat.

Une vive discussion s'engage entre plusieurs assistants ; les uns déclarent que les délégués avaient plein pouvoir pour signer le contrat, les autres sont de l'avis de VINCENT [70]. »

On le voit, dans l'esprit et la pratique de ces grévistes, l'assemblée constitue en quelque sorte l'organe législatif du mouvement, le comité de grève en étant l'organe exécutif.

En province, les ouvriers peuvent se montrer tout aussi soucieux de contrôler leurs mouvements que ceux de la capitale. Chez les mineurs de Carmaux, bien organisés, la réunion est le cadre de discussions souvent passionnées, de désaccords notamment au moment de la reprise du travail [71]. Les délégués doivent parfois batailler ferme pour voir les grévistes entériner leurs propositions. Lors de la grève de février-avril 1900, « ce n'est que devant leurs objurgations [des délégués] que les grévistes se décidèrent à approuver les résolutions du comité [72] ».

Les contestations les plus vives, les débats les plus houleux, les majorités les plus étriquées se dessinent en général en fin de conflit. Le moment où il faut décider de la poursuite ou de l'arrêt d'un mouvement, surtout si les employeurs n'ont cédé qu'en partie aux revendications, est souvent le plus délicat. Quoi qu'il en soit, les oppositions aboutissent parfois à des choix en contradiction avec la volonté des porte-parole. Voici, en février 1921, les ouvriers du textile d'Halluin (Nord) qui conviennent de cesser le travail contre l'avis des responsables syndicaux[73]. Près d'un demi-siècle plus tard, en mai 1968, le rejet par les ouvriers de Renault-Billancourt du protocole d'accord de Grenelle que le secrétaire général de la CGT, Georges Séguy, est venu présenter au cours d'une assemblée générale houleuse, est un moment fort du mouvement social qui accompagne la contestation étudiante[74].

Plus fréquemment, les souhaits exprimés par les gestionnaires de l'action l'emportent. Mais il leur faut quelquefois utiliser toutes les ressources de leur expérience. Ainsi, à Vienne (Isère), en août 1922, un vote à bulletin secret sur l'éventualité d'un arrêt de la lutte donne une faible majorité pour sa poursuite et doit être recommencé à main levée[75]. Une trentaine d'années plus tard, lors du violent conflit des métallurgistes de Saint-Nazaire et de Nantes de 1955, la réunion qui doit se prononcer sur les propositions patronales est houleuse. Declercq, le syndicaliste qui préside la séance, propose au nom du comité d'action la reprise du travail, sous les huées d'une partie des ouvriers : « Arrête tes salades ! ta gueule ! Et nos 40 francs ! Parle-nous des 40 francs ! » Il faut toute l'influence des militants pour que le référendum organisé pendant la séance donne une courte majorité en faveur de leur point de vue[76]. Plus récemment, en mars 2002, les salariés de l'usine de carton ondulé Solleco à Saint-Junien (Haute-Vienne) se divisent sur la proposition syndicale de reprise du travail. Les concessions salariales consenties par l'employeur paraissent insuffisantes à certains : « Il a fallu deux votes à bulletin secret pour qu'une petite majorité accepte le compromis[77]. »

Ainsi, en certaines occasions, la diversité des positions exprime un degré de libre arbitre qui fait de la réunion un espace potentiel de débats. Elle peut permettre l'expression d'une démocratie organisée, directe puisque mise en pratique par la base salariale en action. Cependant, cette forme de souveraineté dont l'assemblée générale se veut porteuse tend à s'étioler à mesure que la ritualisation et l'institutionnalisation des conflits du travail leur confèrent des modes de gestion et d'expression plus encadrés, codifiés.

UN MODE D'ORGANISATION DE LA SPONTANÉITÉ :
LA PAROLE CANALISÉE ET LES REPRÉSENTANTS LÉGITIMÉS

Plusieurs éléments réduisent le caractère souverain, libre et ouvert de la réunion de grève. Et d'abord sa fonction majeure, celle de légitimer les porte-parole de l'action salariale. Cette situation se creuse à mesure que la pratique négociatrice se répand : face aux employeurs, les mandataires ont besoin de paraître incarner un groupe uni autour d'eux. D'autre part, le degré d'autonomie de la base varie en fonction de divers facteurs, tels la profession des grévistes ou leur niveau de qualification : les travailleurs les plus qualifiés et les plus rompus à la pratique des luttes sociales, comme nous l'avons observé précédemment, sont plus soucieux de leur indépendance d'initiative, plus enclins à contrôler l'action de leurs délégués ; à l'inverse, les ouvriers les moins qualifiés ou les moins habitués à la conduite d'une grève font souvent preuve d'une autonomie moindre. Le lieu de déroulement des conflits paraît aussi jouer un rôle non négligeable dans le degré d'exercice de la démocratie directe. Ainsi, dans les années 1871-1890, les réunions tenues en province sont bien plus facilement contrôlées par les meneurs ou les notables locaux que les assemblées parisiennes : l'auditoire provincial est « plus novice », les publics « plus malléables, crédules, aisés à manipuler[78] ». Voici par exemple Girodet, le maire de Saint-Étienne, qui, en juillet 1888, participe à une réunion de houilleurs enclins à passer à l'action : à son entrée, « on lui fait une ovation et tout le monde se découvre » ; il affirme que les partisans de la grève générale « sont les ennemis de la République » puis obtient le rejet du mouvement projeté[79].

Par la suite, en particulier dans l'entre-deux-guerres, la pratique gréviste devenue plus commune, plus fonctionnelle et la présence syndicale plus forte, la portée et la fréquence des voix discordantes se réduisent, de même que la relative dichotomie Paris/province s'estompe. Le contrôle plus étroit exercé par les syndicalistes sur le déroulement des conflits limite, ou tout au moins encadre la démocratie directe. Ainsi, dans le Paris de l'entre-deux-guerres, l'autorité des représentants est bien moins souvent remise en cause. Dans les assemblées, ils monopolisent de manière accrue la parole. Leur action est peu contestée, et la plupart des réunions servent avant tout à entériner, soutenir et légitimer leur action. On ne retrouve alors plus guère les assemblées houleuses et frondeuses qui, au cours des périodes précédentes, ont parfois mené la vie dure aux délégués ouvriers. D'autre part, les comités de grève sont fréquemment constitués par les organisations syndicales : l'assemblée générale sert donc à entériner un choix préalable rarement discuté[80]. En somme, l'omniprésence du syndicalisme dans les mouvements sociaux de l'après-guerre à la veille du Front populaire canalise pour une large part l'action ouvrière dans une direction imprimée par les militants, qui subordonne toute l'activité gréviste à un objectif ultime : la satisfaction des revendications.

Le troisième âge de la grève ne déroge pas à cette règle et la renforce dans la mesure où l'institutionnalisation des conflits codifie les pratiques, encore davantage encadrées par des syndicalistes qui répugnent aux débordements de la spontanéité. Cette régulation accrue des assemblées subit ses remises en cause, comme le montrent de manière emblématique Mai 1968 ou les coordinations de la seconde moitié des années 1980. Il n'en reste pas moins que ce sont pour l'essentiel des soubresauts qui ponctuent une évolution de longue durée.

Par ailleurs, la forme même prise par l'exercice de la démocratie directe est porteuse de son appropriation par les meneurs des conflits. Les modes de scrutin choisis dans la majorité des cas laissent en général libre cours au fonctionnement de « l'effet d'oracle ». En effet, la « violence » de ce dernier « ne se fait jamais autant sentir que dans les *situations d'assemblée* [...] : elle s'éprouve dans l'impossibilité quasi physique de produire une parole divergente, dissidente, contre l'unanimité *forcée* que produisent le monopole de la parole et les techniques d'unanimisation comme les votes à main levée ou par acclamation de motions manipulées[81] ».

De fait, le vote à main levée peut permettre aux délégués d'influencer fortement leur base, voire de la rendre à ses volontés. En voici une illustration frappante avec le mouvement des mineurs de Carmaux de février-avril 1883. Le commissaire indique dans son rapport du 18 mars :

« La continuation de la grève a été votée à main levée sous la pression des délégués qui interpellent personnellement ceux qui s'abstiennent[82]. »

À propos des assemblées générales des ouvriers des ateliers du Métropolitain des années 1949-1956, Roger Bournaud, un ancien dirigeant CGT de la profession, témoigne :

« Quand il y avait des grèves, il y avait des votes à main levée. Celui qui levait pas la main on le regardait[83]. »

Cette pratique rend possible la variation d'une opinion dans un sens voulu par des militants dont l'expérience dans le domaine de la parole et de l'action leur permet d'exercer un ascendant déterminant sur la masse des grévistes.

Les analyses et les exemples qui précèdent laissent également voir en filigrane que la fonction des assemblées est souvent plus de communion que de discussion contradictoire approfondie. Il s'agit en effet, par la réunion du groupe gréviste, de maintenir ou renforcer sa cohésion et sa détermination, de faire prendre conscience à l'individu qu'il appartient à une communauté d'intérêts, qu'il n'est pas seul dans la lutte. Les contradicteurs sont donc rarement les bienvenus ; ils encourent les foudres du collectif. Les assemblées des années 1871-1890 apparaissent ainsi « peu tolérantes, plus disposées à excommunier qu'à entendre » ; elles « conspuent les mous, vomissent les traîtres [...] chassent les contradicteurs[84] ». Cette réalité perdure. Voici par exemple un terrassier qui, dans les derniers jours de la grève générale du bâtiment parisien de septembre-octobre 1898, « conseille aux camarades présents, vu leur petit nombre, de reprendre le travail. Il est hué et traité de renégat, de fainéant, de lâche et expulsé de la salle[85] ».

En somme, la contradiction ne peut s'exprimer réellement que lorsqu'elle est collective, sinon majoritaire. Quand un conflit dure et s'épuise, ceux qui penchent pour la reprise du travail, plutôt que de venir s'exprimer, préfèrent la plupart du temps s'abstenir. Cela explique en partie pourquoi les décisions prises sont souvent unanimes. Certes, cette unanimité a parfois tendance à s'étioler quand il devient visible que le mouvement se dirige vers un échec. Mais même là, les meneurs des grèves cherchent au maximum à maintenir une certaine unité : la décision de reprise du travail se doit d'être aussi universellement admise que l'avait été celle de son interruption.

Soulignons enfin que la démocratie ne nécessite pas forcément, aux yeux des ouvriers et de leurs leaders, la formation d'une majorité. Une grève peut parfaitement être déclenchée en assemblée générale par une minorité de salariés d'une usine ou d'un chantier. Ce qui importe, c'est le vote majoritaire de ceux qui se trouvent réunis. Il n'est jamais question de quorum : l'assemblée des grévistes se considère de toute évidence comme représentative et souveraine.

En somme, la réunion de grève porte en elle la faculté de la mise en pratique d'une forme de démocratie et d'action directe longtemps chère au mouvement syndical français. Pourtant, bien des éléments viennent en limiter la réalité concrète et la portée, parmi lesquels l'intensité de la présence et du contrôle syndical, ou encore le niveau de qualification, d'expérience et d'implication des grévistes. Surtout, dans leur fonction même d'expression de la puissance de la masse, les assemblées n'offrent guère d'occasions d'épanouissement d'une autonomie individuelle. La réussite d'un mouvement paraît en outre passer notamment par le degré de reconnaissance de ceux qui le mènent. Au fond, la construction de cette légitimité est la fonction primordiale de la réunion et lui imprime ses impératifs.

Survivre en grève : à la recherche d'une solidarité élargie

Les longs conflits nécessitent de pallier la perte de rémunération due à la cessation du travail. C'est une exigence vitale, en particulier au cours du deuxième âge de la grève, où la durée des mouvements s'allonge et culmine ; parallèlement, les liens entre les mondes de l'usine et de la terre s'amenuisent. Une aide matérielle devient dès lors sans cesse plus cruciale.

Au temps de la première révolution industrielle, les ouvriers s'appuient régulièrement sur les ressources complémentaires fournies par des activités agricoles. Ainsi la combativité des bouchonniers du Var, au cours du Second Empire, s'explique-t-elle en partie par les bénéfices qu'ils tirent de la culture de parcelles de terre et de la possibilité pour eux d'œuvrer en tant que journaliers agricoles ou bûcherons [86]. Jusqu'à la fin du XIXᵉ siècle, certains ouvriers attendent encore l'arrivée de la saison des travaux des champs pour revendiquer [87]. Mais avec la deuxième révolution industrielle qui fixe l'ouvrier à l'usine et met un terme au partage du temps entre l'atelier et la terre, ce type de situation se raréfie. En revanche, une autre pratique palliative perdure jusqu'à la Seconde Guerre mondiale : les ouvriers d'entreprises en grève s'embauchent parfois dans d'autres établissements, surtout dans les périodes de bonne conjoncture économique, de manière à continuer de paralyser leur entreprise tout en subvenant à leurs besoins. On change alors souvent de spécialité, parfois de localité, pour occuper des emplois généralement peu qualifiés, comme ceux de manœuvre ou de terrassier. Il est plus rare d'obtenir un emploi dans sa profession, à l'instar de ces sculpteurs-ornemanistes parisiens qui, en juin 1921, leur mouvement déclenché, « ont trouvé immédiatement du travail en province pour les monuments aux morts de la guerre [88] ».

Quoi qu'il en soit, tout cela reste rare et hypothétique : faire grève implique dans l'immense majorité des cas une suspension de toute forme de rétribution. Pourtant, les grèves secourues sont une minorité. Dans les premières décennies du XIXᵉ siècle, les conflits sont souvent brefs et peu organisés. Seuls ceux où l'on dispose de la présence d'une structure permanente (sociétés de secours mutuels et de résistance, compagnonnages) ou temporaire (commissions de grève) bénéficient d'une assistance. Et même quand la durée de la lutte s'allonge, les conflits secourus sont minoritaires : un peu plus d'un cinquième en 1871-1890, un sur dix dans le bâtiment parisien en 1898-1913 et dans l'ensemble des professions de la capitale en 1919-1935. Si elle est moins singulière qu'auparavant, l'aide aux grévistes est loin d'avoir un caractère systématique.

Sur la longue durée, les secours de grève prennent deux formes : en argent ou en nature. Le plus souvent, les grévistes reçoivent de l'argent. Le montant de l'aide octroyée est fort variable. Il dépend essentiellement de trois critères : la qualification, les charges familiales et la durée du conflit. Les professions au niveau de formation et aux salaires les plus élevés sont souvent celles qui disposent des caisses de grève les plus fournies ; le nombre d'enfants est pris en considération dans la distribution des secours ; enfin, plus un conflit s'allonge, plus il est difficile de continuer d'offrir une aide financière régulière et substantielle. Quand l'argent manque, les secours vont en priorité aux plus nécessiteux [89]. Leur insuffisance est d'ailleurs à l'origine de l'interruption de bien des conflits.

Moins souvent, une certaine différenciation peut être opérée en fonction de l'âge ou de l'appartenance ou non à une organisation syndicale. Les statuts du syndicat CGT des layetiers-emballeurs d'avant la Grande Guerre stipulent ainsi que, « dans les cas où un conflit entre ouvriers et patrons ne pourrait être évité, tout ouvrier n'étant pas inscrit sur les contrôles de la Chambre syndicale ne sera soutenu que moralement[90] ». Et quand les militants CGTU du livre parisien déclenchent des grèves tournantes à partir d'octobre 1922, les syndiqués reçoivent dix francs par jour, alors que les non-syndiqués ou ceux n'appartenant pas à la CGTU se voient octroyer quatre francs[91]. Plus récemment, les statuts de la Caisse nationale d'action syndicale de la CFDT, créée en 1973, prévoient un soutien « aux adhérents engagés dans le conflit du travail[92] ».

Outre l'argent, une assistance en nature peut également être offerte. Sa provenance est diverse. Au tournant du siècle et jusque dans l'entre-deux-guerres, les coopératives de consommation apportent leur contribution, comme en 1906 lors d'une grève de terrassiers parisiens où « une société coopérative du 11ᵉ arrondissement prévient qu'elle délivrera gratuitement [...] le pain et le lait pendant toute la durée du conflit[93] ». Jusqu'à nos jours, les commerçants versent leur écot selon des degrés divers, qui vont du simple crédit momentané au don de marchandises. Cette solidarité commerçante, au XIXᵉ comme au XXᵉ siècle, est fortement empreinte de considérations calculées : on vient en aide à sa clientèle. On le constate par exemple pour les années 1871-1890[94], mais aussi, plus près de nous, lors de la grève de l'entreprise bretonne du Joint français en 1972. Un buraliste, installé dans un grand ensemble où logent des salariés de l'établissement, explique ainsi les raisons de son soutien :

« Ce qui m'a motivé, ce sont mes voisins, et puis le quartier où je travaille... je suis sûr qu'il y a 30 % des habitants des tours qui sont des ouvriers du Joint... 30 % des gens qui nous font vivre toute l'année[95]. »

Parfois, quand il s'agit d'entreprises insérées dans le milieu rural, des paysans solidaires livrent des matières brutes. La première moitié des années 1970 en particulier, dans la foulée de Mai 1968, offre des exemples de cette solidarité entre ouvriers et paysans, aux contours politiques. Les grévistes du Joint français sont ainsi livrés à plusieurs reprises par des paysans bretons[96].

Assez régulièrement, surtout entre la fin du XIXᵉ siècle et les années 1920, la caisse de grève sert à organiser des « soupes communistes » : les grévistes prennent un repas en commun.

Ainsi, lors du grand conflit des métallurgistes parisiens de juin 1919, l'essentiel des sommes amassées alimente ces soupes[97]. Cette pratique présente, selon les syndicalistes qui en usent, deux intérêts majeurs :

« Les soupes communistes ont un double avantage, matériel et moral. Matériel : celui d'économiser les ressources du syndicat. [...] Moral : parce que, par le contact journalier des travailleurs en lutte, elles resserrent entre eux les liens de solidarité, elles les enlèvent au danger débilitant de l'isolement, elles entretiennent la confiance indispensable pour conquérir la victoire[98]. »

Ces initiatives existent pour apporter un soutien prosaïque aux grévistes, mais aussi pour cimenter, voire renforcer la cohésion du groupe, un objectif sans cesse recherché par les meneurs des conflits.

Cela dit, les secours remplacent très rarement l'intégralité du salaire ; ils permettent tout au mieux de subvenir aux besoins élémentaires des grévistes.

Les solidarités qui se manifestent témoignent là encore du degré d'insertion des conflits du travail, des ouvriers et du salariat dans la société. L'histoire des secours de grève évolue au rythme de ce processus d'intégration : leur provenance s'élargit par cercles concentriques au cours des trois âges qui fondent notre analyse. L'entraide, d'abord de proximité, se diffuse progressivement pour concerner potentiellement, à terme, l'ensemble de la société.

Au premier âge de la grève, la solidarité est presque exclusivement professionnelle : on vient en aide à ceux qui exercent le même métier que soi. C'est un soutien de voisinage, tant géographique que corporatif.

La solidarité de métier est en effet essentielle. Les ouvriers utilisent la caisse de grève constituée grâce à des cotisations perçues avant le déclenchement d'un conflit. À cet égard, des sociétés de résistance, surtout à partir de 1832, prévoient statutairement un « secours-grève[99] ». En outre, les ouvriers qui ne sont pas en conflit ou qui ont repris victorieusement le travail, alors que d'autres ateliers continuent la lutte, peuvent être mis à contribution. Par exemple, l'article 6 du règlement du 1er octobre 1833 de la Société des cambreurs, établie à Paris, prévoit qu'une cotisation de « 3 sous par façon de tige de bottes » doit être versée en faveur des grévistes par leurs camarades restés au travail[100]. Et même parfois sans qu'un règlement ne le stipule, l'organisation qui dirige la grève opère des retenues sur les salaires ou reçoit la contribution volontaire de ceux qui continuent de produire. Ainsi, lors du conflit des tailleurs d'habits parisiens d'octobre-novembre 1833, « les ouvriers qui travaillaient encore [...] versèrent une partie de leur salaire pour alimenter la caisse de secours [101] ».

À partir du milieu du XIXᵉ siècle, tandis que la grève commence à devenir un fait social porté par un monde ouvrier en cours de cristallisation, on voit se multiplier les indices d'un soutien élargi qui peut sortir de la profession, voire, plus rarement, des frontières nationales. En 1852, selon le procureur général de Lyon, la grève des ouvriers de la peluche de Tarare (Rhône) « s'entretenait au moyen de secours envoyés par les caisses ouvrières de Lyon ». Et d'ajouter, quelque peu inquiet : « On a ainsi une nouvelle preuve de l'esprit de solidarité et de l'effort d'organisation qui existe chez nos populations ouvrières malgré la différence des industries et sur la base unique d'une communauté d'intérêts de classe [102]. »

Deux ans plus tard, en 1854, les porcelainiers de Limoges demandent l'aide financière de leurs collègues anglais et belges ; ils reçoivent en outre de l'argent en provenance de Vierzon ou Bordeaux, des lieux relativement éloignés du conflit [103].

Mais il faut attendre le deuxième âge de la grève, celui où elle irrigue l'ensemble du monde ouvrier et de la société industrielle, pour que la solidarité s'étende réellement. Elle demeure certes d'abord de classe et de proximité ; mais un public élargi s'implique dans le soutien aux grévistes.

Solidarité de classe avant tout : en 1871-1890, dans les trois quarts des cas, les secours sont d'origine ouvrière ; plus de la moitié sont donnés par les travailleurs de la même profession que les grévistes. Solidarité de proximité également : les deux tiers de l'aide récoltée proviennent de la localité où se déroule le mouvement [104]. Des caisses de grève, en général médiocrement pourvues [105], se constituent dans des syndicats, des fédérations et des Bourses du travail. Elles sont progressivement inscrites dans les statuts ; une structure comme l'Union des syndicats de la Seine de la CGT ouvre même, avant la Grande Guerre, une « souscription permanente [106] ».

Cette situation perdure dans ses grands traits jusque dans l'entre-deux-guerres. On constate cependant une extension progressive de la provenance des secours. Cette situation résulte d'un double mouvement : la volonté des organes dirigeants des conflits d'élargir le champ de leur quête ; l'insertion grandissante de la grève dans le tissu social. Les commerçants, les municipalités et la presse socialistes apportent un écot certes marginal mais sans cesse grandissant. Les grévistes eux-mêmes font plus fréquemment appel à la solidarité privée individuelle. Des listes de souscription circulent dans les ateliers ou chez les commerçants. Les comités de grève organisent des spectacles payants. Dans les dernières décennies du XIXᵉ siècle, ce sont surtout des conférences-concerts, prolongées jusqu'à nos jours sous d'autres noms, telles les « soirées artistiques », « fêtes de solidarité » ou autres « soirées de gala [107] ».

Cette tendance à la diversification de la solidarité se prolonge et se creuse au cours du troisième âge de la grève. Certes, l'assistance demeure encore et toujours professionnelle et syndicale. Il apparaît cependant qu'une part accrue de conflits reçoit des apports extérieurs. Leur origine, leur diversité varient en fonction de leur niveau de retentissement et de sympathie auprès de l'opinion. À cet égard, la montée en puissance de la médiatisation de la grève contribue d'évidence à agrandir le cercle des soutiens. Quelques-uns des mouvements marquants des cinquante dernières années l'illustrent.

L'ultime grande grève des mineurs, en 1963, qui mobilise le monde politico-syndical et l'opinion, voit affluer des soutiens financiers de la France entière [108]. Une dizaine d'années plus tard, en 1972, le conflit du Joint français rencontre un écho considérable, au plan régional d'abord. Mais l'origine des secours présente une structure caractéristique d'un conflit dont la résonance dépasse le cadre breton. La totalité des sommes perçues par le Comité intersyndical de solidarité s'élève à 1 612 409 francs. Alors qu'au cours des deux premiers âges de la grève l'entraide émanait d'abord de la profession et des organisations syndicales, il apparaît que, dans le cas du Joint français, l'argent des syndicats représente 36,9 % des subsides. Plus du quart (27 %) des sommes reçues provient de dons individuels et non identifiés ; 13,2 % ont été collectés par les comités de soutien, tandis que 5,2 % émanent de subventions municipales et 5 % des partis politiques, surtout du PCF et du PSU. Il faut ajouter les produits alimentaires livrés par les paysans de la région, les repas gratuits pour les enfants des grévistes, ou encore les avantages consentis par les commerçants et les coopératives agricoles (vente de produits à prix de gros ou coûtants) [109].

En septembre-octobre 1989, lors de la grève de Peugeot-Sochaux, des collectes nationales sont organisées, tandis que la population alentour apporte un réel soutien financier [110]. Les conflits dits de « pays », qui concernent des entreprises déterminantes pour l'économie locale, voient d'ailleurs s'exprimer une solidarité privée souvent forte, comme cela apparaît également de manière éclatante au cours de la grève de l'usine Alsthom de Belfort à l'automne 1979 [111].

Au fond, à mesure que la grève s'inscrit plus profondément au cœur des sociétés industrielles et salariales, la solidarité s'élargit. Ouvrière et militante d'abord, elle s'ouvre davantage, après la Seconde Guerre mondiale en particulier, à un soutien populaire recherché ardemment par les grévistes et leurs organisations.

La journée d'un gréviste conserve des permanences remarquables : débauchage, réunion et autre recherche des secours demeurent des soucis constants. Et les contours de ces pratiques perdurent ou évoluent lentement. Ils se dessinent dès la jeunesse de la grève, prennent leurs traits les plus formels au moment où celle-ci s'installe au cœur des rapports sociaux, puis trouvent leur prolongement dans la société salariale de l'après-guerre. Un mouvement qui s'installe dans la durée crée globalement, au XIXᵉ comme au XXᵉ siècle, des préoccupations assez identiques. Les modifications de statut de la grève, les échos qu'elle reçoit et absorbe des transformations sociales, apportent des changements en forme d'évolution, non de rupture. Somme toute, l'économie interne de la grève, dans sa structure et ses fonctions, est porteuse de puissantes continuités.

VI

LA GESTE GRÉVISTE

La grève brise le rythme et les habitudes du quotidien. Elle suspend le vécu majeur du salariat : le travail. Puisqu'elle rompt avec le commun, elle s'accompagne d'un cortège de pratiques, de faits et gestes qui sortent de l'ordinaire, au sens où ils s'inscrivent dans des modalités de transgression de la norme sociale. Surtout quand elles durent, les grèves ouvrent la voie à des modes de protestation, de communication, d'extériorisation qui contribuent à construire la solidarité et l'identité d'un groupe. Plus qu'à d'autres moments de leur déroulement, c'est avec cette geste gréviste que les conflits du travail deviennent « non seulement un moyen de pression sur le patronat pour obtenir la satisfaction des revendications, mais aussi un moyen d'expression : ne pas avoir, mais être ![1] ».

Cette manière d'être, inséparable des causes et des modalités de la lutte elle-même, l'est aussi des évolutions sociales, du statut du monde du travail et de l'insertion de la pratique gréviste dans l'univers industriel. Les différents âges des conflits voient donc évoluer en conséquence les formes et les fonctions de la geste ouvrière et salariale.

La grève et la fête

LA GRÈVE, UNE LUTTE FESTIVE ?

La pratique festive attire depuis environ un quart de siècle la curiosité grandissante des historiens du mouvement ouvrier. Ils ont montré sa place notable dans la geste militante[2], parfois jusqu'à l'institutionnalisation[3]. L'étude des conflits du travail a contribué à porter cette dimension à l'avant-scène. D'abord avec la vague de grèves du Front populaire, à propos de laquelle sont traditionnellement évoquées ses allures festives dans les usines occupées[4]. Et au début des années 1970, M. Perrot souligne à quel point les mouvements des décennies 1870-1880 peuvent être les « grandes vacances [...] du prolétaire[5] » et le portent ainsi naturellement à adopter des attitudes proches du plaisir d'un temps libre encore rare. Dans la foulée de Mai 1968, alors que les attitudes de spontanéité des acteurs sociaux sont quelquefois louées, les pages consacrées dans ce livre à la fête se trouvent parfois, peut-être exagérément, mises en exergue[6]. Sont alors avancées « deux affirmations péremptoires : dans les années 1870 et 1880, les grèves ouvrières, spontanéistes, à la fois action et parole, c'est la fête ; après, quand les syndicats se structurent et réduisent la grève à une arme de pression et de négociation, la fête est finie[7] ». D'ailleurs, les périodes pour lesquelles l'accent est mis sur l'aspect festif sont bien particulières : en 1871-1890, le syndicalisme n'en est encore qu'à ses balbutiements, tandis qu'en 1936 la vague gréviste déborde la CGT réunifiée depuis quelques mois. Faut-il en conclure que la fête se fait forcément sans ou contre les états-majors syndicaux ? Un conflit social doit-il être spontané ou dépasser les organisations ouvrières pour la connaître ? Enfin, un affrontement aux contours longtemps et souvent âpres peut-il laisser la place à des instants d'expression d'une forme de joie, de plaisir ? En d'autres termes, est-ce que la « grève est une fête[8] », ou faut-il penser au contraire que « la grève n'est pas une fête[9] » ?

Les historiens ont souligné que les échanges, les passerelles entre la fête et la révolte sont nombreux, que l'une et l'autre s'inscrivent ou non dans un cadre défini et ritualisé[10]. La grève n'échappe pas à cette réalité : la fête, « ce moment saturé de surexistence, de surabondance, dans lequel un groupe effervescent magnifie les moments heureux de sa pratique et se magnifie en lui[11] », s'immisce régulièrement dans les interstices de la tension créée par les exigences du rapport de forces social. Si elle peut être simplement cet instant où s'échappent des crispations accumulées, elle participe aussi, de plus en plus souvent, de la tactique gréviste. Car la pratique festive n'est pas le simple fruit de la spontanéité ou de l'inorganisation. Elle déborde la chronologie et les âges des conflits. Certes, s'il fallait lui donner une traduction quantitative, sa relative marginalité ressortirait. Ainsi, dans le Paris de l'après-guerre au Front populaire, elle émerge dans seulement 1,5 % des conflits[12]. Mais sa visibilité dépasse souvent la froideur des chiffres ; elle dispose d'ailleurs en elle-même d'un fort potentiel médiatique, de moins en moins ignoré par les acteurs des conflits qui en usent, par exemple, lors des manifestations[13].

Des conditions paraissent propices au développement de la pratique festive. La belle saison y incite parfois ; les mouvements longs et populeux sont souvent les plus récréatifs ; les occupations d'usines favorisent aussi le déploiement de distractions unificatrices, modes d'expression et exutoires de tensions.

Sur les deux siècles considérés, la nature de la fête évolue. Quand les conflits du travail sont dans leur jeunesse, jusqu'à la dernière décennie du XIXᵉ siècle pour l'essentiel, elle montre un visage très empreint de spontanéité. Ensuite, la grève devenue fait social puis mode de régulation conflictuel, davantage encadrée et contrôlée, la fête perdure en s'inscrivant dans une configuration connectée à ces évolutions : elle perd largement son impulsivité, pour être un outil au service de la cause défendue. Au fond, de phénomène éruptif comme parfois la grève elle-même, elle devient un instrument fonctionnel servant l'objectif prioritaire : le succès du mouvement en cours.

FORMES ET FONCTIONS DE LA FÊTE

Au XIXᵉ siècle, en un temps où le quotidien ouvrier peine à connaître autre chose que l'horizon du labeur, les conflits du travail et la fête à travers eux sont parfois une forme de substitut à la quasi-absence d'interruption de la fonction productive. Elle intervient presque naturellement dans la pratique gréviste.

Quand les ouvriers partent en groupe débaucher leurs camarades, il leur arrive de parcourir le chemin en chantant, comme ces mineurs de Rive-de-Gier (Loire) en avril 1844 qui sillonnent le bassin sur l'air de *La Parisienne*[14]. Les cortèges, les manifestations sont presque toujours spontanément bruyants : on chante, on joue de la musique, on marche au son des tambours et des clairons[15].

La chanson occupe d'ailleurs une grande place dans la dimension festive des conflits, en particulier jusqu'à la Grande Guerre. Les rengaines composées à l'occasion d'une grève sont nombreuses ; elles se font ensuite nettement plus rares, signe d'une rationalisation des pratiques grévistes, moins portées à l'improvisation[16]. En avril 1894, les bonnetiers de Falaise (Calvados) mettent ainsi dans la ville une ambiance inhabituelle : près de 2 000 d'entre eux se réunissent à l'hôtel de ville, au champ de manœuvre, où ils apprennent « une chanson composée pour la circonstance qu'un joueur d'accordéon leur enseignait mot à mot, note par note[17] ». Ces chants aiment fustiger le patron oppresseur, profiteur et jouisseur qui se refuse à reconnaître le bon droit de ses ouvriers[18].

Parfois, les grévistes profitent des loisirs impromptus offerts par la suspension du labeur pour faire ce qu'ils parviennent rarement à réaliser dans le rythme habituel des jours. Des mineurs jouent avec leurs enfants, se promènent endimanchés, s'occupent de leur jardin. Le printemps et l'été offrent un cadre propice à l'égaiement dans la nature. Ainsi pour ces tisserands lyonnais qui, en mai 1889, organisent un banquet en plein air[19].

Par la suite, la spontanéité de la fête ne disparaît jamais complètement. Ainsi, dans quelques grèves parisiennes de l'après-guerre au Front populaire, des réunions prennent un caractère récréatif imprévu. Par exemple, on meuble en chansons l'attente du retour d'une délégation partie négocier. En octobre 1926, des déménageurs patientent en écoutant « un concert improvisé qui a permis à de nombreux amateurs de se faire applaudir[20] ». D'autres réunions s'achèvent joyeusement. Au cours du conflit des couturières et tailleurs de la capitale au printemps 1923, à la fin du meeting organisé le 17 avril à la Bourse du travail, « un camarade tailleur pour dames chante quelques airs d'opéra[21] ».

Mais dès la fin du XIXᵉ siècle, plus encore au siècle suivant, la fête change de sens. Les syndicats encadrent et rationalisent les conflits qui, de surcroît, perdent leur caractère exceptionnel, tandis que le monde du travail voit poindre l'horizon des loisirs : la grève se fait plus fonctionnelle ; la fête devient donc, pour l'essentiel, un instrument entre les mains des organisations ouvrières qui l'inscrivent dans une panoplie d'actions destinées à servir la réussite du mouvement. Dès lors, trois dimensions majeures lui sont données, non cloisonnées, constamment superposées ou entremêlées : la collecte d'argent ; la popularisation du conflit ; le maintien ou la consolidation de l'unité du groupe gréviste et de sa combativité.

On l'a vu, les mouvements qui durent nécessitent la recherche de subsides pour pallier l'absence de salaire. Dès l'instant où la lutte sociale n'est plus contrainte à la discrétion, la fête fait partie, quoique de façon marginale, de la panoplie d'initiatives déployées à cet effet.

Dans les dernières décennies du XIXᵉ siècle, les conférences-concerts, dans lesquelles est traité « un sujet éducatif, historique ou politique, que des groupes lyriques locaux entrelardent d'harmonie », sont, « autant qu'un moyen de se procurer de l'argent, un mode de propagande et un aspect de la fête[22] ».

Parfois, des grévistes parcourent les rues en espérant éveiller la solidarité à l'aide d'une mise en scène joyeuse. En 1907, des charpentiers parisiens vont « dans les cours des maisons pour y jouer et chanter et faire ensuite la quête en faveur des ouvriers en grève[23] ». On trouve encore trace de ces pratiques dans l'entre-deux-guerres. Ainsi, en juin 1919, lors de la grève des métallurgistes parisiens, « on a organisé des équipes pour aller quêter et chanter dans les cours[24] ». Mais ce sont surtout, pour reprendre les termes utilisés par la presse ouvrière, les « soirées artistiques » ou autres « fêtes de solidarité » qui constituent l'essentiel de la pratique festive à caractère pécuniaire de l'entre-deux-guerres.

Des « soirées de gala » ou de « solidarité » se tiennent encore au troisième âge de la grève. Par exemple, lors du conflit de Péchiney-Noguères à l'été 1973, ce sont au moins quatre événements de ce type qui sont organisés[25].

Le contenu de ces représentations destinées à un public élargi présente un caractère plus populaire que militant. Dans les manifestations payantes de la fin du XIXᵉ siècle, le spectacle musical, les chants sont accompagnés des interventions de conférenciers évoquant ici « la vie de Danton, depuis sa naissance jusqu'à l'échafaud », ou exaltant là les grèves, « prélude de la révolution qui détruira la bourgeoisie et le patronat[26] ». Dans l'entre-deux-guerres parisien, on privilégie aussi la distraction du public : musique, chansons, numéros comiques, parfois sportifs, forment l'essentiel du programme. Celui de la fête de solidarité organisée par la Fédération CGTU du bâtiment en faveur des carreleurs-mosaïstes le 11 février 1933 est emblématique :

« Au programme, divers artistes : Los Hernanos, Suzanne Toty, des Radio-Concerts et son virtuose accordéoniste Alexandre Heimann ; Coglin and Ploum, clowns parodistes de Médrano ; Exhibitions de boxe [...].
À minuit, GRAND BAL DE NUIT [27]. »

Quelquefois, une teinte plus militante ressort, comme lorsque le 8 mars 1924, l'Union CGTU des syndicats de la Seine annonce une « grande soirée artistique au profit des grévistes de la Région Parisienne », au cours de laquelle « La Phalange Artistique donnera la 8ᵉ représentation de la vigoureuse satire sociale : LES CORBEAUX le chef-d'œuvre en 4 actes de HENRY BECQUE [28] ». Mais la tonalité dominante est à l'amusement. La situation ne change guère au troisième âge des conflits. Voici les grévistes de Péchiney-Noguères qui organisent une soirée de solidarité le 16 juillet 1973, où se succèdent des chants, des scènes de « théâtre engagé », des sketches joués par les grévistes, qui entonnent ensuite *L'Internationale* et *Nuit et Brouillard*, de Jean Ferrat. Enfin, en septembre 2001, le programme du spectacle organisé en soutien aux grévistes de la filature de Hellemmes (Nord) présente, lui aussi, une tonalité populaire sur fond de critique sociale : des enfants de mineurs jouent *J'm'excuse*, un monologue où le fils raconte l'histoire du père, un Algérien immigré dans le Pas-de-Calais ; des ouvrières licenciées de chez Levi's donnent leur spectacle, *501 Blues*, une pièce écrite après la fermeture de leur usine en 1999, mais d'où « a été écarté ce qui avait trait à la lutte ou au contexte politique [29] ».

Outre les sommes d'argent recueillies, ces représentations permettent le déploiement de l'une des dimensions fortes de la pratique festive : elles facilitent la popularisation du mouvement. Elles le font connaître, peuvent attiser les sympathies à son égard, créer une cohésion, ou au moins exprimer un soutien actif de la population environnante : « La convivialité festive est un des éléments nécessaires de la solidarité [30]. » Au fond, en particulier au troisième âge de la grève, la fête participe d'une recherche accrue de la médiatisation des conflits. Elle est inscrite clairement dans la démarche des grévistes de chez Péchiney. Pour ceux de Hellemmes, la fête à laquelle assistent des syndicalistes, des étudiants et d'anciens ouvriers de la filature marque l'immersion de l'usine

et des grévistes dans le tissu social d'une vieille région industrielle sinistrée, dont plusieurs centaines d'habitants tiennent à
exprimer leur proximité avec les salariés licenciés, leur soutien
intime à leur cause. La coloration joyeuse des manifestations de
grève participe elle aussi, comme nous le verrons, de cette volonté
de se concilier la sympathie du public tout en lui faisant passer un
message.

Ces initatives récréatives, dans lesquelles on est ensemble,
cimentent une double union : celle entre le public et les salariés
en grève ; celle entre les grévistes eux-mêmes. En effet, la fête a
également pour fonction majeure de maintenir ou renforcer
l'unité du groupe en lutte, d'éviter sa dislocation. Elle rend pal-
pables les solidarités. Cette réalité existe déjà au XIXᵉ siècle. Mais
elle n'est pas exprimée très clairement et, surtout, ne s'inscrit pas
encore dans une stratégie délibérée, construite comme au siècle
suivant. Cette manière d'instrumentalisation de la fête à des fins
de cohésion est en effet fortement revendiquée par les syndicalistes de l'entre-deux-guerres, comme le montre l'analyse des
déclarations des militants parisiens. Voici, en 1933, le comité de
grève des carreleurs-mosaïstes qui évoque « la merveilleuse fête
qui a soudé dans l'amusement, la fraternité et la camaraderie, la
volonté de lutter jusqu'à la victoire[31] ». Dans le même ordre
d'idées, fin mai 1929, la section des jeunes syndiqués du bois
organise « une baignade collective, en vue de grouper et distraire
les jeunes au cours du mouvement. Déjà, une sortie cycliste a eu
lieu[32] ». Cette cohésion par l'action doit permettre d'éviter le déli-
tement de la détermination. C'est ainsi qu'au cours de la grève des
boutonniers de Méru en 1909 des bals leur sont offerts ou sont
organisés par eux, afin « d'empêcher que les chômeurs s'ennuient,
et, de fait, se mettent à boire et à s'exciter mutuellement[33] ». Cette
fonction de la pratique festive s'impose puissamment au cours des
grèves avec occupations du Front populaire, qui ont laissé dans
la mémoire collective une image empreinte d'allégresse. Mais sans
doute plus que l'expression d'une joie libératrice après tant de
frustrations accumulées, de conditions de travail dégradées et de
revendications bridées par la crise économique, la fête, le jeu
occupent les esprits et les corps si peu habitués à faire autre chose
que produire. Des observateurs attentifs ont d'ailleurs relevé ce
trait caractéristique :

« Comme les autres jours et plus encore que les autres jours car c'était dimanche, les grévistes prisonniers volontaires se sont ingéniés à tuer le mieux possible les longues heures passées sur le tas. Jeux de cartes, jeux de boules, jeux de ballons même, à certains endroits, combats de boxe et concerts de musique, tout a été mis en œuvre pour chasser l'ennui... [34] »

L'autre grande vague de grèves avec occupations du XXe siècle, celle de Mai 1968, fait renaître ces épisodes festifs à l'intérieur du lieu de travail. Ainsi dans le Maine-et-Loire, où se côtoient « pétanque, palets, match de foot [...], bal [...] mais aussi cinéma, théâtre et musique [35] ».

Au fond, notamment dans ces circonstances, la fête n'est pas que joie. Elle est aussi un exutoire, celui de tensions accumulées dans le quotidien de la vie productive que la grève fait éclater et qu'elle contribue aussi, d'une autre manière, à générer par les temps d'inactivité singuliers qu'elle impose. Comme l'écrit *L'Humanité* le 21 août 1926, à propos d'un conflit dans la confection, « le comité de grève prend des précautions pour organiser des concerts afin que, profitant de ce chômage forcé, nos camarades puissent oublier un peu les misères quotidiennes ». On voit aussi, en mai-juin 1936, des spectacles qui mettent en scène « la dimension libératrice des activités festives et toute leur importance symbolique [36] ». Dans l'usine à gaz de Poitiers, des pratiques carnavalesques organisent l'enterrement des décrets-lois de l'ancien président du Conseil Pierre Laval : un cortège suit une charrette en guise de corbillard, sur lequel repose une maquette de cerceuil ; puis un faux prêtre officie, entouré de figures de dignitaires en haut-de-forme. On retrouve « la forme classique – à la crémation près – de la mise à mort du Roi Carnaval, cérémonie d'exorcisme et de vengeance symbolique qui est dirigée ici contre les institutions et le pouvoir [37] ». Ailleurs, ce sont les funérailles d'un chef détesté ou d'un chronométreur honni que miment les grévistes. La cohésion nécessaire à l'action se construit aussi par l'expression ludique des antagonismes, qui contribue à forger l'identité du groupe en mouvement : donner à voir l'adversaire participe d'un mode d'affermissement de l'union entre les ouvriers en lutte.

La fête de grève est donc loin du simple divertissement sans dessein. Elle peut certes donner libre cours à l'expression d'une culture populaire qui se déploie dans un moment où le rythme des jours productifs est suspendu. Mais elle recèle aussi des ressources utiles aux leaders des conflits, aux organisations qui en perçoivent très tôt l'usage efficace à en faire pour cimenter une fraternité, une communauté d'intérêts indispensables à la réussite du conflit.

La manifestation de grève

LA DIFFUSION D'UNE PRATIQUE

Dans sa forme, la manifestation participe souvent, on l'a dit, de la dimension festive des mouvements sociaux. Mais outre ce trait majeur, elle possède des caractères et des fonctions propres qui en font un élément à part entière de la geste gréviste.

Les grèves mettent en action un collectif en lutte pour le succès de ses revendications. Elles sont donc naturellement un phénomène susceptible de voir des foules se former. Mais tout regroupement d'individus n'implique pas forcément une « action manifestante ». Pour qu'il en soit ainsi, il doit s'apparenter à une « *occupation momentanée par plusieurs personnes d'un lieu public ou privé et qui comporte directement ou indirectement l'expression d'opinions politiques* », c'est-à-dire « de revendications de nature politique ou sociale[38] ». Telles sont donc les formes démonstratives retenues ici.

Au temps de la revendication coupable, les manifestations sont rares : elles sont « un acte d'une haute imprudence, puisque c'est fournir à la police l'occasion d'arrêter des meneurs et à la justice, qui n'en demande pas tant, la preuve flagrante du délit de coalition[39] ». À un moment où l'action doit être aussi brève et discrète que possible, la manifestation s'inscrit à l'encontre de ces principes. Si les ouvriers en usent, ils se trouvent en situation de transgresser doublement la loi : ils contreviennent à la législation sur la grève, mais aussi à celle sur la manifestation, qui laisse toute latitude aux autorités pour s'opposer ou réprimer les occupations de la voie publique[40]. Les sorties en masse, les occupations de l'espace public sont surtout le fait de quelques mouvements populeux touchant de grandes unités de production ou des professions géographiquement regroupées, tels les mineurs dans leurs bassins.

La grève une fois tolérée peut se donner à voir : les ouvriers se font plus volontiers démonstratifs. Ainsi, dans la France de 1871-1890, un conflit sur dix est accompagné de cortèges[41]. Cette pratique s'impose à mesure que les grèves s'inscrivent en fait social courant de l'univers industriel. À Lyon en 1900-1906, un mouvement revendicatif sur six donne lieu à manifestations, puis un sur huit en 1909-1913[42]. Cette montée en puissance précède un déclin relatif. Inscrit dans les années qui précèdent la Grande Guerre comme le montre l'exemple lyonnais, il se creuse dans l'entre-deux-guerres où, dans la capitale, seuls 2,5 % des conflits voient se former des cortèges[43]. La physionomie des grèves connaît alors des transformations qui tendent à éloigner la manifestation de leur économie interne, dont la pratique se rationalise. L'« échappée belle » a disparu, les confrontations se rapprochent de l'usine. Plus fonctionnelles, beaucoup moins spontanées, les manifestations se font aussi un peu moins fréquentes : à mesure que la grève et ses défilés s'enfoncent dans le XXᵉ siècle, la préparation, l'organisation du spectacle de la puissance se substituent à l'enthousiasme de la spontanéité.

Des situations apparaissent propices au développement des cortèges. Ainsi, comme pour la fête, les mouvements populeux et de longue durée favorisent l'expression physique de la revendication. Ils appellent l'utilisation de la panoplie de ressources la plus large pour favoriser le succès d'un différend dont l'issue tarde à se dessiner. Et la force du nombre incite sans doute davantage, là où les concentrations ouvrières sont les plus massives, à s'approprier l'espace. Cette réalité est très prégnante au XXᵉ siècle, où le poids de la masse est plus recherché qu'au XIXᵉ siècle, au cours duquel la manifestation est un moment où on se « défoule plus qu'on ne cherche à convaincre[44] ». En effet, elle paraît alors refléter l'inorganisation : dans les années 1871-1890, elle est le fait des femmes, des jeunes, des métiers peu qualifiés ; les mineurs, les ouvriers spécialisés de la grande usine, ceux des filatures et des tissages essaiment volontiers hors les murs de l'usine. Ce constat se prolonge en partie au cours de l'entre-deux-guerres. Les travailleurs du textile, des mines, de la métallurgie bougent plus que leurs camarades des autres industries. Les types d'espaces dans lesquels se déploient souvent les professionnels de ces secteurs, des localités de taille moyenne structurées autour d'une mono-industrie et socialement homogènes, expliquent en partie cette propension aux défilés identitaires[45]. Mais le nombre est désormais davantage recherché. Sans doute faut-il y voir notamment une conséquence de la montée en puissance des démonstrations grévistes comme mode de pression qui, pour être efficace, nécessite l'expression d'une force physique massive, mélange de mobilisation et de détermination. Ce trait ne cesse ensuite de se creuser. D'ailleurs, au troisième âge de la grève, des pratiques qui se développent, telles les journées d'action, s'accompagnent de défilés rituels nécessaires à ce mode revendicatif. Un écho médiatique et populaire lui est indispensable pour espérer le succès. La place déterminante d'une opinion dont le soutien est recherché appelle une mise en scène de la revendication qui, pour être connue et popularisée, doit prendre chair, s'exprimer physiquement. Car « si la presse peut prendre ses distances [...] à l'égard des actions trop visiblement manipulées, elle ne peut éviter de rendre compte, même lorsqu'elle n'en a rien à dire, des rassemblements de masse [46] ».

Cela dit, il convient de rappeler le caractère relativement circonscrit de la pratique manifestante, si on la ramène à la masse des conflits. Sans doute, d'ailleurs, les modes revendicatifs les plus récents modèrent-ils la fréquence de son utilisation : les débrayages, ces arrêts de travail brefs aux dimensions réduites, ne sont pas les plus propices à des modes d'investissement de la voie publique. L'atomisation de la confrontation sociale n'est guère favorable à des sorties en masse.

Chacun des âges des conflits voit se modifier la forme et le contenu de ces démonstrations. Plus que d'autres composantes de la pratique gréviste, la manifestation reçoit en profondeur l'écho des transformations du statut de la grève et de ses acteurs.

FORMES ET FONCTIONS DE LA MANIFESTATION

La coalition interdite est le théâtre d'un nombre réduit d'épisodes d'utilisation de la rue. Pour l'essentiel, l'investissement de l'espace public est lié strictement à l'économie interne de la grève. Ces « manifestations d'action directe [47] », mode de pression immédiat et expressif, participent de la consolidation du mouvement.

Consolider la grève signifie débaucher les non-grévistes. La plupart des cortèges se déploient pour étendre le mouvement et grossissent au fur et à mesure que de nouveaux salariés abandonnent le travail. En juillet 1833, des ouvriers d'une manufacture de textile de Sainte-Marie-aux-Mines (Haut-Rhin) suspendent la production. Ils se dirigent une première fois vers une **autre** manufacture appartenant au même industriel. Puis « au milieu de la journée, les ouvriers se réunirent à nouveau et marchèrent sur Échery, localité voisine. Ils parvinrent à faire arrêter le travail par de nombreux ouvriers. Au nombre de 400 à 500, ils regagnèrent Sainte-Marie-aux-Mines en cortège [48] ».

Parfois, des attroupements se forment devant les établissements pour intimider les non-grévistes et profiter de leur sortie pour exercer sur eux une pression susceptible de les inciter à rejoindre le mouvement. Voici, en mai 1833, des fondeurs de cuivre parisiens qui quittent leur atelier. Un ouvrier au chômage de la profession se fait embaucher pendant la grève. À la sortie du travail, « il fut régalé d'un étourdissant charivari qui lui fut donné par quelques-uns des ouvriers fondeurs dissidents [49] ». Parfois encore, quand on quitte l'usine, on reste rassemblés à proximité. Ainsi, à Roanne (Loire) le 29 novembre 1842, le propriétaire d'une manufacture de coton annonce une baisse prochaine des salaires ; les ouvriers cessent immédiatement le travail pour se retrouver « au nombre de 300 à 400 sur les promenades de la ville [50] », avant de partir manifester devant leur usine.

Le patron, souvent proche en un temps où domine la petite entreprise familiale, peut aussi être la cible des rassemblements. Les ouvriers se rendent à son domicile pour lui montrer leur détermination et l'amener à accéder à leurs demandes. Voici des gantiers de Chaumont qui, le 7 juin 1837, se regroupent à 200 devant la maison de leur employeur, tandis que quatre d'entre eux entrent exposer les revendications [51].

À un moment où les procédures de négociations sont inexistantes, où les refus patronaux de reconnaître la légitimité des revendications ouvrières sont fréquents, ces démonstrations, moyens de pression physique immédiats, peuvent aisément basculer dans le registre de la « manifestation-insurrection [52] » où la violence surgit. La protestation d'essence pacifique, inefficiente, laisse alors la place à la « négociation collective par l'émeute [53] », réponse à l'indifférence de ceux vers lesquels la revendication est dirigée.

Quoi qu'il en soit, en ce premier âge des conflits, rares sont les occupations de l'espace public sans lien direct avec l'économie interne de la grève. De même, puisque la manifestation se forme pour l'essentiel sans véritable préméditation, en fonction du déroulement instantané du conflit, la mise en scène des cortèges est fort rare ou très fruste. Le cas des ouvriers de la manufacture textile alsacienne de Sainte-Marie-aux-Mines est isolé. Le 15 juillet 1833, après leur opération de débauchage, ils regagnent leur ville. « Ils avaient arboré une cravate ou un morceau de mérinos noir en guise de drapeau. Ils allaient ainsi chantant *La Parisienne*, et criant : "Vive la misère ! Vive le drapeau noir ![54"] » Cette manifestation qui arbore les couleurs de l'anarchie s'inscrit dans un environnement situé à quelques encablures du drame des canuts lyonnais de 1831, alors qu'une conscience de classe est en formation. Elle constitue un scénario singulier des démonstrations de l'époque de la coalition coupable.

Au deuxième âge de la grève, surtout à ses débuts, les demeures des patrons restent des points de fixation, « mélange de quête d'un pouvoir qui se dérobe – le dieu caché – et d'expéditions punitives[55] ». De même, les usines attirent toujours les cortèges venus opérer des débauchages ou impressionner les non-grévistes. Mais ces lieux et ces fonctions manifestantes, déjà présents au temps de la grève illicite, ne sont plus les seuls ; les démonstrations se transforment, s'enrichissent de registres nouveaux.

D'abord, si elles conservent un caractère spontané, improvisé ou émotionnel prédominant, elles s'emparent, dès les dernières décennies du XIXᵉ siècle, de traits qui s'affirment ensuite plus nettement : les lieux représentatifs du pouvoir deviennent plus volontiers des objectifs des rassemblements ; l'utilisation de la manifestation comme mode de pression plus symbolique commence à poindre ; l'organisation des défilés se fait plus précise, sous la houlette d'organisations ouvrières plus présentes, tandis que le souci de l'image offerte à l'opinion s'installe.

Sa tolérance officielle obtenue en 1864, la grève connaît une période de découverte de la rue. Des cortèges se constituent, parcourent les artères de la localité touchée par un conflit. Ce sont des formes d'échappée belle qui correspondent à un temps où la grève est parfois elle-même une sortie en masse qui veut rompre avec le quotidien de l'usine. Voilà à l'été 1870, alors que l'agitation gagne l'Alsace et Mulhouse, foyer du mouvement, « des cortèges pacifiques [qui] prennent possession de la rue ». Le 4 juillet, plusieurs centaines de charpentiers ont « circulé en ville avec ordre et en chantant » ; ces « promenades » continuent pendant plusieurs jours, associant les hommes, les femmes et les enfants. L'étonnement saisit la population qui assiste à ces comportements inhabituels se signalant **par leur** calme et leur gaieté[56].

Ces parcours en groupe dans les rues, pas forcément accompagnés d'un objectif clairement affirmé, perdurent dans les décennies suivantes. La grève sort de son repli sur elle-même. En outre, ces « manifestations-processions » participent de l'édification de l'identité de la communauté en mouvement : elles ont pour fonction de « construire une image du groupe en usant de symboles ». Les défilés du 1er mai, qui évoluent « vers la "symbolique identitaire"[57] », celle d'une identité de classe qui s'affirme, en sont l'image rituelle la plus frappante. Mais bien des conflits du travail de la fin du XIXe et des premières décennies du XXe siècle en particulier donnent lieu volontiers à ce type de démonstration. Dans le Midi rouge, le défilé des grévistes, appelé le « passe-ville », prend une « forme ritualisée et convenue ». Il se déroule en fin de journée, comme à Canohès (Pyrénées-Orientales) en 1909 :

« Un cortège imposant, tambours et clairons et drapeau du syndicat en tête, a parcouru les rues du village au son entraînant de *L'Internationale*, *L'Insurgé* et *La Marche du 1er Mai*[58]. »

La même année, les boutonniers de Méru organisent des défilés d'usine à usine ou de commune à commune[59]. Dans un autre registre, mais non sans filiation notable, les cortèges de fin de grève qui, comme au moment du Front populaire[60], célèbrent joyeusement la fin victorieuse des conflits, sont aussi la mise en mouvement symbolique et affirmée, aux yeux extérieurs, d'une identité triomphante renforcée par la lutte, cimentée et célébrée par le succès. On y retrouve des pratiques carnavalesques, telle par exemple la pendaison des mannequins de directeurs d'usine[61].

Dans le même temps, les ouvriers prennent conscience des potentialités plus fonctionnelles de la manifestation. À travers elle, ils s'emparent d'une pratique qui « constitue surtout l'affirmation physique d'une opinion : en donnant corps à une revendication, elle contribue à transformer une simple opinion individuelle en idée-force, parce qu'elle exprime une détermination plus forte et un engagement physique plus intense que dans une pétition ou un vote[62] ». La manifestation accroît son potentiel de mode de pression et devient un outil de popularisation de la grève. Plus celle-ci prend les contours d'un fait social, plus elle devient un mode d'action organisé et encadré, plus cette configuration accentue ses effets.

Dans les dernières décennies du XIX° siècle, les lieux représentatifs ou symboliques du pouvoir deviennent volontiers des points de rassemblement. Les palais de justice, où sont jugés les grévistes, voient se masser les ouvriers venus soutenir leurs camarades. Les délégués partis dans les locaux des préfectures ou des mairies sont parfois escortés. Les places publiques, face à l'hôtel de ville, sont volontiers investies : on aime se retrouver à proximité des assises du pouvoir[63]. La présence physique doit impressionner, conduire, par l'évocation du nombre, à donner au mouvement des chances de victoire supplémentaires en faisant réagir le pouvoir. Cette fonction se creuse au fil du temps. Les « manifestations-pétitions » qui « signalent à l'État les problèmes auxquels il convient de s'attaquer, et [...] l'érigent en interlocuteur explicite en lui soumettant effectivement, par motions et délégations, ou symboliquement, par slogans et pancartes, une exigence ou une requête[64] », se diffusent à mesure que la grève se banalise et mobilise davantage les pouvoirs publics, tandis que le monde ouvrier, socialement mieux intégré et structuré, n'hésite plus guère à réclamer l'intervention médiatrice des représentants de l'État.

La pression manifestante sur les patrons, déjà présente auparavant, devient plus régulière, sous d'autres formes. Elle peut encore viser leurs demeures, mais elle converge plus volontiers vers leurs espaces publics officiels. Voici par exemple les grévistes parisiens de la fourrure qui, en octobre 1928, « décidèrent d'aller démontrer, devant le siège de la Fédération patronale, qu'ils étaient un peu plus des 50 annoncés par le communiqué patronal. Et 500 d'entre eux [...] se retrouvèrent, avec les militants unitaires en tête, devant le local où siègent les mercantis de la fourrure [...]. La rue, étroite, était entièrement embouteillée. Des cris : "Nos 6 francs ! La réponse !" se répercutaient en écho[65] ». Intervenant dans une épreuve de force tendue, sans négociations, ces manifestations reprennent, mais de manière moins éruptive qu'au premier âge de la grève, la démarche de la « négociation collective par l'émeute ».

D'autre part, la cristallisation d'une opinion publique en formation n'échappe pas aux protagonistes des conflits, en particulier aux organisations syndicales. La geste ouvrière en tient compte dans son expression manifestante qui regarde davantage vers la société alentour. Le souci des grévistes de lui faire connaître leurs griefs se renforce progressivement. Il prend vite de l'ampleur après la légalisation des conflits. Les manifestations qui se donnent pour objectif, à la fin du XIXᵉ siècle, d'informer de la lutte s'accompagnent de la mise en scène la plus élaborée. Ce sont des « promenades pacifiques, joyeuses et disciplinées, où s'affirme la cohésion du groupe », accompagnées d'une « préoccupation du spectaculaire[66] ». On marche en ordre, fanfares et drapeaux en tête, les femmes et les enfants à l'avant-scène. La manifestation porte les traces de la dimension festive des grèves dans leur jeunesse : on défile en famille, en musique et en chantant, le plus souvent *La Marseillaise* ou *La Carmagnole*, qui en ces temps de République encore fragile et d'ordre moral conservent tout leur potentiel subversif. En somme, la manifestation « comme reflet-spectacle de la revendication[67] » fait ses premiers pas, encore balbutiants. Cette dimension majeure ne cesse de se renforcer, avec le souci plus affirmé de faire connaître l'objet précis de la grève. On le constate en particulier dans les années qui précèdent la Grande Guerre. Par exemple, au cours du conflit des ouvriers du bâtiment d'Aix-en-Provence en 1913, les grévistes manifestent quotidiennement avec des « pancartes rouges sur lesquelles sont inscrites en lettres noires leurs revendications[68] ». Dans l'entre-deux-guerres, ces initiatives se multiplient. Voici à Bordeaux, le 26 juin 1924, des commis et comptables qui manifestent avec des pancartes où on peut lire : « L'opinion doit peser pour nous sur les pouvoirs publics, nous demandons l'aide des ouvriers[69]. »

En dépit de cette ouverture vers l'opinion, la manifestation reste socialement fermée sur elle-même : elle réunit les salariés en mouvement, parfois leur famille. Mais elle ne cherche pas encore vraiment à intégrer la population environnante.

Au troisième âge de la grève, l'installation éclatante du salariat au cœur de la société, son besoin de montrer et de faire vivre son intégration au corps social, participent d'une évolution de la nature des défilés : la logique de la démonstration l'emporte plus que jamais sur celle de l'action directe. La manifestation est consacrée, à l'instar des conflits eux-mêmes, en mode de pression destiné à exposer sa force pour éviter d'avoir à l'utiliser, et à frapper les employeurs, les pouvoirs publics et l'opinion.

Naturellement, elle conserve des formes d'action directe qui, comme lors des périodes précédentes, sont un moyen de propager la grève et de montrer à ceux restés à leur poste la détermination et la solidité du groupe en lutte. Mais au cours des dernières décennies, ces actions se produisent plus volontiers à l'intérieur de l'espace productif. Ainsi chez Dassault en 1967, les débrayages de quelques minutes se multiplient, accompagnés de manifestations dans les ateliers, au son d'un orchestre improvisé[70]. L'année suivante, à la mi-mai 1968, dans l'usine Renault-Billancourt, c'est un cortège qui propage le mouvement[71]. Plus récemment, en mars 1988, peu après le déclenchement de la grève sur le site de Gennevilliers de la SNECMA, des défilés ont lieu dans plusieurs ateliers[72].

Mais la manifestation de grève accompagne surtout la construction des conflits en mode de pression accru. À cet égard, la multiplication des « manifestations-pétitions » est un phénomène majeur. Les fonctions grandissantes de l'État, la fréquence de ses interventions dans le champ socio-économique, nourrissent cette tendance. Quant aux syndicats, intégrés au fonctionnement de l'État social, ils encadrent des conflits plus que jamais élaborés en démonstration d'un potentiel d'énergie revendicative. Les journées d'action, avec leurs manifestations-appendices, sont typiques de cette interpellation des pouvoirs publics. Les parcours empruntés passent ou s'achèvent souvent à proximité des lieux de pouvoir. Les initiatives préparées conjointement par la CGT et la CFDT en 1966-1967 sont ainsi accompagnées de défilés dont le point final est les préfectures ou les sous-préfectures[73]. Avec ces cortèges, qu'elles cherchent à rendre aussi populeux que possible, les « organisations syndicales testent l'ardeur revendicative des ouvriers en même temps qu'elles tentent d'agir sur les gouvernants en leur donnant le spectacle, à la fois inquiétant et contrôlé, de la force ouvrière[74] ». Ce sont des initiatives routinières, bien organisées, dans un agencement précis, déterminé par leurs promoteurs. Ces cortèges professionnels « défilent, comme à la parade, usine après usine ou région après région, chaque groupe étant précédé d'un militant syndical qui, à l'aide d'un mégaphone, lance des slogans, préparés à l'avance et repris en chœur par les manifestants bardés de badges syndicaux[75] ».

La pression s'exerce aussi, bien sûr, en direction des employeurs. On se rend là ou se tiennent les négociations, on stationne devant des lieux symboliques de leur pouvoir. Cette situation se produit notamment lors des journées d'action. En 1966-1967, les cortèges CGT-CFDT font volontiers des haltes devant des chambres syndicales patronales[76]. Plus récemment, le 18 avril 2001, les grévistes de la compagnie aérienne AOM-Air Liberté manifestent sous les fenêtres du siège du MEDEF à Paris, pour interpeller Ernest-Antoine Sellière, président de cette organisation et principal actionnaire de l'entreprise[77].

Parfois, on vient appuyer les délégués en discussion. Ainsi, à l'été 1955, lors du conflit des chantiers navals de Saint-Nazaire, le 22 juin, pendant que des négociations se déroulent, la foule est massée à l'extérieur, puis se rend en cortège au siège de l'Inspection du travail où doit se tenir une commission mixte[78]. L'État employeur est lui aussi touché, comme lorsque le 11 octobre 2001 des personnels du ministère de la Culture manifestent au Palais-Royal, avant une réunion de négociation entre leurs représentants et les membres du cabinet[79].

Une autre tendance lourde est l'ouverture de la manifestation de grève et, surtout, la recherche plus aiguë du soutien actif de la population et du regard des médias. L'importance accrue du rôle de l'opinion et des vecteurs en charge de la transmettre, de participer à sa formation, amène la fonction et la forme des cortèges à évoluer : le principe de la « manifestation de papier », destinée à attirer l'œil de la presse, propage la pratique des « manifestations-spectacles[80] », organisées pour agir sur le pouvoir et le public, en diffusant une image du groupe gréviste et de ses griefs préalablement construite en fonction du message à transmettre. Ces initiatives se diffusent dans la période la plus récente, en particulier depuis le milieu des années 1960. Les observateurs sont frappés par l'atmosphère de fête populaire des journées d'action CGT-CFDT ; on y chante certes *La Marseillaise* ou, surtout, *L'Internationale*, mais les refrains populaires l'emportent, depuis les plus traditionnels (*Frère Jacques*, *Le Petit Navire*) jusqu'aux succès plus récents (ici une parodie des *Cactus* de Jacques Dutronc, là des chansons d'Henri Salvador)[81]. Des configurations inédites apparaissent. À Troyes, le défilé du 17 mai 1966 commence par un lâcher de 1 600 ballons portant des cartes remplies de slogans syndicaux, tandis qu'un camion couvert de banderoles revendicatives, le « char de l'unité », accompagne les marcheurs. Le dernier quart de siècle est largement pourvu de ces dispositifs qui attirent par le bruit, la couleur, l'aspect joyeux. À l'automne 1974, les postiers font preuve, par exemple, d'un sens du spectacle affirmé ; ils marchent volontiers en costume de travail, celui qui rappelle la proximité de ce service public au contact quotidien de la population. Quelques mises en scène pimentent les défilés. Ainsi le 15 novembre :

« Juché sur des échasses comme un berger landais, un jeune postier barbu dominait la foule des drapeaux rouges. Sur son ventre ballottait une pancarte où l'humour rencontrait comme souvent la réalité : "Les revendications des postiers, ça n'est pas du folklore."[82] »

Au tournant des années 1980-1990, des conflits du secteur public et hospitalier portent une conscience peut-être encore plus aiguë de l'utilité d'une appropriation médiatique de la rue par une mise en scène festive. À partir de 1986, les défilés « deviennent de plus en plus colorés, fumigènes des cheminots, ballons et drapeaux quadrichromes des enseignants. Chansons et slogans rivalisent de créativité[83] ». L'éclosion des coordinations en 1986-1992 favorise cette tendance. Pour réussir et renforcer leur légitimité face aux directions syndicales, elles doivent s'appuyer sur des modalités d'action qui s'écartent des sentiers battus : bouleverser l'ordre habituel des cortèges, leur conférer une dimension apparemment plus désordonnée et enjouée participe de cet impératif. À l'hiver 1987, les instituteurs organisés en coordination créent une commission qui prend en charge l'aspect festif des manifestations. On défile en chantant, au son des tams-tams, de l'accordéon, tandis que « de véritables saynètes [se] jouent, mettant en scène l'instituteur, le ministre, le "maître-directeur"[84] ». Ce sont là typiquement des actions « pour et par les médias[85] », dont l'objectif est d'« agir sur le pouvoir politique par l'intermédiaire de la presse, produisant un "prêt-à-perçu" qui sera d'autant mieux reproduit par la presse qu'il répond aux attentes des journalistes[86] ». Et comme l'expriment des jeunes grévistes d'Air France interrogés en 1988 sur le sens de leurs manifestations-spectacles, outre la nécessité de jalonner l'action de moments de détente capables de « joindre l'utile à l'agréable », leur volonté est de donner à l'extérieur une bonne image d'eux-mêmes[87].

Cette médiatisation festive semble devenue une manière d'être des cortèges revendicatifs. Les grèves de novembre-décembre 1995 portent de manière emblématique ces traces de joie à la fois naturelle et organisée, mélange de l'inventivité des salariés en action et de la tradition syndicale du cortège manifestant : « La présence traditionnelle de slogans chantés », mais aussi « des camions sono syndicaux », est doublée « d'orchestres improvisés autour des sifflets, des trompettes [...] des bidons transformés en tambours[88] ».

Le slogan désormais célèbre de ce conflit, « Tous ensemble », témoigne d'une manière de plaisir retrouvé de la lutte en commun, d'une convivialité peut-être un temps suspendue. Mais il signale sans doute aussi la volonté désormais si forte de croiser la bienveillance, le soutien du public, touché ici dans ses déplacements quotidiens et dont l'approbation est nécessaire face à la détermination de l'adversaire. C'est plus généralement un trait fort de ce troisième âge de la grève : la solidarité de la population est clairement réclamée. Cela peut aller jusqu'à lui demander un appui actif. Elle est parfois appelée à marcher aux côtés des grévistes pour leur exprimer sa sympathie et montrer à la partie opposée la solidarité participante dont ils disposent. Cette situation se rencontre en particulier lors des « conflits de pays ». Quelques mouvements emblématiques en sont l'illustration. Ainsi, lors de la grève de l'entreprise bretonne du Joint français en 1972, la région se mobilise. Le 18 avril, un défilé réunit à Saint-Brieuc 12 000 personnes venues notamment de toute la Bretagne[89]. Le conflit de Peugeot-Sochaux, en septembre-octobre 1989, met lui aussi en scène l'espace local, dans un décor et sous une forme à la fois identitaires et ouverts[90]. Les manifestations partent de l'usine de Sochaux pour se rendre vers la zone piétonnière de Montbéliard : on quitte le cœur de la grève pour rejoindre celui de la ville. Les grévistes se font reconnaître : ils défilent en bleu de travail, se placent en tête du défilé, portent des badges qui indiquent leur qualité (« gréviste »), leur appartenance syndicale, la revendication (« exigeons nos 1 500 francs »), ou en appellent à la solidarité (« la grève pour 1 500 francs c'est l'affaire de tous »). Des pancartes, des banderoles, des slogans reprennent les revendications et marquent la présence militante. De manière traditionnelle, les défilés sont ici « l'occasion, pour chaque participant, de communiquer sa solidarité à l'ensemble des autres manifestants et de rendre visibles les témoignages réciproques d'appartenance[91] ». Mais le cortège donne aussi à voir son élargissement : les femmes des salariés en mouvement sont présentes au premier rang, tandis que les manifestants venus soutenir les grévistes arborent parfois des pancartes permettant d'identifier leur origine, s'ils viennent par exemple d'autres établissements ou secteurs économiques.

La manifestation de grève rencontre donc fortement, dans ses évolutions, celles des conflits du travail. D'abord rare, spontanée, désordonnée, repliée sur elle-même au temps de la coalition coupable, elle se déploie en découvrant de nouveaux horizons fonctionnels à mesure que la grève creuse ses traits de fait social. Enfin, les démonstrations de rue accompagnent la dimension régulatoire que prend l'action revendicative après la Seconde Guerre mondiale, également plus ouverte sur la société, davantage à la recherche de son soutien.

La violence dans les grèves

UNE PRATIQUE MARGINALE EN DÉCLIN

Un événement, pour attirer le regard, doit présenter des traits de caractère inhabituels ou spectaculaires. Cela conduit parfois à amplifier sa récurrence. Il en est ainsi de la violence dans les conflits du travail. Tant au XIXᵉ qu'au XXᵉ siècle, elle y occupe une place réduite, mais fait parler d'elle dans une proportion qui dépasse de loin son intensité.

L'utilisation de cette notion appelle une définition préalable. L'acception proposée par le philosophe Y. Michaud recouvre l'ensemble des contours d'un phénomène multiforme :

« Il y a violence quand, dans une situation d'interaction [...] plusieurs acteurs agissent de manière directe ou indirecte, massée ou distribuée, en portant atteinte à un ou plusieurs autres à des degrés variables soit dans leur intégrité physique, soit dans leur intégrité morale, soit dans leurs possessions, soit dans leurs participations symboliques et culturelles[92]. »

La violence prise ici en considération, à l'instar de la grève elle-même, met en scène un collectif. Sa fréquence diminue sur la longue durée. Le premier âge des conflits est le plus agité : le monde ouvrier est marginalisé, l'expression de ses revendications muselée, sa volonté d'organisation souvent niée. Dans un tel contexte, il arrive que la colère éclate, tandis que l'action de la force publique est souvent intransigeante.

Le deuxième âge marque l'étiolement des violences et de leur caractère parfois éruptif. En 1871-1890, 3,6 % des conflits sont accompagnés d'actes de cette nature dirigés contre les personnes ou les choses ; 5,6 % voient des altercations entre grévistes et non-grévistes[93]. Puis de 1890 à la Grande Guerre, la moyenne annuelle des grèves violentes s'établit à 3,02 avant de tomber à 0,4 en 1915-1935[94]. La tendance, bien qu'amplifiée[95], est donc à un déclin accéléré de la grève violente, en particulier entre les deux guerres. Plusieurs phénomènes l'expliquent. D'abord, les grévistes sont mieux organisés, rompus à la pratique revendicative, davantage encadrés par les organisations ouvrières qui, d'une manière générale, répugnent à l'utilisation de la force et, le cas échéant, la fonctionnalisent ou l'encadrent. L'État lui-même utilise avec davantage de parcimonie l'arme coercitive, même si l'expression de la violence demeure naturellement limitée par la répression qui peut y répondre. D'ailleurs, la mémoire collective du mouvement ouvrier est marquée par des épisodes sanglants (mouvements des canuts lyonnais de 1831 et 1834, juin 1848, Commune de Paris, fusillades de Fourmies en 1891 ou de Villeneuve-Saint-Georges en 1908, etc.) qui contribuent sans doute aussi à limiter le recours à des moyens de lutte non tolérés par les autorités.

Le déclin de la violence se poursuit au troisième âge de la grève, où elle devient de moins en moins physique, toujours plus symbolique. Pourtant, après la Seconde Guerre mondiale, elle atteint un nouveau paroxysme lors des grèves de l'hiver 1947 et de celle des mineurs en 1948 [96]. Le contexte dans lequel se déroulent ces événements explique la résurgence d'une brutalité sans précédent sur une telle échelle : l'entrée en « guerre froide », la perception par le pouvoir d'une menace communiste, ainsi que la désorganisation de l'appareil de maintien de l'ordre en reconstruction. Mais sur la durée, la tendance à la pacification des conflits n'est pas remise en question. À cet égard, il faut souligner que la montée en puissance d'une opinion publique de plus en plus fortement prise en considération par les acteurs de la confrontation sociale produit ses effets : la violence, si elle peut attirer l'attention, risque aussi d'indisposer la société qui accorde à l'État la légitimité du recours à l'action brutale et tend à condamner ceux qui en usent en dehors de ses structures d'expression institutionnelles.

Le passage à l'acte violent comporte, plus que les autres aspects de la geste gréviste, une part d'irrationalité. Il est toutefois possible de distinguer des circonstances propices.

La structure et la nature du conflit sont un premier facteur : les mouvements longs, populeux et défensifs, où les tensions s'exaspèrent face à des situations bloquées qui tendent les rapports de force, s'enveniment le plus volontiers.

Les conjonctures politique ou économique contribuent à aiguiser les réactions brutales. D'une manière générale, les gouvernements conservateurs ou autoritaires se montrent plus répressifs ; des environnements politiques spécifiques peuvent être les catalyseurs d'une radicalisation, telle la « guerre froide ». Quant aux périodes de difficultés économiques, elles crispent les antagonismes, puisque la qualité de l'existence quotidienne (salaire, emploi) est menacée de dégradation[97].

Des univers professionnels se distinguent par la fréquence des actes violents. Comme pour la manifestation, le niveau de qualification et la concentration des activités productives sont à prendre en considération : les métiers les moins qualifiés, à l'instar des terrassiers, ceux qui sont regroupés dans des espaces de mono-industrie, tels les mineurs, présentent le plus haut niveau de brutalités.

Enfin, des épisodes de la pratique gréviste (manifestations, débauchage et surveillance) portent en eux des scénarios où l'ordre et la contestation sociale peuvent en venir à l'affrontement.

Quoi qu'il en soit, au cours des trois âges de la grève, des formes de violence perdurent, certaines tendent à disparaître, d'autres émergent. Les évolutions que connaissent les conflits du travail rythment encore une fois ces métamorphoses.

FORMES ET FONCTIONS DE LA VIOLENCE

Les années de la coalition coupable présentent une double caractéristique : certains actes de transgression lui sont propres ; d'autres se retrouvent sur la longue durée, tout en présentant alors une intensité souvent plus forte qu'ensuite.

À la grève interdite, à une classe laborieuse perçue comme dangereuse, à un monde ouvrier souvent marginalisé, sans protection contre les aléas de l'existence et auquel les droits légitimes de contestation sont déniés, répond quelquefois une violence éruptive. Elle est l'expression éphémère et paroxystique d'une insatisfaction, voire d'une révolte contre un ordre social excluant, lui-même porteur de brutalité à l'égard de ceux qu'il cherche à maintenir dans une situation de subordination sans contreparties. C'est dans ce contexte qu'éclatent, sous la Restauration ou la monarchie de Juillet, des « grèves-émeutes ». En voici le scénario au Houlme (Seine-Inférieure) en août 1825, où la filature Levasseur est la seule à ne pas avoir augmenté ses ouvriers :

« [Ils] demandent le salaire normal. Devant le refus de Levasseur, on s'attroupe, on attaque les gendarmes à coups de pierres ;

des renforts arrivent des communes voisines. Tandis que Levasseur s'enfuit, que la troupe fait feu, hommes, femmes et enfants envahissent l'atelier, brisent les vitres, dépierrent les murs. Le lundi 8, généralement jour chômé, un véritable combat s'engage entre les ouvriers et la troupe [98] ».

Autre exemple, pris au début de la monarchie de Juillet, le 15 juillet 1833, à Sainte-Marie-au-Mines (Haut-Rhin) :

« Vers sept heures du matin, un groupe de 80 à 95 ouvriers refusa brusquement de continuer à travailler dans la filature de M. Minder à l'annonce de réductions qu'on voulait faire sur leurs salaires [...]. Les ouvriers manifestèrent, coupèrent des pièces sur les métiers et brisèrent des chaînes [99]. »

Ces situations le montrent : l'exaspération fait éclater la violence ; elle surgit face à des mesures qui paraissent dépasser les bornes de l'injustice supportable. Dès lors, la « négociation collective par l'émeute » l'emporte sur les discussions raisonnées, auxquelles se refusent d'ailleurs souvent les employeurs.

L'usine, son contenu, sont la cible directe de ces mouvements exaspérés : ils se trouvent à la portée immédiate des ouvriers, symbolisent leur soumission ; les endommager porte atteinte à l'appareil de production, à la propriété de l'employeur, l'un comme l'autre étant perçus, dans l'immédiateté de la colère, comme la raison d'une souffrance.

Une autre particularité de cette période est justement de faire de la machine une cible de la violence. Le « luddisme » naît dans la patrie de la révolution industrielle, l'Angleterre de la fin du XVIIIᵉ siècle. Cette pratique tiendrait son nom d'un certain Ludd ou Ludham, organisateur de campagnes de destruction de machines textiles dans le Leicestershire. Elle a en outre des antécédents historiques qui puisent leurs sources dans le Moyen Âge [100]. Dans la France de la fin du XVIIIᵉ et de la première moitié du XIXᵉ siècle, elle survient au cours de brèves flambées, à des moments de crise, de pénurie de l'emploi. Ces réactions brutales d'opposition aux machines déclenchent là encore des « grèves-émeutes ». Le 28 novembre 1828 par exemple, trente ouvriers pareurs de Carcassonne « se portent à l'établissement où étaient entreposées quatre garnisseuses et les débitent en petits morceaux qu'ils jettent dans l'Aude [101] ». Cette pratique porte en elle « quelque chose de systématique qui vise l'anéantissement [102] ». À Saint-Étienne en mars 1831, la machine est détruite pièce à pièce, tandis qu'à Nantes les pêcheurs prennent une heure pour détruire la drague mécanique avec des haches. Il y a de la révolte paysanne, comme une manière de jacquerie industrielle de la part d'ouvriers encore souvent liés au monde rural ; on utilise, pour procéder aux destructions, des « instruments coutumiers [103] », telles des haches ou des fourches. Mais ces colères interviennent la plupart du temps dans des situations ultimes, après l'échec des démarches pour trouver une solution pacifique. Elles disparaissent au-delà de la première moitié du XIXᵉ siècle, malgré quelques résurgences sporadiques [104]. Au fond, le luddisme correspond à une pratique de la coalition illicite : il est un exutoire à l'impossible formulation des revendications.

Le bris de machines est également « au moins l'assurance temporaire que l'usine ne pouvait fonctionner [105] ». Il peut dès lors devenir un moyen de pression qui n'est pas une opposition à la présence de la machine, comme lorsque, à Savy-Berlette (Pas-de-Calais) en avril 1817, les ouvriers d'une filature auxquels est refusée une augmentation brisent les métiers [106]. De tels actes trouvent une forme de prolongement, aux deuxième et troisième âges de la grève, avec la pratique du sabotage. Elle présente une différence majeure avec le luddisme, dans la mesure où elle « s'attaque à la production, mais ménage les machines [107] » ; il ne s'agit pas de les détruire, mais de les endommager de manière fonctionnelle, pour entraver la poursuite du travail, faire pression sur les employeurs et impressionner les non-grévistes. Dans les mines, on coupe des câbles ou on crève des chaudières ; des tisseurs de la Marne envahissent en octobre 1885 un atelier de peignage et font « sauter les courroies de transmission de sorte que tout travail fut complètement arrêté [108] ». On trouve des violences de cet ordre jusqu'aux périodes les plus récentes. Ainsi, en février 1976, dans une usine métallurgique du Haut-Rhin, des rails sont démontés, des barres de fer sont placées dans le mécanisme de translation d'un pont roulant [109]. Et le tertiaire qui s'empare de la grève adapte quelquefois le sabotage aux particularités du secteur. Au cours du conflit des banques de 1974, des souches de chéquiers et des fichiers sont détruits [110]. Cela dit, cette pratique est tombée en désuétude. Elle reflète surtout une « époque où l'activité des syndicats était réprimée, et impossible, par conséquent, le marchandage collectif [111] » ; l'inscription renforcée des grèves dans les rapports sociaux fait pour l'essentiel du sabotage un événement singulier se produisant dans des situations de blocage du dialogue, dans des moments de crise aux différends âpres où l'existence quotidienne est en jeu.

La colère exaspérée du premier âge de la grève touche aussi les demeures patronales. À Chaumont en juin 1833, les propriétaires d'une des ganteries de l'endroit qui utilisent de la main-d'œuvre pénitentiaire sont l'objet de la vindicte, face à la menace que fait peser l'utilisation de détenus sous-payés sur les salaires des ouvriers de la localité. Ces derniers se rassemblent devant la résidence des employeurs : « Plusieurs nuits de suite, des vitres furent brisées à coups de cailloux » ; le 7 juin, deux cents ouvriers se massent et l'envahissent pour les contraindre à céder [112]. Là encore, l'intimidation intervient dans une situation défensive, marquée par un refus de discuter.

Les lieux d'habitation des patrons sont encore assez souvent la cible de la vindicte au début du deuxième âge de la grève. L'employeur est physiquement proche, dans un contexte d'industrialisation française faite de petites entreprises insérées dans le monde rural et des localités où sa résidence est d'autant plus visible qu'il « se plaît à inscrire sa réussite dans la pierre [113] ». Par la suite, la grande usine se développe, le patronat s'éloigne physiquement, se noie dans la ville industrielle, tandis que la codification de la confrontation sociale s'accentue. Certes, jusque dans des périodes récentes, des grèves-émeutes naissent des situations les plus bloquées. Ainsi, à l'été 1982, après une réunion de concertation sans résultats à propos de la fermeture de la société des aciers spéciaux La Chiers (Ardennes), « un groupe de 150 hommes incendient le château de la Buchère, propriété du directeur général d'Usinor [114] ». Mais ces événements, déjà assez exceptionnels au premier âge des conflits, ne cessent de le devenir davatange.

Les salariés considérés par les grévistes comme les auxiliaires des patrons (contremaîtres, cadres, chefs de chantier) s'exposent eux aussi aux accès de colère. Dans les bassins miniers par exemple, où la hiérarchie stricte et brutale creuse les antagonismes, les ingénieurs sont quelquefois confrontés à des actes violents. Le plus célèbre est sans conteste la défenestration, à Decazeville en 1886, de l'ingénieur Watrin. Dans les années précédentes déjà, en 1867, 1869 et 1878, la « foule des mineurs de l'Aveyron a, à trois reprises, attenté délibérément à la vie d'un ingénieur [115] ». On relève encore, au XXᵉ siècle, des violences physiques à l'encontre du personnel d'encadrement[116]. Mais comme pour les patrons, l'injure, fureur contenue plus symbolique, remplace l'agression physique. En outre, au troisième âge des conflits, la grève, qui emporte dans ses plis l'ensemble du monde du travail, gagne aussi les cadres : elle devient le mode revendicatif du salariat, dont la condition tend à s'homogénéiser. La colère ouvrière reçoit presque systématiquement une réponse de l'État. Surgit alors une autre forme de violence : celle entre les grévistes et les forces de l'ordre. On la retrouve aux trois âges de la grève, mais avec une fréquence et une intensité d'autant plus élevées que la coalition est dans l'illégalité, et le monde ouvrier dans les marges de l'univers industriel et social. Les affrontements sont la plupart du temps le produit des circonstances, ils excluent la préméditation. C'est l'économie interne du conflit (débauchage, piquets de grève, occupations, manifestations) ou la radicalité qu'elle entraîne (altercations entre ouvriers, menaces envers les patrons, atteintes à la propriété) qui occasionnent des face-à-face tendus. De surcroît, en raison même de leur fonction, l'armée, la gendarmerie ou les forces de police peuvent constituer, pour les travailleurs en action, un adversaire résolu. Ces institutions ont en effet pour charge de protéger un ordre productif, public et social pour lequel un mouvement revendicatif apparaît comme une menace potentielle. Elles interviennent pour l'essentiel dans trois grands types de situations. D'abord, aux deux premiers âges de la grève, pour empêcher sa propagation : les équipes de débauchage, les cortèges qui se rendent d'une usine à l'autre, de localité en localité, sont régulièrement interceptés. Les bras armés de l'État agissent alors « pas uniquement par souci de l'ordre public, mais aussi souvent dans le souci d'éviter l'extension de la grève[117] ». De telles circonstances sont propices à des altercations. Le scénario est relativement immuable si, comme pour ces charpentiers parisiens à l'automne 1909, la présence policière ne suffit pas à dissuader d'agir :

« Le 2 octobre, une trentaine de grévistes qui tentaient de débaucher deux ouvriers d'un chantier [...] sont entrés en collision avec des gardiens de la paix, qu'ils ont assaillis à coups de plâtras[118]. »

D'autre part, la formation d'attroupements ou de cortèges de grévistes dans l'espace public éveille la crainte des autorités qui cherchent à les disperser. En 1911 à Marseille, après un meeting à la Bourse du travail, des serveurs défilent dans la rue en chantant *L'Internationale* ; la police charge, et, pendant un quart d'heure, l'affrontement fait rage [119].

Dans ces situations, les forces de l'ordre procèdent parfois à des arrestations. La volonté des grévistes de délivrer leurs camarades donne lieu à des empoignades pourvoyeuses de quelques tragédies sanglantes. À Rive-de-Gier, le 5 avril 1844, un convoi militaire transportant des mineurs arrêtés est attaqué par des dizaines d'hommes en colère :

« La cavalerie a formé un demi-cercle devant les charrettes, elle a repoussé à coups de sabre les ouvriers qui faisaient pleuvoir des pierres sur eux [...]. L'agression est devenue plus vive, les armes ont été chargées [...]. L'infanterie, criblée de pierres, a tiré plusieurs coups de fusil [120]. »

La troupe, non préparée à des opérations de maintien de l'ordre civil, tire sur la foule qui lui paraît menaçante. Deux ouvriers décèdent de leurs blessures. La fusillade du 1er mai 1891 à Fourmies intervient dans des circonstances proches [121].

Au troisième âge de la grève, les altercations se font plus rares. Elle n'effraie plus, les manifestations paraissent légitimes dès lors qu'elles sont annoncées, et leur déroulement entériné par les autorités. Dans un contexte de relations sociales encadrées et bien engagées dans la voie de la pacification, la violence s'estompe. Pour l'essentiel, les défilés la rencontrent quand ils dévient des sentiers balisés du tracé officiel ou s'approchent de trop près de lieux protégés. Par exemple, en novembre 2001, environ 200 salariés de chez Moulinex manifestent à Alençon devant le siège du MEDEF ; les « forces de police ont chargé le cortège, dans lequel les délégués syndicaux ont été frappés. L'un d'eux [...] a été blessé et hospitalisé [122] ».

Enfin, des formes de lutte qui se développent au cours de ce troisième âge, tels les séquestrations, les piquets de grève ou les occupations du lieu de travail, peuvent amener l'utilisation de la force publique. Ainsi, en avril 1970, la séquestration de dirigeants de l'entreprise Vallourec d'Aulnoye (Nord) suscite l'intervention de la gendarmerie, après laquelle une vingtaine de blessés sont relevés parmi les grévistes. Deux ans plus tard, en avril-mai 1972, au cours du conflit des Nouvelles Galeries de Thionville, les gendarmes mobiles chargent à plusieurs reprises le piquet de grève [123].

Mais parmi les formes de violences structurelles présentes à chaque âge de la grève, la plus répandue s'exerce à l'égard des non-grévistes. Cette réalité s'explique pour l'essentiel de deux manières. D'une part, une participation massive confère au conflit une efficacité et une légitimité indispensables. La contrainte peut donc paraître un recours fondé pour ceux qui défendent une cause compromise par l'éventuelle poursuite de la production. Le débauchage parfois violent s'apparente dès lors à un « procédé élémentaire d'*extension* de la grève [124] ». D'autre part, le non-gréviste présente un trait caractéristique aggravant aux yeux de ses collègues en lutte : contrairement au patron, adversaire naturel, il « trahit » la classe sociale à laquelle il est censé appartenir.

La violence contre les « jaunes » prend plusieurs formes. La plus élémentaire est d'ordre physique. Elle se produit en particulier au XIXᵉ siècle, celui des confrontations encore souvent mal maîtrisées, dans lesquelles chacun paraît résolu à obtenir la reddition de l'adversaire. En mai 1853, les ouvriers du bâtiment stéphanois font « en bandes le tour des chantiers », tandis qu'à Rive-de-Gier des groupes « assaillent les récalcitrants [125] ». On le voit, ce sont les opérations de débauchage qui produisent les altercations, même si en général, comme le signale un rapport de police à propos du bâtiment, « la présence des grévistes suffit pour empêcher les ouvriers d'approcher les chantiers [126] ».

La violence, plus que physique, est en effet fréquemment d'ordre verbal ou moral. On joue de l'intimidation et de l'exclusion du groupe. Cette forme de brutalité plus symbolique se renforce avec la banalisation du phénomène gréviste, aux pratiques sans cesse moins éruptives. Les actes de pression se multiplient. Ils prennent parfois un tour particulièrement intense, comme au cours des grèves de l'hiver 1947. Le 5 décembre, « des individus armés de revolvers, de matraques et de gourdins ont attaqué la machine 3 007 du train Lille-Librecourt et ont emmené le mécanicien pendant que le foyer était renversé. Les trois hommes ont été relâchés après avoir été menacés de mort s'ils persistaient à vouloir travailler [127] ».

La violence verbale, accentuée par une pression physique, souvent accompagnée d'une double volonté de dénonciation et de médiatisation de la situation du non-gréviste, est relativement courante, en particulier aux deuxième et troisième âges de la grève. Une pratique usuelle jusque dans l'entre-deux-guerres consiste, par exemple, à prendre à partie le non-gréviste, à l'invectiver en l'escortant au long du chemin qui sépare son lieu de travail de son domicile. La « reconduite » est fréquente, par exemple, dans les grèves du Nord. Elle reprend la tradition du charivari consacré aux veufs et aux veuves qui se remarient[128]. À Paris, voici comment des métallurgistes, en septembre 1928, prennent à partie un « traître » :

« Une conduite de Grenoble lui a été faite samedi, à 11 heures, à la sortie de l'usine.

Au métro "Porte des Lilas", plus de deux cents personnes conspuèrent le jaune.

Puis cet individu [...] fut reconduit jusqu'à son domicile. Le public de son quartier saura dorénavant juger ce laquais du patronat[129]. »

Les « jaunes » sont ainsi mis au ban de la communauté gréviste, mais aussi, par une dénonciation médiatisée, isolés du reste de la population de leur quartier. Il s'agit de rendre leur position intenable, sous peine de se voir rejetés par tous.

On le voit, la grève sortie de l'illégalité et devenue plus fonctionnelle, encadrée par les organisations ouvrières, les formes de la violence contre les non-grévistes évoluent en conséquence. Et même quand elles prennent la dimension de l'altercation physique, celle-ci n'a plus autant la forme de la spontanéité. Elle peut être calculée, voire préméditée. Le 18 août 1927, les terrassiers parisiens des chantiers du Métropolitain, emmenés par les militants de la CGTU, planifient ainsi leur action de débauchage :

« Après une minutieuse préparation le Syndicat Unitaire fit passer ce jour-là dans la matinée un ordre sur tous les chantiers invitant les terrassiers à se retrouver à la Porte d'Italie, à 13 heures, pour y donner l'assaut aux chantiers Lécluse. Un détail fait bien ressortir les dispositions dans lesquelles se trouvait l'organisation révolutionnaire : deux ambulances avaient été prévues qui devaient transporter les blessés à la Maison des Syndicats [...].

Les assaillants s'étaient retrouvés au nombre de 700 sur l'emplacement des anciennes fortifications d'où une centaine se dirigèrent sur le chantier situé à l'angle du boulevard Masséna et de l'avenue d'Italie. Ils ne purent l'atteindre ayant été refoulés par le service d'ordre après une courte mais vive bagarre[130]. »

Une telle préparation est cependant exceptionnelle. Elle touche une profession, celle des terrassiers, traditionnellement portée à l'usage de la force, emmenée ici par des syndicalistes unitaires proches du PCF qui rechignent moins que d'autres à une violence volontiers perçue comme un exercice préparatoire à des luttes plus larges, peut-être pour la prise du pouvoir politique.

Au fond, on est là encore dans une « violence stratégique [131] » qui entretient la solidarité, veut forcer les employeurs à négocier, les empêche de tenir plus longtemps que les ouvriers en mouvement et peut amener l'appareil d'État à intervenir.

Au troisième âge de la grève, cette dimension fait davantage la place à une « violence tactique [132] », à la recherche de résultats concrets par l'éveil de l'attention de la sphère médiatique. La séquestration, cette pratique de « détention concertée et temporaire d'une ou de plusieurs personnes appartenant à l'encadrement ou à la direction d'une entreprise [133] », s'inscrit dans cette démarche. Des velléités d'actions de cet ordre se dessinent au moment des premières grèves avec occupations de 1936, où la direction et les cadres sont parfois, au tout début du mouvement, « invités [134] » à ne pas quitter les locaux. Mais c'est surtout dans les dernières décennies, en particulier au tournant des années 1960-1970, que cette pratique est utilisée [135]. Elle s'inscrit certes dans la tradition de la « négociation collective par l'émeute », puisqu'elle se produit au cours de confrontations tendues où les contacts entre les acteurs en conflit sont rompus ; de fait, « elle cherche à provoquer ou relancer la négociation, en permettant de coincer ceux qui peuvent décider ; elle vise à obtenir des concessions sur les revendications [136] ». Mais elle participe aussi d'une médiatisation de la lutte : dans un contexte où, sur la longue durée, l'action revendicative se dote de codes pacifiques, elle brouille les repères, attire l'attention par son caractère spectaculaire.

Plus récemment, à l'été 2000, des conflits aux contours violents donnent l'occasion à certains observateurs d'évoquer un retour du luddisme ou de l'anarcho-syndicalisme. En juillet, à Givet (Ardennes), les ouvriers de l'usine Cellatex, révoltés par l'annonce d'un plan social accompagné de mesures de compensation jugées insuffisantes, menacent de faire sauter leur usine et de déverser de l'acide sulfurique dans la Meuse. Le même mois, les salariés de la brasserie Adelshoffen de Schiltigheim, dans la banlieue de Strasbourg, promettent de faire exploser les citernes de gaz servant à alimenter les chariots élévateurs. Là encore, la vieille « négociation par l'émeute » est présente : le secrétaire CGT du comité d'entreprise de la brasserie, interrogé par la presse, ne cache pas qu'« il s'agit simplement d'un moyen de pression sur la négociation [137] ». Mais la volonté de médiatiser la lutte pour la faire sortir de l'impasse est patente : « Enfin on nous écoute, on s'occupe de nous [138] », dit une ouvrière de chez Cellatex. À mesure que se déroule le troisième âge de la grève, les stratégies de médiatisation, dans lesquelles s'inscrit la violence, acquièrent une dimension grandissante [139]. Désormais, « à la limite, ce qui compte, c'est plus la violence retransmise et la manière dont elle est retransmise que sa réalité [140] ».

Au fil du temps, les voies de fait deviennent sans cesse plus exceptionnelles. À mesure que la grève devient un mode revendicatif mieux maîtrisé, plus ouvert au monde extérieur, la violence physique cède la place à une brutalité plus symbolique qui se donne à voir.

Au cours de ses trois âges, la geste gréviste quitte la spontanéité pour gagner de manière sans cesse plus intense le terrain d'une utilité fonctionnelle. Les rites festifs et manifestants, mais aussi pour une part violents, se vivent « comme moyen de réactiver les solidarités [141] ». Ils intègrent pleinement une conception de l'action qui recherche toujours davantage l'efficacité, sous la férule des organisations ouvrières. Celles-ci ordonnent pour une large part des pratiques dès l'origine tournées vers l'efficience, mais sans l'être aussi rationnellement. La geste gréviste, orientée de manière accrue vers sa dimension emblématique à l'élaboration progressivement contrôlée, n'a rien d'un folklore spontané : sa fonction identitaire, son efficacité potentielle, l'érigent en instrument à part entière des techniques revendicatives.

TROISIÈME PARTIE

Acteurs

VII

LES ORGANISATIONS OUVRIÈRES

Pendant plusieurs décennies, la grève contemporaine s'est pour une large part déployée en dehors du contrôle et de l'intervention des organisations ouvrières. Les syndicats sont légalisés en 1884, vingt ans après les conflits du travail. Et les structures qui précèdent la naissance du syndicalisme (compagnonnages, sociétés de secours mutuels), dont la raison d'être n'est pas le soutien aux grèves, si elles ne restent jamais tout à fait en dehors du champ de la lutte sociale, orchestrent une minorité de mouvements. Pourtant, la présence accrue des groupements de salariés est l'une des tendances lourdes de l'histoire des conflits du travail. De surcroît, plus que dans les autres pays industrialisés d'Europe occidentale, la grève occupe longtemps une place déterminante tant dans le discours, la stratégie et la structuration du mouvement ouvrier français que dans l'orientation de sa pratique.

Les rapports entre grève et syndicalisme sont donc naturellement au cœur des préoccupations des spécialistes du mouvement social. Un certain nombre de questions sont récurrentes : dans quelle mesure les syndicats sont-ils à l'origine des grèves ? Jusqu'à quel point parviennent-ils à les contrôler ? En modifient-ils la stratégie, la tactique, donc, la physionomie ? Enfin, « le syndicalisme est-il un moyen de limiter les grèves, ou [...] une machine à déclencher et à soutenir les grèves[1] » ? La réponse à ces questions ne réside pas simplement dans l'analyse des relations entre deux faits sociaux, le syndicat et la grève, mais aussi dans l'observation des liens renforcés qu'ils nouent avec la société à mesure que l'un et l'autre sont intégrés à elle, y deviennent des relais légitimes à la fois de conflit et de régulation des rapports sociaux.

De l'accompagnement marginal à la gestion de la grève

La présence des organisations ouvrières dans le déclenchement et l'accompagnement des conflits du travail grandit : dans les premières décennies du XIXᵉ siècle, elle est nettement minoritaire ; à la fin du XXᵉ siècle, elle est prépondérante. Le processus qui aboutit à cette situation recoupe une fois encore les trois âges de notre histoire sociale de la grève : lorsqu'elle est un fait coupable et marginal, brutal et éruptif, la présence des organisations ouvrières est minoritaire ; une fois devenue fait social, elle s'inscrit pleinement dans la démarche du syndicalisme ; institutionnalisée, elle est fortement encadrée par des syndicats qui en font un instrument de régulation conflictuelle des rapports de travail.

Avant l'autorisation des syndicats, le monde ouvrier dispose d'organisations qui, en théorie, doivent rester en dehors du champ de la contestation sociale si elles veulent éviter les foudres des autorités, mais qui, en pratique, sont parfois conduites à s'y impliquer directement. Deux grands types de structures s'inscrivent dans cette démarche : les compagnonnages ; les sociétés de secours mutuels et de résistance. Les uns et les autres jouent un rôle non négligeable au temps de la grève illicite et de la première révolution industrielle.

Les compagnonnages, apparus à la fin du Moyen Âge, sont, pour reprendre les mots de Frédéric Le Play, « des sociétés formées entre ouvriers d'un même corps d'état dans un triple but d'instruction professionnelle, d'assurance mutuelle et de moralisation » où règne le goût du secret[2]. Puissants dans certains métiers qualifiés, les compagnonnages sont à l'origine de conflits notables de la première moitié du XIXᵉ siècle. Ils déclenchent les coalitions qui, sous la Restauration, agitent chaque été le bâtiment ; leur influence est relevée, en outre, dans quelques-uns des rares mouvements d'ampleur de cette période, comme celui des garçons boulangers marseillais en juin-juillet 1826[3]. Dès la monarchie de Juillet, leur rôle décline, même si on les trouve encore actifs chez les charpentiers ou les ouvriers en papiers peints par exemple[4]. La deuxième révolution industrielle accompagne l'extinction de l'influence des compagnonnages sur les luttes ouvrières. Ainsi, en 1871-1890, alors que près de 3 000 grèves se déroulent, les compagnonnages n'en mènent que dix, toutes survenues avant 1883 dans le bâtiment ou quelques grandes villes[5].

Sur une base professionnelle un peu moins élitiste que les compagnonnages, les sociétés de secours mutuels fournissent également une structure organisationnelle à certains conflits[6]. Destinées à protéger les ouvriers contre les incertitudes de leur existence quotidienne, elles dissimulent parfois des sociétés de résistance, cette « mutualité de combat[7] » qui soutient l'effort gréviste, verse des secours financiers. L'influence de ces structures se fait sentir surtout sous la monarchie de Juillet et jusqu'au crépuscule du Second Empire. Certaines localités ou régions sont particulièrement réceptives, comme Lyon et ses alentours, capitale française du mutuellisme. Tout comme pour les compagnonnages, les décennies 1870-1880 sonnent définitivement le glas de leur impact sur les conflits du travail : ces sociétés interviennent alors au cours de 24 d'entre eux, la plupart antérieurs à 1877 et massés dans la région lyonnaise[8].

Mais peut-on estimer le rôle direct de ces organisations dans le déclenchement et l'accompagnement des conflits du travail ? Si leur présence n'est pas négligeable dans la première moitié du XIXᵉ siècle surtout, elle reste cependant très minoritaire. Dans son analyse minutieuse de 382 grèves de la monarchie de Juillet, J.-P. Aguet relève dans 120 d'entre elles, soit moins du tiers, l'existence d'une organisation. Mais le plus souvent, cette dernière est une structure non permanente, telles les commissions de grève, mises en place le temps d'un conflit. Les compagnonnages, les sociétés de secours mutuels, les sociétés de résistance interviennent surtout dans les grandes villes, dans l'univers de l'atelier. La montée en puissance de l'usine, d'une masse d'ouvriers peu qualifiés et de nouvelles formes de regroupements plus directement destinés à la défense du monde du travail contribuent à les éloigner du terrain de l'action revendicative, au profit du syndicalisme.

À partir de 1877-1878 surtout, le rôle des syndicats, pas encore légalisés mais tolérés, grandit en effet assez rapidement. Certes, en 1871-1890, près des trois quarts des mouvements échappent encore à leur intervention. Mais on peut lire dans les chiffres leur influence nouvelle et en devenir : alors qu'avant 1877 ils dirigent moins d'un conflit sur dix, ils en mènent un sur cinq à la fin des années 1870, puis jusqu'à 39 % en 1881-1882[9].

La loi de 1884, qui reconnaît le syndicalisme, est bientôt suivie d'une montée en puissance régulière de son immixtion dans les conflits du travail. Entre la dernière décennie du XIXᵉ siècle et la Grande Guerre, la proportion de conflits dans lesquels est enregistrée une présence syndicale passe de moins de la moitié aux trois quarts[10]. Et même dans un monde comme celui des ouvriers agricoles, plus tard venus à la grève et au syndicalisme, son influence se développe rapidement : entre 1890 et 1902, 43 % des conflits se déroulent sous la conduite d'un syndicat, puis 84 % en 1903-1914[11].

Cette évolution se prolonge dans l'entre-deux-guerres. Dans le Paris de 1919-1935, la proportion de grèves à direction syndicale avérée s'élève à 60 % ; il en est de même dans un département où le mouvement ouvrier est moins enraciné, comme la Vendée de 1919-1938[12].

Cet ancrage du syndicat au terrain revendicatif se poursuit au cours du troisième âge de la grève. Certes, les organisations de salariés sont périodiquement contestées ou quelque peu débordées dans leur volonté de gérer les conflits du travail. Ainsi autour de Mai 1968 ou dans les années 1986-1992, avec le phénomène des coordinations. Pourtant, dans l'un et l'autre cas, il faut se garder d'amplifier la tendance. Des études réalisées à partir d'échantillons d'entreprises montrent qu'en 1968 les ouvriers se mettent en grève sans l'accord des syndicats et poursuivent leur mouvement sans eux, ou parfois contre eux, dans environ 15 % des cas[13]. En somme, si les confédérations « n'ont pas lancé l'ordre de grève [...] dès le début les syndicats locaux et leurs responsables sont dans la grève[14] ».

Quant aux coordinations, dans lesquelles les syndicalistes, certes souvent minoritaires au sein de leurs organisations, occupent une large place, elles « représentent moins les éléments d'un rejet idéologique du syndicalisme par les salariés qu'une incapacité de ce dernier à conserver son caractère représentatif des communautés diversifiées[15] ». En d'autres termes, « il est plus juste de parler de méfiance des coordinations à l'égard des organisations syndicales que d'antisyndicalisme[16] ». Dans l'écrasante majorité des cas, la prise en main de la grève par les syndicats et leurs militants est admise. Aujourd'hui, en dépit de leur grande faiblesse numérique, la plupart des conflits sont déclenchés à l'initiative des organisations syndicales : 83 % en 1998, 92 % en 1999 et 89,5 % en 2000 [17].

Le rôle du syndicalisme dans les grèves dépasse donc de loin le cadre de sa capacité d'attraction militante. Cette réalité constitue même l'un des traits distinctifs de la situation française en Europe occidentale. En France, le taux de syndicalisation est en effet marqué, hormis au cours des Trente Glorieuses, par sa modestie : il progresse de 3 à 9 % entre 1892 et 1914, s'établit autour de 10 % de l'après-guerre au Front populaire et connaît un pic autour de 40 % après la vague de grèves de mai-juin 1936 ; il se fixe un peu au-delà de 20 % au cours des Trente Glorieuses, si l'on excepte le second pic à plus de 40 % de l'après-guerre [18], puis redescend inexorablement dans les années 1980, pour se stabiliser ensuite péniblement à un taux situé autour de 10 % [19]. Ces chiffres situent presque en permanence la France au dernier rang des pays d'Europe occidentale. Au fond, tout se passe comme s'il existait historiquement un double mouvement complémentaire : les organisations s'adaptent à une situation de faiblesse quantitative, longtemps entretenue par le peu de souci des militants eux-mêmes à construire un syndicalisme de masse, tandis que le monde du travail rechigne à l'adhésion au syndicat, tout en reconnaissant la légitimité de sa présence dans l'action. Cela contribue à créer une configuration dans laquelle il n'existe guère de rapport direct entre la proportion de grèves à direction syndicale et le taux de syndicalisation. Quels que soient les périodes ou les secteurs d'activité, le rôle des organisations de salariés dans les conflits du travail déborde nettement les limites de leur puissance numérique. Comme nous le verrons, cette situation peut se comprendre notamment par la place centrale longtemps accordée à la grève, dans la théorie et l'action, par le mouvement ouvrier français ; elle doit aussi être lue comme la conséquence du rôle joué par la grève dans la structuration et le développement de ce dernier.

Sur la longue durée, il est possible de distinguer deux grands modes d'intervention des organisations ouvrières dans le déclenchement et la conduite des grèves. À cet égard, une typologie établie pour les conflits de Mai 1968 paraît pertinente sur la longue durée [20].

D'abord le « modèle syndical », dans lequel « les travailleurs suivent les syndicats [21] ». Son déroulement peut être résumé ainsi :

les salariés sont appelés à la grève par leurs organisations qui les réunissent en assemblée générale pour se prononcer sur l'opportunité d'un conflit ; ils participent à l'action au travers, par exemple, du débauchage, des comités et des piquets de grève. Ce schéma n'entretient pas de rapport étroit avec le degré d'implantation syndicale. En d'autres termes, il ne s'applique pas simplement aux secteurs à fort taux de syndicalisation, ne nécessite pas la présence en nombre de militants sur le lieu de travail. Il suppose plutôt l'existence de « quasi-syndiqués [22] » qui ne sont pas membres de l'organisation, mais reconnaissent son autorité et sont prêts à suivre ses directives. Au XIXᵉ siècle, dans les professions tôt organisées, celles qui disposent par exemple de compagnonnages, une décision d'arrêt de la production est suivie massivement par l'ensemble des ouvriers. Plus tard on peut lire, dans la formulation de rapports de police, la forte influence de syndicats dont les ouvriers suivent aisément la bannière. Ainsi dans le livre, où en septembre 1922 les typographes de la CGTU lancent, devant le refus patronal d'augmenter les salaires, un mouvement de grèves tournantes. Les rapports officiels indiquent que les ouvriers cessent le travail en « se conformant aux ordres donnés par le Syndicat [23]... » ou en « obéissant aux directives du Syndicat [24] ». Même dans un secteur où la syndicalisation se situe parmi les plus faibles de son époque, celui des industries alimentaires, un militant influent peut exercer un ascendant considérable. À la raffinerie de sucre parisienne Say, en juillet 1922, le « personnel occupé à l'heure ou à la journée [...] quitte le travail après la septième heure sur le signal qui lui est donné au moyen d'une cloche par le nommé Cassonet, ouvrier mécanicien, mutilé de guerre, ex-secrétaire du syndicat [25] ».

Plus généralement, quelle que soit la période considérée, le faible taux de syndicalisation rapporté à celui de l'influence syndicale dans les conflits du travail montre à lui seul l'impact des organisations de salariés dans la conduite de ces derniers. La codification, après la Seconde Guerre mondiale, de la contestation sociale accentue forcément cette tendance. Des méthodes de conflit qui se déploient alors, telles les journées d'action appelées par les syndicats ou les débrayages répétés, impliquent ou nécessitent le plus souvent un déroulement méthodique, donc une forte implication des structures permanentes du salariat. Si des grèves, souvent qualifiées de « sauvages », échappent à l'organisation constituée, elles représentent cependant une minorité des conflits.

Et même quand le déclenchement des grèves se dérobe aux structures constituées, souvent, celles-ci ne tardent pas à intervenir.

C'est alors le second modèle, « spontané encadré ou prosyndical » qui se déploie. Là, les salariés prennent l'initiative du déclenchement de la grève, mais agissent ensuite sous la direction du syndicat, dont la présence est facilement acceptée. Exemple récent de cette configuration, le 3 octobre 2001, pour exiger des garanties de reclassement pour ceux touchés par un plan social, un millier de salariés de l'usine de téléphones portables Philips du Mans (Sarthe) se rassemblent devant le bâtiment après un « débrayage, parti d'un mouvement spontané puis relayé par l'intersyndicale [26] ». On retrouve cette situation à grande échelle durant les vagues de grèves de mai-juin 1936. Elle est cependant la plus répandue au cours des deux premiers âges de la grève, plus particulièrement au XIXᵉ siècle : les organisations ouvrières sont souvent mal implantées, le syndicat n'est pas une structure reconnue sur le lieu de travail, et les « meneurs » exercent un rôle marquant. Certes, cette situation perdure jusqu'à nos jours, mais de manière moins intense : au cours des Trente Glorieuses, la syndicalisation est relativement forte, et, surtout, une forme de monopole de l'action revendicative est davantage intériorisée par les salariés, mieux intégrés et pour lesquels la codification des relations sociales est plus solidement établie qu'auparavant. Le syndicat, comme les chiffres nous l'ont d'ailleurs montré, a donc plus souvent l'initiative du moment du déclenchement de l'action. Et même s'il n'en est pas à l'origine, le besoin de s'organiser et de bénéficier des ressources indispensables à la conduite d'un conflit impose souvent la présence de l'organisation, de ses militants, dont l'expérience de gestion des crises sociales représente un atout considérable.

La grève dans l'univers syndical : de l'horizon stratégique à la conception fonctionnelle

Le mot de Proudhon selon lequel « il n'y a pas plus de droit de grève qu'il n'y a de droit à l'insurrection ou à l'adultère [27] » rejoint un temps en partie l'opinion des militants ouvriers. Mais elle est rapidement rattrapée par l'épreuve des faits : la grève est un élément constitutif fort du mouvement ouvrier français qui s'inscrit au cœur de sa stratégie et de sa pratique.

Jusqu'à la fin des années 1870, les militants marquent à l'égard de la grève une certaine défiance. Même si le recours à la cessation du travail leur paraît légitime en certaines circonstances, face à des situations bloquées, beaucoup la perçoivent comme un pis-aller dont il faut viser l'extinction : les grèves sont « le progrès forcé du moment[28] », des « moyens violents, et par conséquent injustes [...]. Nous devons, par une organisation préventive, en empêcher le retour[29] ». On leur reproche leur inefficacité supposée, leur coût pour les ouvriers et leurs organisations, les avantages éphémères qu'elles procurent en cas de succès.

Ces critiques s'estompent au terme des années 1870, alors que se produit une poussée revendicative. La grève, fait social incontournable désormais fermement inscrit dans la pratique ouvrière, en irriguant l'usine, modifie à la fois le discours et la perception des militants. Il faut dire qu'en France, plus qu'ailleurs en Europe occidentale, la grève est une forme primitive d'agglomération du monde ouvrier dont la montée en puissance précède puis accompagne le développement du syndicalisme. Lorsque le droit de se regrouper dans des syndicats est accordé en 1884, les conflits du travail, légalisés en 1864, ont déjà bien entamé leur processus d'installation au cœur des relations industrielles. En somme, l'action précède l'organisation, au moins dans sa forme syndicale. Souvent même, tout au long du XIXᵉ siècle, l'action crée l'organisation : sous le couvert de sociétés de secours mutuels, des sociétés de résistance se créent en vue d'une grève. Plus tard, des syndicats naissent à la faveur d'une confrontation sociale, certains disparaissent rapidement une fois la grève terminée, d'autres perdurent. Cela contribue forcément à donner au conflit, à l'intervention directe des travailleurs, une dimension centrale. Là où l'organisation devance ou accompagne l'action, comme en Angleterre, s'installe plus volontiers la pratique précoce de la négociation, les discussions avec les employeurs (*collective bargaining*) et les pouvoirs publics, donc une certaine forme d'intégration et de régulation.

Au fond, plus largement qu'ailleurs, le mouvement ouvrier français s'est construit, pendant l'essentiel du XIXᵉ siècle, sur une double culture : une culture souterraine, puisque les fonctions de défense du monde du travail sont d'abord prises en charge par des organisations (compagnonnages, sociétés de secours mutuels) qui n'ont pas officiellement cette responsabilité mais l'assument officieusement ; une culture de lutte, dans la mesure où, jusqu'en

1884, il n'existe guère d'institutions légales permettant, en dehors de la grève, de porter légitimement des revendications ou des négociations.

Le contexte sociopolitique explique également la place primordiale que le syndicalisme français confère à la grève. Les mouvements socialiste et syndical naissent dans un même élan qui ne tarde pas à devenir concurrentiel. Il faut dire qu'en France la Révolution de 1789 favorise une politisation populaire précoce. Dès 1848, avant l'Angleterre ou l'Allemagne, le suffrage universel masculin est obtenu. Une forme d'égalité politique réalisée tôt rend d'autant plus insupportable la mise à l'écart sociale des prolétaires et nourrit une dissociation entre structures syndicales et partisanes [30]. La CGT, qui naît à Limoges en 1895, développe une manière de « pansyndicalisme » porteur d'un dessein global : elle se vit comme l'élément central des rapports de classes, le moteur de la transformation sociale et du monde futur. Une telle conception nécessite de construire un horizon stratégique en mesure d'accomplir les objectifs définis par le syndicalisme d'action directe. La grève, sous sa forme générale, s'impose dans le discours comme le moyen privilégié de renversement de l'ordre ancien.

La CGT à peine éclose discute intensément du sens à donner aux conflits du travail. La centrale ouvrière est agitée par le débat grève générale/grèves partielles. Jusqu'au tournant des XIXᵉ-XXᵉ siècles, le syndicalisme d'action directe qui anime la CGT s'affirme hostile aux conflits partiels, car « si cela échoue, la grève épuise les forces morales et matérielles du prolétariat et provoque le découragement. Si elle réussit, elle provoque de dangereuses illusions et éloigne de l'objectif de transformation sociale [31] ». Par la suite, en particulier à partir de 1902, le discours se modifie, et « le syndicalisme que l'on appelle révolutionnaire [...] s'est au contraire efforcé d'atteler le mouvement ouvrier à des tâches immédiates et fécondes [32] ». Au fond, la parole se rapproche de la pratique, puisque, comme nous l'avons vu, les syndicats sont impliqués de manière grandissante dans la gestion des revendications professionnelles. Mais l'objectif structurel de destruction de l'ordre établi n'est pas abandonné pour autant.

Dès lors, l'univers syndical fait de la grève une arme du quotidien, tout en la conservant comme horizon stratégique en forme d'utopie. Cette conception a son texte emblématique : la charte d'Amiens de 1906, rédigée lors du congrès de la CGT. Cette motion, restée célèbre surtout parce qu'elle exprime l'autonomie du syndicalisme par rapport aux regroupements politiques, expose les deux dimensions accordées à la grève : elle est tout à la fois l'instrument du triomphe des revendications immédiates et celui de la révolution sociale. Le syndicalisme doit en effet, « dans l'œuvre revendicatrice quotidienne », travailler à « l'accroissement du mieux-être des travailleurs par la réalisation d'améliorations immédiates » ; il prépare dans le même temps « l'émancipation intégrale qui ne peut se réaliser que par l'expropriation capitaliste ; il préconise comme moyen d'action la grève générale [33] ».

L'originalité française en Europe occidentale réside dans cette seconde dimension : celle de l'utopie qui fait de la grève l'arme du « grand soir [34] » décrit dans le livre de « révolution-fiction [35] » écrit par deux figures de proue de l'action directe, Pataud et Pouget.

Les deux grands autres mouvements ouvriers européens, l'allemand et l'anglais, évoquent certes eux aussi la grève générale. Mais le débat ne prend pas l'ampleur qu'il rencontre en France et s'achève sur des prises de position bien différentes. En Allemagne s'affirme, au tournant des XIXᵉ-XXᵉ siècles, un syndicalisme puissant et organisé, à tendance réformatrice, affranchi progressivement de la tutelle politique du SPD. Y domine « une conception pragmatique de l'action syndicale, centrée sur l'amélioration graduelle de la condition ouvrière [36] ». Le débat sur la grève générale qui agite les congrès syndicaux de 1904 et 1905 leur permet précisément d'affirmer une orientation différente de celle de la social-démocratie. Les syndicats adoptent une attitude hostile à cette pratique, alors qu'au SPD des courants importants s'y rallient (Karl Kautsky, Rosa Luxemburg). Le mouvement syndical allemand, déjà engagé dans une véritable contractualisation des rapports de travail, recherche la signature de conventions collectives, s'emploie à rationaliser la grève, à en faire un instrument de lutte utilisé une fois les possibilités de négociation épuisées.

En Grande-Bretagne, la question de la grève générale est encore moins présente. Pourtant inscrite en filigrane chez les chartistes, dans les écrits de Robert Owen [37], elle ne suscite pas de débats, même si, à partir de 1910, le syndicalisme révolutionnaire (*syndicalism*) connaît une poussée éphémère. Dans un pays où le syndicat est le fondateur du Parti travailliste qui lui fournit un relais efficace pour peser en faveur du vote de lois sociales, la grève est un simple moyen d'action parmi d'autres.

En France, il faut attendre la Grande Guerre et ses lendemains pour voir s'effondrer la dimension quasi magique qui lui
est parfois conférée. Le glas sonne avec l'éclatement du conflit
mondial qu'une grève générale internationale qui n'a pas eu lieu
devait empêcher, puis avec l'échec de la tentative d'élargissement
du mouvement des cheminots de 1920. La grève perd son statut
d'horizon stratégique, auquel est substituée une perspective fonctionnelle ou tactique.

Cette évolution est nettement perceptible dans l'entre-deux-
guerres où, après la scission de 1921, dominent deux grandes centrales : la CGT et la CGTU liée au PCF. Si leur perception des
conflits du travail, de leur nécessité, de leur utilité ou de leur but
diffère, ni l'une ni l'autre ne font plus d'eux un instrument autonome aux mains des ouvriers pour atteindre la transformation
sociale. Pour la CGT, l'horizon est désormais strictement fonctionnel. Le fond de la pensée confédérée est parfaitement illustré
par l'intervention du secrétaire de la Fédération des cuirs et
peaux, Roux, au congrès de 1927 :

« J'appartiens à une Fédération où on n'a pas peur des grèves,
des conflits, mais quand par la puissance et par l'autorité des
Fédérations, des syndicats et de la CGT, nous sommes capables de
faire donner aux camarades le maximum de résultats, il est inutile
de les jeter à l'aventure, car l'on sait toujours le jour où a éclaté
la grève, on ne sait jamais le jour où elle se terminera [38]. »

La grève est un ultime recours, un « signal d'alarme [39] » qui ne
doit être actionné que si la négociation est infructueuse.

Du côté de la CGTU, la grève n'est pas considérée comme
un moyen ultime, mais comme une arme à part entière qui peut
aller au-delà de la simple satisfaction de revendications économiques. La direction unitaire initie en effet, de concert avec le
PCF, des grèves à caractère politique [40]. À la fin des années 1920,
cette dimension s'impose clairement au sein de cette confédération, comme l'indique la résolution sur les grèves du congrès de
1929 :

« Dans son développement, la grève devient inévitablement
une lutte politique mettant aux prises les ouvriers et la trinité :
patronale, gouvernementale et réformiste, démontrant la nécessité
d'une lutte impitoyable débordant le cadre corporatif [...].

Il faut absolument condamner la conception erronée de l'action sur le plan économique des ouvriers, limitée aux questions purement corporatives [41]... »

Au fond, par sa volonté proclamée d'extension du conflit au champ politique, la direction unitaire s'inscrit dans une certaine mesure dans l'héritage idéologique du syndicalisme d'action directe. Mais avec la différence majeure d'ériger la grève en vecteur de diffusion et d'appui à des revendications ou des objectifs partisans, non en outil autonome d'intervention ouvrière. Pourtant, cette déclaration ne doit pas masquer la réalité du terrain social. Les militants de la CGTU soutiennent en effet les revendications économiques ponctuelles, répugnent souvent à instrumentaliser la grève et à relayer les slogans politiques. Ainsi, à l'occasion du quinzième anniversaire du déclenchement de la Grande Guerre, le 1er août 1929, « les secrétaires de syndicats se montrent assez réfractaires [42] » au mot d'ordre de grève lancé sur injonction de l'IC par le PCF et la CGTU ; l'échec de cette journée tient notamment au fait que les « sections syndicales ont cédé de plus en plus à la tendance de transmettre passivement les mots d'ordre d'action émanant du sommet, sans aider leur application de leurs initiatives personnelles [43] ». Quoi qu'il en soit, la grève n'est plus, dans le discours et l'imaginaire du syndicalisme, une pratique susceptible de provoquer l'accouchement d'une nouvelle société. Qu'elle se cantonne aux revendications sociales ou qu'elle permette d'appuyer une stratégie politique, son horizon est désormais tout fonctionnel.

Au cours de son troisième âge, cette situation perdure et s'approfondit. La grève s'est définitivement éloignée du « grand soir ». À intervalles réguliers, au cours des Trente Glorieuses en particulier, des potentialités extra-professionnelles sont certes encore accordées à l'action revendicative. Ainsi lorsque la CGT en fait l'instrument de combats politiques menés de concert avec le PCF, en particulier pendant la « guerre froide [44] ». Ou, dans un autre registre, quand des responsables de la CFDT naissante écrivent en 1965 que les mouvements revendicatifs doivent faire prendre conscience aux salariés des « conditions politiques de l'aboutissement de leurs revendications [45] », tandis que la confédération proclame, au début des années 1970, que son action « vise à la fois la satisfaction des revendications, la lutte contre le capitalisme, la construction d'une société socialiste, démocratique et autogestionnaire [46] ». Mais dans ces différentes situations, la grève n'est qu'un moyen parmi d'autres, un moment au milieu de nombreux autres, susceptible de faire avancer les choix de société portés par ces organisations ; elle n'est pas chargée d'en provoquer le succès.

La crise économique, le recul de l'activité gréviste, les pratiques syndicales contribuent à renforcer la perception fonctionnelle, en quelque sorte utilitariste des conflits du travail ; ils ne relèvent plus du domaine de l'utopie. Leur caractère désormais, somme toute, ordinaire s'expose plus nettement, ils ne sont plus un moyen autant privilégié de l'action syndicale. Cette position est exprimée de manière appuyée par la CFDT au milieu des années 1980. Quelque temps après la mise en place des lois Auroux de 1982 dont elle est l'une des grandes inspiratrices, la centrale affirme, par la voix de son premier dirigeant Edmond Maire, que « la vieille mythologie selon laquelle l'action syndicale, c'est (seulement) la grève, cette mythologie a vécu [47] », car elle doit intervenir simplement « quand les syndicats ont épuisé leur rôle d'intermédiaires, de négociateurs. Elle résulte d'une situation bloquée [48] ». Si ces propos participent sans doute d'un « recentrage » de la CFDT après une décennie 1970 de pratiques plus radicales qui ne rechignent pas « devant la revendication ouverte de l'affrontement [49] », ils constituent au moins autant l'épanouissement d'un discours déjà porté par la CGT des années 1920. Cette conception ne diffère d'ailleurs guère de celle défendue par les autres grandes centrales. Telle FO dont les syndicats « n'hésitent pas à recourir à la grève [...] lorsque tous les autres moyens d'action ont été épuisés [50] », ou la CGT qui « avant de recourir à la grève, qui doit être l'arme ultime [...] prône des expressions collectives qui permettent à la fois une gradation de l'attaque, un processus de mobilisation, tout en minimisant le coût économique pour les salariés [51] ».

Désormais, la grève n'est plus réellement l'objet d'une réflexion, encore moins le cœur d'un discours ; elle est une pratique intériorisée dont la mise en œuvre doit être maîtrisée, encadrée et limitée. Même un mouvement de la fin du XXᵉ siècle comme celui des syndicats SUD, né d'une opposition interne à la CFDT et volontiers engagé dans une contestation globale qui ne se refuse pas à investir le champ de la cité, ne fait pas de la grève en tant que telle autre chose qu'un instrument de la revendication sociale [52]. Sans doute la pensée syndicale commune pourrait-elle rejoindre la réflexion selon laquelle, s'« il n'est pas question de cultiver le mythe de la grève [...] la grève est encore aujourd'hui le seul moyen d'expression pour de nombreux salariés privés de représentation et/ou du droit de négocier leurs conditions d'emploi, de travail et leurs garanties sociales [53] ».

Au fond, la parole syndicale, avec un temps de décalage, accompagne l'évolution du statut des conflits du travail dans les sociétés industrielles et salariales. Dans son premier âge et jusqu'aux années 1870, la grève, peu présente dans la réalité sociale, influence peu le discours et la théorie syndicalistes qui tendent plutôt à refouler son usage. Inscrite comme un fait social au cours de son deuxième âge, elle occupe une place centrale dans l'imaginaire révolutionnaire d'un mouvement syndical qui s'empare d'elle pour l'ériger en instrument d'accouchement du monde nouveau. Enfin, banalisée puis institutionnalisée, parallèlement au syndicalisme lui-même, la grève perd son statut stratégique pour devenir l'outil fonctionnel d'un salariat en quête de régulation sociale.

Un facteur de rationalisation et d'institutionnalisation de la grève

La grève est par essence une opposition à un ordre économique, productif et de pouvoir ; elle porte donc en elle un potentiel subversif sur lequel, on l'a vu, le mouvement syndical a pendant un temps fortement porté l'accent. Il ne faut cependant pas s'arrêter à la seule substance du discours. La pratique montre en effet que les postures développées par les syndicats, eux-mêmes influencés par les évolutions de la société et du monde ouvrier, mènent la grève sur le chemin de la rationalisation, puis de l'institutionnalisation.

Au XIXe siècle et jusque dans l'entre-deux-guerres, les organisations ouvrières favorisent d'une manière progressivement accentuée la rationalisation des conflits du travail ; ils écartent d'eux les caractères qui pourraient les rapprocher d'une échappée belle éruptive, pour ne retenir que les moyens susceptibles de rapprocher efficacement les grévistes de la satisfaction de leurs revendications immédiates. La force du mythe de la grève générale freine certainement cette évolution mais ne l'empêche pas. Cette rationalisation ouvre elle-même ensuite la voie à l'inscription des conflits du travail dans un système de régulation des relations sociales.

Dès les premières décennies du xix⁰ siècle, la présence d'une organisation ouvrière est un élément qui contribue à rendre la pratique gréviste plus rationnelle, moins bouillonnante. Au temps de la grève illicite, lorsque le monde ouvrier est encore peu structuré, étroitement surveillé, socialement marginalisé, les conflits du travail prennent certes plus volontiers que par la suite des traits agités. Mais déjà, « les mouvements les moins violents et les plus cohérents furent tout naturellement conduits par des associations préexistantes à la grève [54] ». Elles s'attachent à exclure des conduites ouvrières des attitudes susceptibles d'attirer l'intervention hostile des autorités, ou de jeter le discrédit sur une profession. En 1833 par exemple, les tailleurs parisiens publient dans *La Tribune* une note au ton comminatoire :

« Nous répudions ceux des ouvriers qui se seraient livrés à des voies de fait indignes de tout homme d'honneur, nous les renions et déclarons que le Comité auquel nous appartenons veut agir loyalement et pour ainsi dire légalement [55]. »

Il est vrai que les organisations ouvrières contribuent à maintenir la grève dans des limites susceptibles de modérer la réaction des pouvoirs publics [56]. Leur attitude concourt sans doute aussi à modifier celle des élites politiques à son égard. Pour le père de la loi de 1884, Waldeck-Rousseau :

« Les syndicats ne font pas seulement les grèves, ils les régularisent, les disciplinent [57]. »

Ce propos paraît empreint d'un certain optimisme à un moment où ne tarde pas à s'imposer le syndicalisme d'action directe concentré, dans son discours, sur la réalisation de la grève générale. Pourtant, même dans les dernières années du xix⁰ siècle, quand la CGT semble placer toutes ses forces dans la réalisation de ce Graal du syndicalisme fin de siècle, la pratique montre que les grèves partielles ne sont pas écartées et que la grève générale n'est pas autant que le portent les mots un horizon indépassable. Peut-être a-t-elle alors la fonction de mythe que lui applique Georges Sorel : la force de sa représentation offre des capacités de mobilisation qui n'impliquent pas nécessairement son accomplissement [58]. Une illustration significative est fournie par les syndicalistes du bâtiment, fers de lance de l'action directe, dont certains jugent, à l'automne 1899, le moment venu de déclencher une grève générale. Des discussions s'engagent, et ce projet est abandonné. Les arguments des terrassiers, une des corporations les plus turbulentes, sont révélateurs :

« Chevalier dit qu'il est opposé à la grève générale ; en ce moment de crise, il ne veut pas entraîner les terrassiers dans un mouvement où ils n'auraient que des coups à recevoir.

Gaillot croit qu'il vaut mieux forcer les patrons à payer les prix de séries imposés par la Ville de Paris [...] que de faire la grève générale, qui n'amènerait aucun résultat pratique [59]. »

Le caractère fonctionnel qui prépare l'institutionnalisation des conflits est d'une certaine manière inscrit en filigrane dans ces propos tout de modération empirique. Visiblement soucieux de l'état de la conjoncture, conscients des rapports de force et de la réalité des aspirations et des pratiques ouvrières, ces militants laissent de côté la réalisation de la grève générale pour lui préférer des actions susceptibles d'apporter une amélioration immédiate du quotidien.

De l'orée du XXe siècle à la Grande Guerre, le syndicalisme d'action directe fait ouvertement de la grève, cette fois dans le discours autant que dans l'action, un outil revendicatif destiné à l'amélioration du quotidien ouvrier ; il développe un « *grévisme conscient et volontaire* [60] ». Les syndicats recherchent la signature de conventions collectives, d'ailleurs généralement rejetées par les patrons. Des militants de premier plan préconisent une démarche empreinte du pragmatisme le plus consommé. Péricat, le dirigeant de la Fédération CGT du bâtiment, conseille ainsi aux ouvriers, à propos de la revendication des huit heures :

« Nous croyons devoir tenir compte des aspirations immédiates de notre milieu et nous estimons qu'il nous faut agir méthodiquement, par étapes, en tenant compte des conditions de travail dans les différentes régions.

Il serait dangereux de dire aux organisations : "Demain vous devez prendre les huit heures !" Inlassablement, marchons vers ce but. Pas à pas, arrachons la journée de dix heures là où l'on en fait onze, celle de neuf là où l'on en fait dix, etc. [...]

Graduellement, échelon par échelon, arrachons au patronat des diminutions des heures de travail [61]. »

Ses conseils sont d'ailleurs largement suivis dans l'action revendicative [62]. Dans la pratique, il semble admis que l'objet de la grève n'est pas tant de concrétiser les espoirs d'un changement de société que d'apporter des transformations progressives au moyen d'une démarche qui se veut réaliste.

Des raisons conjoncturelles, d'autres plus structurelles permettent de comprendre ces orientations. Le processus de rationalisation de la grève, certes entamé très tôt, paraît s'imposer plus fortement quand le syndicalisme d'action directe décline, en particulier après l'échec de la « tentative insurrectionnaliste » de Gustave Hervé [63] qui aboutit à la grève sanglante des carriers de Draveil-Villeneuve-Saint-Georges en juillet 1908. Le mouvement syndical, qui ne se voit plus vraiment comme l'instrument révolutionnaire de transformation radicale de la société, se fait résolument plus pragmatique, rejette des pratiques qui se sont révélées inefficaces et coûteuses.

Plus profondément, les évolutions de la société rejaillissent forcément sur les syndicalistes, sensibles aux changements de condition de ceux qu'ils sont censés représenter. Or le monde ouvrier, en ce début de XXᵉ siècle, est en voie d'intégration à la société industrielle : la « condition ouvrière » qui offre des protections et des droits sociaux nouveaux fait ses premiers pas. Dès lors, la recherche des moyens d'une amélioration des conditions de cette intégration prédomine sur la volonté d'un renversement brutal du capitalisme. Si le discours syndical reflète encore inégalement cette tendance, sa pratique s'approfondit en ce sens.

Dans ce contexte, le syndicalisme révolutionnaire contribue, à sa manière, à rationaliser la pratique gréviste, à en faire un simple instrument de lutte utilisé de manière privilégiée pour faire pression sur les employeurs. Dès avant la Grande Guerre est donc engagé le cheminement qui conduit le syndicat et la grève à exercer une fonction de régulation sociale qui, dans la pratique, supplante celle de contestation de la société.

L'entre-deux-guerres approfondit ce sillon. La CGT et la CGTU, idéologiquement opposées, engagées dans des démarches apparemment concurrentes, développent l'une et l'autre des pratiques de confrontation sociale qui font de plus en plus du conflit une modalité de renforcement de l'intégration ouvrière. Les discours sur la grève générale disparaissent, les syndicats encadrent plus souvent les mises en mouvement, contribuent à les pacifier et à les rationaliser [64]. La grève est définitivement devenue un simple moyen d'obtenir des améliorations à l'intérieur d'un monde dans lequel on aspire de plus en plus à s'intégrer. Elle n'est plus ce moyen de rupture radicale qu'au fond elle n'avait jamais été que dans le discours. En outre, une fois l'épreuve de force engagée, les syndicats recherchent la négociation pour tenter d'en abréger la durée, s'attachent à prendre contact avec les patrons ou, parfois, avec les pouvoirs publics. Un exemple frappant, celui des gaziers parisiens qui cessent le travail en août-septembre 1923 pour des augmentations de salaire. À propos des syndicalistes unitaires, à l'origine de ce mouvement, un rapport de police relève, sur un mode quelque peu ironique, qu'ils « n'ont pas craint de fréquenter, aux premiers jours de leur mouvement, les antichambres de M. Maunoury, de M. Gellié, des conseillers municipaux de Paris et des dirigeants de la Société du Gaz, comme de vulgaires réformistes [65] ».

Autre élément témoignant de la rationalisation des conflits du travail, l'adaptation des méthodes de grève aux conditions du moment : dans la première moitié des années 1930 en particulier, alors que l'environnement économique n'est guère propice aux grèves, les débrayages de quelques minutes se multiplient, sous l'impulsion d'organisations syndicales en quête d'efficacité.

La rationalisation de la grève approfondie, la voie est ouverte à son inscription comme mode d'accompagnement conflictuel des relations de travail. Cette dimension prend toute son épaisseur après la Seconde Guerre mondiale. Selon des modalités diverses, les Trente Glorieuses font triompher en Europe occidentale le processus de construction des sociétés salariales qui consacre le syndicalisme et la grève comme acteurs de la régulation sociale.

Le monde du travail est désormais arrimé à une société qui fait du salariat l'élément central d'intégration. Naturellement, cette intégration s'accompagne de celle des structures chargées de défendre et de représenter les salariés. Avec la mise en place des États sociaux, les pouvoirs syndicaux se renforcent, et les organisations de travailleurs ne cessent de s'inscrire davantage, dans la pratique, dans une posture de régulation et de participation aux institutions nées des grandes réformes de l'après-guerre (Sécurité sociale, comités d'entreprise, commissions du Plan, etc.) [66]. Cela fait prendre part « les syndicats à des fonctions économiques ou sociales de l'État ou à les impliquer directement dans la gestion d'institutions collectives : [elle] les consacre dans un rôle institutionnel [67] ». Au fond, sous des modes différents, selon des chronologies et des cheminements variés, avec des blocages et des tensions plus ou moins forts, une forme de « cogestion » s'installe en Europe occidentale. Relativement harmonieuse au nord-ouest du continent, elle est nettement plus conflictuelle en France et dans l'Europe méditerranéenne. Car la participation à la gestion du social ne signifie pas le renoncement à un rôle de contre-pouvoir qui, s'il est contrôlé et encadré, concourt au fonctionnement de la société. Comme l'écrit A. Touraine pour traduire cette double dimension, « le mouvement ouvrier manifeste les exigences du sujet historique dans la civilisation industrielle : il est orienté vers le développement économique et la démocratie sociale, vers la création et vers le contrôle par les travailleurs de leur travail. À ce titre, il joue un rôle politique et intervient dans la distribution et l'usage du pouvoir économique. En deuxième lieu, et dans la mesure où son influence est reconnue, il entre en contestation et en négociation avec les employeurs et leurs représentants pour améliorer la situation des travailleurs[68]... ».

Ce mouvement d'intégration du monde du travail, de ses instances représentatives, s'accompagne de celle de ses moyens de lutte. Légitimée par la Constitution, la grève est encadrée, orientée vers la recherche du compromis par la négociation[69]. Ainsi, le syndicalisme comme structure et la grève comme moyen d'action historique, s'ils s'inscrivent par nature dans le registre de la contestation, deviennent pleinement des éléments de régulation conflictuelle des rapports sociaux qui participent, pour une part, à la consolidation des sociétés en voie de tertiarisation. Des méthodes revendicatives en expansion, telle la journée d'action, sont, au moins autant que des épisodes de la confrontation sociale, des modes de pression, des démonstrations de force destinées à ouvrir, accélérer ou peser sur des négociations, et non l'étincelle détonatrice d'un affrontement brutal. Le mouvement social s'inscrit progressivement dans une posture de compromis qui contribue à la dynamique des changements engendrés par les Trente Glorieuses : elle concourt à en réduire les effets trop brusques, peut en améliorer la distribution des bénéfices et permet ainsi, indirectement, de les rendre acceptables. La revendication salariale, mise en avant par la plupart des syndicats, concrétise une transaction qui appuie les transformations de l'appareil de production : sa modernisation se produit en contrepartie d'une hausse des revenus qui sert de manière d'échange, de redistribution légitime des gains de productivité et d'exutoire rationnel de la contestation[70]. Au travers du mode de régulation fordien, le syndicat devient, dans la pratique, le garant d'une répartition plus harmonieuse des fruits de la croissance plus qu'un élément de mise en cause radicale du système. Il est plus que jamais porteur de revendications sociales qui ne cherchent pas réellement à plonger en profondeur dans le champ politique. En mai 1968, c'est aux différentes condéférations que le pouvoir gaulliste ébranlé fait appel pour négocier un apaisement, et, au fond, « la cogestion de la crise avec les syndicats, proposée par le Premier ministre, a échoué de par la volonté des grévistes » réticents face au compromis de Grenelle, non en raison de celle de leurs organisations[71]. Et pour expliquer son accord avec le dépôt d'un projet de loi sur le droit syndical dans l'entreprise, le Premier ministre Georges Pompidou avance que « le gouvernement est convaincu qu'un encadrement de la classe ouvrière par les syndicats est utile à la bonne marche d'une entreprise[72] ».

Globalement, c'est dans la configuration tracée au cours des Trente Glorieuses que vivent ensuite pour une large part les organisations de salariés dans leur action revendicative. Et d'une certaine manière, avec les lois Auroux de 1982 qui « étendent les droits syndicaux, autorisent l'expression des travailleurs et imposent la négociation dans l'entreprise [...] l'institutionnalisation du syndicalisme [...] s'accélère[73] ». Les luttes pour la défense de l'emploi, contre les licenciements, les protestations grandissantes contre la précarité des contrats de travail marquent une volonté de préserver les acquis de la construction des sociétés salariales et des États sociaux. En un sens, après s'être inscrits en acteurs garants d'une distribution moins inégalitaire du produit de la croissance, les syndicats sont devenus, dans l'action, un rempart pragmatique contre les conséquences multiples de la crise sur les conditions de travail. Pour cela, des modes de pression régulatoires adaptés aux conditions socio-économiques prennent de l'ampleur, tels les débrayages. Et depuis une dizaine d'années, en particulier en matière de différends liés à l'emploi, les syndicats utilisent de manière accrue l'arsenal des lois sociales[74]. En somme, à l'institutionnalisation du conflit répond l'ajustement et la diversification de ses modalités. Au fond, en contribuant à faire de la grève un mode d'accompagnement ordinaire des rapports sociaux, les organisations de salariés ont également participé à lui ôter le caractère quasi hégémonique qu'elle occupait dans le règlement des différends collectifs. Comme le stipule l'article premier des statuts adoptés par la CGT en décembre 1995, « l'action syndicale [revêt] des formes diverses pouvant aller jusqu'à la grève ». Bref, longtemps condition de l'action, celle-ci est désormais l'une de ses multiples facettes.

Au terme de ce panorama des rapports entre la grève et le syndicalisme, l'histoire et les évolutions de l'une et de l'autre apparaissent étroitement mêlées, se répondent. Au XIXᵉ siècle, la grève est fréquemment fondatrice de l'organisation, avant d'offrir, au moment où elle irrigue la société industrielle, un horizon stratégique à un syndicalisme porteur d'une forme de projet politique. En retour, le syndicalisme s'empare de la grève, contribue à sa fonctionnalisation puis à son institutionnalisation comme acteur de la régulation des rapports sociaux. L'enracinement, l'intégration des modes de contestation du monde du travail et de ses organisations, sous l'effet de la construction des sociétés salariales, renforcent leurs liens et soudent leurs évolutions.

VIII

LE PATRONAT

Aujourd'hui, une grande partie des journées de grève est due aux mouvements déclenchés dans le secteur public. Mais si l'on observe le nombre de conflits, l'entreprise privée demeure un espace crucial de la contestation sociale. Jusqu'aux années 1950, la grève y est pour l'essentiel circonscrite. En outre, c'est là que prend corps ce fait social. Le patronat est donc un acteur central des conflits du travail. Il est à la fois l'adversaire et l'interlocuteur privilégié des grévistes. Pour ces derniers, l'image renvoyée par leurs adversaires change peu : ventripotents, profiteurs, spéculateurs et rentiers au XIXᵉ siècle [1], les patrons demeurent encore régulièrement, dans l'esprit des grévistes de la fin du XXᵉ siècle, des « corbeaux, vautours et charognards [2] », parfois caricaturés en haut-de-forme, veste sombre et cigare aux lèvres [3].

Les réactions des patrons face aux mouvements revendicatifs se modifient en épousant pour l'essentiel les contours de l'évolution structurelle des conflits du travail et contribuent elles-mêmes à les dessiner. Trois grandes attitudes coexistent en permanence mais diffèrent de forme et d'intensité selon chacun des trois âges de la grève. D'abord, l'attitude des employeurs est surtout empreinte d'une opposition résolue, encouragée par l'interdiction de toute forme de coalition et par une longue intransigeance de l'appareil d'État à l'égard des ouvriers en mouvement. Ensuite, l'installation de la grève au cœur des rapports sociaux les conduit à élaborer des réponses plus complexes, moins univoques,

davantage portées sur la négociation et la reconnaissance d'interlocuteurs choisis par les grévistes, mais aussi sur l'anticipation
des conflits. Enfin, leur institutionnalisation creuse ce sillon, en
portant l'accent sur la conciliation et la prévention.

Résister

L'attitude originelle des patrons face à la grève est de lui faire
échec en refusant toute concession, voire toute discussion. Sur la
longue durée, cette posture prédomine, elle est souvent la réaction immédiate au déclenchement d'un mouvement revendicatif.
Sa forme, son intensité et sa fréquence varient en fonction des
périodes, des secteurs, des régions, du type de patronat ou même
des individus concernés. À la fin du XIXᵉ siècle par exemple, les
chefs des grandes sociétés se montrent plus brutaux et intransi-
geants que ceux des entreprises familiales, un peu plus conci-
liants[4]. On peut cependant discerner des pratiques communément
utilisées par les employeurs dès lors qu'ils cherchent à faire échec
aux griefs du monde du travail.

Avant d'approcher ces pratiques, il faut souligner que les
modes de résistance sont avant tout individuels, en dépit de tentatives de front commun précoces mais somme toute limitées.

Dès le premier âge de la grève, les patrons cherchent parfois
à agir de manière collective, ou tout au moins à se présenter unis
face aux ouvriers en mouvement. Par exemple, sous la monarchie de Juillet, des employeurs s'organisent dans des associations pour répondre à la grève par une position commune qu'un
système d'amende est censé cimenter. En octobre-novembre 1833,
face au mouvement des tailleurs d'habits parisiens, l'association
impose aux patrons qui accepteraient les revendications ouvrières
le versement d'un dédit de 1 000 francs. Ce système est repris la
même année par des associations de layetiers-emballeurs et de
boulangers de la capitale, puis en 1840 par des tailleurs d'habits,
ou encore en 1845 par des charpentiers, toujours à Paris[5]. Mais
ce sont là des cas relativement isolés.

Au deuxième âge des conflits du travail, les réponses collectives sont encore très minoritaires, et les employeurs restent peu
enclins à se structurer. En 1871-1890, 85 % des grèves se déroulent en dehors de toute forme d'organisation patronale[6]. Les initiatives comme celle des compagnies minières du Pas-de-Calais

qui créent, à la fin du XIXᵉ siècle, une caisse de défense antigrèves, sorte de système d'union d'assurance en cas de conflit, demeurent singulières[7]. Des démarches du même ordre sont certes relevées au début du siècle suivant, telle celle de la puissante Union des industries métallurgiques et minières qui assure, au 1er janvier 1908, pour 20 millions de capitaux ; mais le phénomène est loin de se généraliser, puisque, la même année, seules quatre caisses d'assurance sont citées en exemple[8]. Toujours dans la métallurgie, au cours de l'entre-deux-guerres, le patronat parisien s'organise pour lutter contre la grève en pratiquant « la concertation et la liaison permanente pendant les conflits, et d'autre part, la discipline qui impose le recours obligatoire aux instances représentatives et la stricte application des décisions collectives sous peine de se voir infliger des mesures de rétorsion ». Un service de permanence de grève est même créé en 1922 ; il rassemble une documentation sur les mouvements en cours[9]. Mais là encore, l'existence d'un dispositif aussi structuré n'est pas la situation la plus fréquente dans un milieu qui, historiquement, peine à s'organiser efficacement[10].

Au troisième âge de la grève, des pratiques collectives de résistance patronale existent également, telles l'organisation de caisses de grève ou l'« élaboration de stratégies judiciaires[11] ». Mais ces initiatives ne constituent cependant toujours pas une règle ; la grève est d'abord gérée au sein de l'établissement. Il faut dire que même si les mouvements généralisés, au niveau national ou professionnel, se développent, la grande masse des conflits du travail se déroule au sein d'une seule entreprise.

Mais qu'elle soit collective ou, le plus souvent, individuelle, la volonté de résistance patronale passe, sur la longue durée, par quatre grands moyens : l'appel à la répression étatique ; les tentatives d'intimidation ; la recherche d'une main-d'œuvre pour poursuivre la production ; le lock-out.

L'APPEL AUX AUTORITÉS

L'appel à l'intervention répressive des pouvoirs publics apparaît particulièrement fort au cours du premier âge de la grève ; elle peut d'ailleurs sembler d'autant plus légitime aux patrons que les coalitions sont interdites depuis la loi Le Chapelier. Ils attendent alors de l'État qu'il joue son rôle de garant d'une législation qui leur confère un avantage décisif. Ainsi, sous la monarchie du

Juillet, « nombre de grèves furent signalées à la police ou au parquet par une plainte patronale », comme lorsque, le 15 juin 1845, la chambre syndicale des patrons charpentiers parisiens adresse un mémoire au préfet de police, pour dénoncer la coalition ouvrière et lui communiquer les noms de 73 « meneurs [12] ».

Le vote de la loi de mai 1864, qui organise la tolérance de la grève, ôte en partie des mains des employeurs une arme majeure. Certes, la pratique gréviste est strictement encadrée, et nombre d'ouvriers continuent d'être poursuivis pour des « atteintes à la liberté du travail » ; il n'en demeure pas moins que pour les patrons, il est plus malaisé, puisque juridiquement illégitime, de se prévaloir auprès des autorités d'une simple cessation de la production pour motiver leur intervention. D'ailleurs, la réaction patronale est parfois inquiète, comme l'illustre un rapport de la chambre de commerce de Rouen qui présente ainsi la situation quelques mois après l'adoption de la loi :

« À son apparition, elle a donné un ébranlement général aux conditions centenaires qui réglaient les rapports des travailleurs ; des prétentions exagérées ou justifiées se manifestent de tous côtés [13]. »

Mais la recherche d'une action coercitive de l'appareil étatique se prolonge. Son appui continue d'être fréquemment réclamé pour faire échec à la pratique du débauchage et garantir la « liberté du travail ». C'est en effet en arguant de la nécessité d'assurer aux non-grévistes l'accès aux lieux de production que le concours de l'État est sollicité. Les exemples sont pléthore de ces patrons qui, à l'instar de l'entrepreneur du bâtiment aixois Delmas, écrivent au préfet en 1913 pour lui demander d'assurer la « sécurité de notre personnel [...] contre toutes attaques des grévistes [14] ». Souvent encore, comme l'écrit un préfet quelque peu excédé lors de la grève des tisseurs de Saint-Quentin de 1886, « les patrons [...] ne se préoccupent de nous que pour nous demander des forces pour les protéger [15]... ». Jusque dans l'entre-deux-guerres, d'ailleurs régulièrement ces dernières s'y emploient [16].

Outre le désir de susciter la réaction des pouvoirs publics, sans doute perçus d'une certaine manière comme des alliés objectifs puisque gardiens de l'ordre, les patrons qui les interpellent rejettent sur eux la responsabilité du désordre. Au moment de la vague de grèves avec occupations du Front populaire, des employeurs écrivent ainsi au préfet des Ardennes :

« Monsieur le Préfet : nous avons l'honneur de vous faire connaître qu'à la date du 9 juin, nos usines ont été occupées [...]. Dès maintenant une plainte a été adressée par nos soins au procureur de la République contre les auteurs des faits ci-dessus exposés. Nous déclarons réserver le droit pour notre société, au cas où des dommages lui seraient causés, d'intenter contre la commune l'action civile prévue par la loi[17]... »

En somme, aux yeux de ces industriels, si l'État n'intervient pas pour protéger la propriété ou la « liberté du travail », il faillit gravement à sa mission.

La grève institutionnalisée modifie en partie les postures de ses acteurs. Elle renforce sa légitimité, les actes de violence s'estompent, la négociation prend de l'ampleur, et les pouvoirs publics se révèlent moins enclins à intervenir de manière coercitive dans les différends entre employeurs et salariés. À mesure que l'État social se cristallise, son intervention directe se produit plus volontiers dans le champ de la médiation. Des directions d'entreprise continuent certes d'en appeler au concours des forces de l'ordre, telle celle de Pennaroya à Lyon qui, au début de l'année 1972, réclame une surveillance policière de son usine[18]. Mais de plus en plus souvent, c'est par des recours judiciaires que les employeurs cherchent à obtenir l'utilisation de la force publique pour, par exemple, débloquer l'accès aux lieux de travail interdits par des piquets de grève, faire évacuer des locaux occupés ou mettre fin à des tentatives de séquestration. Mais en ce troisième âge des conflits du travail, en particulier dans les dernières décennies, les autorités administratives hésitent à paraître adopter une posture répressive[19].

On l'aura compris, l'appel à l'État représente un outil de moins en moins efficace pour les employeurs décidés à s'opposer aux mouvements revendicatifs. Cette tendance de fond nécessite pour eux l'utilisation d'autres moyens, parmi lesquels les tentatives de pression occupent une place essentielle.

L'INTIMIDATION

Dans leur volonté de résistance aux conflits du travail, les patrons usent le plus souvent sur les grévistes de moyens de pression, d'intimidation en mesure de précipiter une reprise de la production. La panoplie comprend divers aspects. Mais l'un d'entre eux est privilégié tant que la loi et la jurisprudence en matière de grève présentent des déséquilibres favorables aux employeurs et susceptibles de constituer une arme redoutable entre leurs mains. Ainsi, la grève est considérée, jusqu'à la Seconde Guerre mondiale, comme une rupture du contrat de travail. Dans ce contexte, les employeurs disposent d'un mode de pression majeur : celui sur l'emploi. Déserter l'usine, la mine ou le chantier comporte le risque d'être congédié ou non repris sans recours possible. À partir du moment où les patrons ne peuvent plus se prévaloir de l'illégalité de la grève, ils usent d'autant plus volontiers de cette menace. Dès les années 1871-1890, la cessation du travail est parfois suivie d'un « préavis de renvoi [...]. Le délai imparti se réduit ordinairement à 24 ou 48 heures [20] ». Cette pression est particulièrement efficace quand la vie quotidienne des ouvriers et de leur famille dépend de l'entreprise. Perdre son emploi signifie alors renoncer aux avantages essentiels qui s'y rattachent. C'est le cas par exemple dans les cités minières. À Nœux-les-Mines en 1877, la compagnie « a fait des démarches et même des menaces aux mineurs qui sont attachés au sol [21] », tout en renvoyant des écoles les enfants des grévistes. Au cours de la même période, une verrerie lyonnaise demande à ses ouvriers « de remettre les clefs de l'appartement en se faisant régler ou d'avoir à verser une retenue de 18 F sur leur salaire [22] ».

Pour marquer leur détermination, leur refus de transiger, des patrons annoncent même leur licenciement immédiat aux ouvriers qui viennent d'arrêter le travail. Dans le bâtiment parisien des années 1898-1913, cette réaction apparaît dans près de 15 % des conflits [23].

Au cours de l'entre-deux-guerres se généralise la pratique de la lettre individuelle envoyée aux ouvriers en grève. Il en existe trois grands types. Les plus répandues mettent en demeure les grévistes de retourner à leur poste sous peine de licenciement. Voici un maroquinier parisien qui, le 29 août 1923, envoie à ses ouvriers « une lettre recommandée leur enjoignant de reprendre le travail lundi matin, faute de quoi ils seraient considérés comme ne faisant plus partie du personnel [24] ». Dans le même ordre d'idée, en avril 1924, lors du mouvement des cuvistes de l'usine de L'Argentière (Hautes-Alpes) de l'entreprise AFC, le directeur envoie des lettres recommandées intimant aux grévistes l'ordre de reprendre le travail. Puis des affiches menacent de licenciement ceux qui poursuivraient le conflit ; une dizaine d'entre eux sont d'ailleurs congédiés [25].

Autre type de lettres, celles où la mise en demeure est contre-balancée par la promesse d'améliorations des conditions de travail ou par l'assurance qu'aucune sanction ne sera prise. Mais presque toujours, la menace d'un renvoi reste présente, et la reprise de la production est ordinairement considérée comme une condition incontournable. Ce mélange d'intimidation et de conciliation est parfaitement bien illustré par cet extrait d'une lettre envoyée, début février 1929, à des tôliers et ferreurs de chez Citroën :

« Lors des entrevues avec vos représentants, nous leur avons fait savoir qu'il était impossible d'envisager une augmentation automatique et générale des salaires [...].

Nous avons donc décidé [...] d'examiner chaque cas particulier et de procéder, ÉVENTUELLEMENT à une révision des conditions et prix de travail, au mieux des intérêts de chacun [...].

Nous vous avisons que si lundi matin à 7 h 45 vous n'avez pas repris le travail, vous serez considéré comme démissionnaire [26]. »

Le troisième type de lettres informe purement et simplement les grévistes de leur licenciement pour fait de grève, sans mise en demeure. Ainsi, au cours du mouvement des cartonniers parisiens de février-mars 1920, les patrons de la profession adressent une « lettre recommandée aux grévistes pour les informer qu'ils les considèrent comme ne faisant plus partie de leur personnel [27] ».

Les ouvriers étrangers font face à une pression supplémentaire, puisque pèse sur eux le risque d'un renvoi vers leur pays d'origine. Au printemps et à l'été 1934 par exemple, plusieurs dizaines de mineurs polonais du Pas-de-Calais font l'objet d'un arrêté d'expulsion [28]. Ce risque potentiel peut être utilisé pour inciter les étrangers à rejoindre leur poste de travail. Ainsi, en novembre-décembre 1935, lors d'un conflit dans la confection parisienne, l'entreprise « envoie chez les grévistes immigrés un individu se disant inspecteur de police, qui les menace d'expulsion s'ils ne reprennent pas le travail [29]... ».

Au troisième âge de la grève, la pratique des courriers adressés aux grévistes perdure. Les représentants de l'État-patron ne sont d'ailleurs pas en reste, comme en témoigne le courrier reçu par 200 OS de Renault-Flins en avril 1973, cocktail d'intimidation et de volonté de fissurer le groupe gréviste :

« Notre direction générale [...] a décidé de s'en tenir aux cas de violences les plus extrêmes et de ne retenir que vingt-cinq dossiers de licenciement. Votre cas ne figure pas dans ces vingt-cinq dossiers. Il vous appartiendra donc de nous montrer [...] en assurant normalement votre travail, qu'il nous est possible de ne pas donner suite à l'étude de votre dossier[30]. »

Une dizaine d'années plus tard, en 1984, lors du conflit de la SMTU de Montpellier, le directeur envoie une lettre à tous les employés pour les enjoindre à regagner leur poste[31]. Mais le mode de pression, désormais bien moins fréquent, n'est plus tout à fait le même. La grève s'inscrit davantage en pratique de régulation des rapports sociaux de l'univers salarial, et le patronat lui-même est plus enclin à la négociation. De surcroît, l'arrêt de la production ne rompt plus le contrat de travail, retirant ainsi aux employeurs un moyen de pression majeur. Les courriers individuels marquent dès lors une tentative d'ébranler une détermination collective à l'aide d'arguments censés démontrer l'irresponsabilité de la grève ou l'impossibilité dans laquelle se trouve l'entreprise d'accéder aux demandes de ses salariés. Une manière de persuasion se substitue à l'intimidation. Elle peut passer par des pratiques originales. Ainsi quand le 19 novembre 2001 au matin, quatre jours après le début de la grève des dockers de Marseille et juste après la tenue de l'assemblée générale organisée par la CGT, la direction du port convoque les salariés, par tract, pour leur dispenser « une information équilibrée et directe ». Au cours de cette contre-assemblée générale, on « vit même le directeur des bassins ouest, debout sur le toit d'une voiture, haranguer les personnels[32] ».

Mais des méthodes plus radicales et plus directes que les tentatives de pression ou d'intimidation sont parfois employées. L'objectif poursuivi est alors de maintenir l'activité productive que la grève a précisément pour objet d'entraver.

LA RECHERCHE D'UNE MAIN-D'ŒUVRE DE SUBSTITUTION

Quand les employeurs se refusent à satisfaire les revendications de leur personnel et que le mouvement dure, la nécessité de maintenir la production, réduite ou suspendue par la grève, s'impose. La question se pose assez peu au cours du premier âge des conflits : la coalition est illicite, et le travail suspendu pour un temps court. En revanche, au deuxième âge de la grève, celle-ci atteint sa plus grande âpreté, et sa durée s'allonge. Dès lors, les employeurs s'activent pour assurer un fonctionnement aussi normal que possible de l'usine. La manière la plus élémentaire et la plus directe consiste à embaucher de nouveaux ouvriers. Alors que la grève est juridiquement tolérée mais considérée comme une rupture du contrat de travail, il est permis aux employeurs de recruter du personnel, soit le temps du conflit, soit durablement, en procédant au remplacement définitif des grévistes.

De multiples moyens sont utilisés pour trouver cette main-d'œuvre de substitution. Au XIXᵉ siècle en particulier, il existe une multitude de catégories, plus ou moins défavorisées par rapport au monde industriel naissant, qui remplacent assez volontiers les ouvriers en grève. Ainsi les « provinciaux, étrangers, migrants saisonniers âpres au gain, manœuvres, femmes, ouvriers ruraux du plat pays, obscurément heureux de se venger des usiniers, travailleurs à domicile : ces bataillons classiques de l'armée industrielle de réserve, toujours grévistes réticents, fournissent les briseurs de grève[33] ». Les conjonctures économiques difficiles, porteuses de chômage et de ralentissement de la production, à un moment où la protection sociale est inexistante, facilitent en outre la tâche des patrons désireux d'embaucher.

Par la suite, face à un monde du travail mieux organisé, davantage rompu à la pratique gréviste, les employeurs usent de méthodes plus variées, parfois plus sophistiquées pour trouver une nouvelle main-d'œuvre. Des officines opposées au mouvement ouvrier s'emploient quelquefois à fournir le personnel nécessaire. Elles fleurissent dans l'entre-deux-guerres sous le nom révélateur d'« Union civique » ou de « Liberté du travail ». En août-octobre 1920, la dernière nommée recrute des ouvriers pour les patrons terrassiers parisiens[34]. Quatre ans plus tard, toujours dans la capitale, on peut lire à propos de la grève des balayeurs :

« Rares sont les camions qui sortent de leur dépôt.

On en a vu, néanmoins, quelques-uns hier et chacun admirait la belle tenue du conducteur.

C'était d'ordinaire un élégant jeune homme flanqué d'un agent en tenue. D'où venait-il ? Ne cherchez pas. Il venait directement de l'"Union civique"[35]. »

Les syndicats « jaunes », souvent créés à l'instigation du patronat, offrent eux aussi une main-d'œuvre de substitution.

Ainsi l'Union des syndicats réformistes de la rue Bonaparte qui fournit des équipes pour remplacer des cimentiers parisiens en grève début avril 1922 [36], puis, en juillet-août 1926, des débardeurs du bassin de La Villette [37].

Mais le plus souvent, ce sont les patrons eux-mêmes qui s'occupent de trouver de nouveaux ouvriers. Une assez large panoplie de moyens est utilisée, depuis les annonces publiées dans la presse [38] jusqu'à l'envoi de lettres de proposition d'embauche à des ouvriers de la même corporation que les grévistes [39], en passant par des recrutements effectués en dehors de la localité touchée par la grève, comme le font les patrons du bâtiment de La Roche-sur-Yon (Vendée) en 1895 [40]. À Paris, on enrôle parfois en province, comme pendant la grève des abattoirs de La Villette et de Vaugirard en novembre-décembre 1928 :

« Les commissionnaires demandèrent alors aux expéditeurs de province d'envoyer des commis pour convoyer les wagons et effectuer le débarquement. Et, hier matin, une cinquantaine de gars débarquaient ainsi à La Villette [41]. »

De manière plus exceptionnelle, on embauche à l'étranger. Ainsi, lors de la grève générale du bâtiment parisien en 1898, un fonctionnaire de police relève le passage d'un train « en gare de Roubaix, venant de Belgique [...] emportant à Paris cent cinquante ouvriers terrassiers qui vont probablement remplacer des grévistes [42] ». Puis en 1913, alors que les terrassiers des chantiers de construction du métropolitain mènent des grèves tournantes pendant plusieurs mois, « les patrons parisiens sont allés racoler des jaunes en Italie [43] ».

Dans l'entre-deux-guerres, des patrons usent quelquefois de la division syndicale naissante. En mai 1922 à Paris, des lithographes de la CGTU « ont tous été remplacés par des ouvriers réformistes [44] », tandis qu'en janvier 1929 deux entreprises de fabrication de casquettes, touchées par une grève lancée par les unitaires, et qui « s'étaient mises d'accord avec le secrétaire du Syndicat confédéré, ont remplacé ce matin le personnel défaillant, par des ouvriers appartenant à l'organisation confédérée [45] ».

Les pouvoirs publics viennent parfois en aide aux patrons dans leur recherche d'un personnel de remplacement en leur offrant le concours de l'armée, dès lors que des secteurs jugés vitaux sont paralysés, tels ceux des transports, de l'énergie (électricité) ou de l'alimentation (boulangeries) [46] .

Par ailleurs, plutôt que de recruter un personnel de substitution, ou faute de le trouver aisément, des patrons font effectuer le travail hors de leur établissement, brandissant ainsi la « menace si redoutée d'un déplacement des centres de production[47] ». Celle-ci est d'ailleurs exceptionnellement mise à exécution. Voici par exemple ce qu'annonce *Le Temps* du 8 mars 1909 :

« Depuis six mois la grève a éclaté aux ateliers de mégisserie de l'usine Dubiez, à Creissels, près de Millau (Aveyron). L'entente n'ayant pu se faire, M. Dubiez a décidé de transporter son industrie à Choisy-le-Roi. »

Le concours de façonniers est parfois utilisé, comme dans le secteur du textile-vêtement, où le travail à domicile, très présent au XIXᵉ siècle, existe encore entre les deux guerres.

Bien plus rarement, la main-d'œuvre pénitentiaire peut être mise à contribution. Durant le mouvement lancé par les ouvriers parisiens de la casquette à la fin du mois de février 1922, deux patrons « font exécuter par les détenus de la prison de Caen, des casquettes qu'ils paient naturellement à très bas prix et dont ils inondent le marché[48]... ». De la même manière, au cours de la grève qui touche en 1935 l'Imprimerie nationale, le directeur de cet établissement aurait fait réaliser les travaux par des détenus de la maison centrale de Melun[49].

On l'aura compris, les manières de parvenir à se passer des services des ouvriers en grève présentent une variété d'autant plus grande que la litanie des pratiques évoquées n'est nullement exhaustive et se limite aux cas les plus répandus.

Au troisième âge de la grève, le remplacement des grévistes est moins aisé. La jurisprudence qui encadre un droit devenu constitutionnel interdit par exemple aux employeurs d'embaucher du personnel temporaire en cours de conflit[50]. En février 1982, deux ordonnances renforcent l'interdiction de faire appel à du personnel intérimaire ou en contrat à durée déterminée[51]. En revanche, les recours à un personnel de remplacement au moyen de la sous-traitance, de mutations ou de déplacement de la main-d'œuvre interne à l'entreprise sont des options légales parfois utilisées[52]. Ainsi, en 1979, une société de transport touchée par une grève utilise les services d'autres entrepreneurs du secteur qui mettent des salariés à sa disposition ; la justice, saisie de cette affaire, décide par la voix de la Cour de cassation que l'établissement peut disposer librement de ses véhicules[53]. Plus récemment, en novembre 2001, alors que la grève des dockers de Marseille s'achemine vers son règlement, « des cadres qui attendaient devant les portes bloquées des terminaux pétroliers entraient pour opérer les premiers navires [54] ». Environ un mois plus tard, pour entraver la grève appelée par l'ensemble des syndicats du secteur bancaire pour le 2 janvier 2002, premier jour ouvrable du passage à l'euro, « les directions multiplient les pressions pour obtenir l'ouverture des agences dans n'importe quelles conditions, avec des jeunes ou des cadres du siège [55] ».

Les situations évoquées consistent en somme à contourner les conflits du travail en réduisant à néant le moyen de pression initial des salariés en mouvement, la suspension de l'activité. L'affrontement est parfois plus frontal : à la grève ouvrière répond la grève patronale.

LE LOCK-OUT

Méthode de résistance radicale, le lock-out [56] consiste à fermer le lieu de production, donc à renvoyer au moins provisoirement l'ensemble de la main-d'œuvre, gréviste ou non.

Au cours du premier âge de la grève, le lock-out est illicite. La loi Le Chapelier l'interdit au même titre que la coalition ouvrière : son article 2 est applicable non seulement aux « ouvriers et compagnons », mais aussi aux « entrepreneurs, ceux qui ont boutique ouverte ». Il induit cependant une fausse symétrie. En effet, les employeurs n'ont guère besoin de se coaliser puisque la loi interdit aux ouvriers de se mettre en grève ; l'appel aux autorités de l'État pour faire appliquer les textes coercitifs est généralement une menace suffisante pour endiguer la contestation. Cette forme de duplicité est confirmée par la loi d'avril 1803 qui menace de prison les ouvriers revendicatifs et de la seule peine d'amende les patrons en lutte. Et tandis que toute grève peut être punie, la coalition patronale est susceptible de poursuites uniquement si elle a pour objectif un abaissement « injuste » et « abusif » des salaires. Cette différence de traitement entre patrons et ouvriers se retrouve dans le Code pénal de 1810 [57].

Quoi qu'il en soit, le lock-out est très rarement utilisé dans la première moitié du xixe siècle [58]. Son usage se dessine en France à la fin du Second Empire et trouve réellement sa place dans la panoplie de résistance patronale à partir de la fin du xixe siècle, dans les années 1880-1883. La grève se diffuse, le monde ouvrier s'organise pour accroître ses capacités de contestation, alors qu'un système de relations professionnelles porteur d'apaisement n'est pas encore institué. Le lock-out est donc une pratique d'opposition inhérente à la période d'inscription de la grève comme « fait social », ce moment où les différends sont les plus longs et les plus âpres. Du crépuscule du XIXe siècle à la Seconde Guerre mondiale, la fermeture du lieu de travail connaît une certaine montée en puissance. Au cours des décennies 1870-1880, le lock-out est appliqué dans 3,1 % des conflits[59] ; au tournant des XIXe-XXe siècles, son utilisation semble assez rare mais connaît un regain dans les années qui précèdent la Grande Guerre[60] ; l'entre-deux-guerres paraît creuser cette tendance, puisque dans le Paris de 1919-1935, il répond à plus de 6 % des grèves ouvrières[61]. Malgré tout, le lock-out demeure une pratique marginale d'un patronat français modérément organisé qui l'utilise dans une bien moindre mesure que les employeurs anglais ou allemands[62]. Et même s'il peut se révéler efficace, il modifie somme toute modérément l'issue des grèves et risque de rencontrer l'impopularité de l'opinion[63].

Sur la longue durée, ses conditions d'utilisation connaissent à la fois des continuités et des changements. Jusqu'à la Grande Guerre, le lock-out s'inscrit, dans l'esprit des patrons, « en représailles, voire en dernier recours, contre des formes d'organisation, des modes d'action qu'il estime particulièrement nocifs et intolérables[64] », telles les grèves tournantes. Ainsi en 1871-1890, près de 30 % des lock-out sont déclenchés pour s'opposer à ces dernières[65]. Il en va de même dans le bâtiment parisien des premières années du XXe siècle[66]. Cet aspect défensif demeure fortement présent par la suite, mais entre les deux guerres, le lock-out peut prendre un visage plus offensif. Certains patrons combatifs ou bien organisés l'emploient comme une riposte presque immédiate destinée à montrer leur volonté de résistance et mettre ainsi un terme rapide au conflit. Cet état d'esprit est bien rendu par une affiche placardée en avril 1920 sur les ateliers et magasins des cordonniers, deux jours après le déclenchement d'une grève :

« Le Syndicat ouvrier [...] a voté la grève générale ; devant cette mesure la Chambre Syndicale des Chausseurs de Paris se voit dans l'obligation de décréter la fermeture des maisons des bottiers travaillant sur commande[67]. »

Quelques années plus tard, en février 1925, le déclenchement du mouvement des ouvriers d'une équipe d'électrolyse de l'usine AFC de La Praz (Maurienne) est suivi d'un lock-out et du licenciement immédiat des meneurs [68].

En d'autres occasions certes plus rares, c'est par solidarité avec leurs collègues que certains patrons prennent la décision de fermer leur établissement. Ainsi, à Paris en novembre 1922, une entreprise de maroquinerie est touchée par un mouvement de grève. Au début du mois suivant, six autres directeurs d'établissements de la même corporation décident de déclencher un lock-out « au cas où le travail ne serait pas repris lundi, 11 courant, par les ouvriers de la maison Bourson » ; le jour dit, cette mesure est appliquée [69].

Après la Seconde Guerre mondiale, la situation se modifie. Si la grève devient un droit constitutionnel, le lock-out n'accède pas à cette légitimité. Contrairement à l'Allemagne, où il est licite au même titre que la grève en raison du principe de « l'égalité des armes », la jurisprudence consacre progressivement une règle qui en fait une faute contractuelle, dans la mesure où l'employeur ne remplit pas son obligation de fournir du travail aux non-grévistes. Assez récemment encore, en février 1992, la Cour de cassation « a jugé que le recours à la fermeture d'ateliers par un employeur pouvait s'analyser en une riposte illicite à l'exercice du droit de grève lorsque ce dernier n'apportait pas la preuve d'un blocage de tous les accès à l'usine faisant obstacle à la liberté du travail et empêchant la libre disposition, par lui, de ses locaux et de ses marchandises [70] ». C'est la raison pour laquelle le lock-out est en général utilisé sous couvert d'une mise au chômage technique, mesure parfaitement licite. Il ne disparaît donc jamais de la scène sociale, on le trouve régulièrement utilisé. Ainsi dans le retentissant conflit de la métallurgie nantaise à l'été 1955 [71], ou dans les années 1970, en réponse à des grèves tournantes ou à celles qui, tout en engageant une minorité de salariés, ralentissent considérablement, voire paralysent le fonctionnement de l'entreprise [72]. Mais sa fréquence reste réduite. D'une part, on l'a vu, historiquement, le lock-out ne représente pas une arme privilégiée du patronat français. D'autre part, la tendance qui se dessine est d'accorder une place plus large à la négociation sur l'affrontement le plus direct.

Négocier

L'objectif naturellement recherché par les employeurs est d'obtenir un arrêt aussi rapide que possible d'un conflit. À mesure que la grève s'installe au cœur des sociétés industrielles, ils adoptent plus volontiers une réponse négociée à l'épreuve de force engagée.

Au premier âge de la grève, le monde ouvrier, souvent cantonné aux marges de la société, dominé, sans organisation ni moyens de contestation légaux du pouvoir patronal, se trouve naturellement dans une situation d'infériorité en cas de conflit. La plupart du temps, l'intransigeance des employeurs répond aux revendications. Dans ce contexte, la négociation est une « attitude [...] exceptionnelle [73] » ; seules des commandes pressantes ou, parfois, la pression des autorités amènent le patronat à une réaction plus conciliante.

La négociation prend davantage de consistance au deuxième âge de la grève. Cette dernière devient un mode de contestation qui s'amplifie, gagne des catégories nouvelles, s'inscrit davantage comme une épreuve de force avec ses codes et ses limites. Certes, dans la grande majorité des cas, les conflits s'achèvent sans qu'à aucun moment les ouvriers et leurs employeurs n'entament la moindre discussion : de part et d'autre, la grève est souvent considérée comme une épreuve de force qui doit voir l'une des parties l'emporter. Pourtant, la négociation représente, dans les dernières décennies du XIXe siècle, une part non négligeable de la résolution des conflits. C'est le cas dans environ 20 % d'entre eux en 1871-1890 ; un refus caractérisé de discuter de la part des patrons est enregistré dans moins d'une grève sur dix [74]. Au fond, une telle situation montre bien, rapportée à la période précédente, que pour les patrons, « la grève n'est plus considérée comme une offense personnelle, mais comme "un incident bien naturel du marché du travail" [75] ». Le problème se déplace : c'est désormais moins la négociation en elle-même que l'interlocuteur qui pose problème. Si le fait gréviste s'installe dans la coutume industrielle, les patrons se défient bien davantage du fait syndical. En effet, ils peuvent accepter la discussion avec leurs ouvriers ou les porte-parole qu'ils ont choisis parmi eux ; en revanche, ils se refusent la plupart du temps au dialogue avec les représentants des organisations ouvrières. Toute forme de légitimation d'un quelconque pouvoir syndical est exclue ; au contraire, les employeurs entravent autant que possible la présence des militants dans l'usine [76]. « Chaque patron ne devra rechercher de transaction qu'avec ses ouvriers respectifs [77] », tel est l'état d'esprit dominant. Mais à mesure qu'il se diffuse, le fait syndical est progressivement reconnu par les patrons. Du tournant des XIXᵉ-XXᵉ siècles à la Grande Guerre, les refus de s'entretenir avec les syndicalistes sont de moins en moins nombreux. Dans le bâtiment parisien de l'avant-guerre, si seulement 13,67 % des grèves sont le cadre de négociations avec un patronat très combatif, dans sept cas sur dix, celles-ci sont menées par les syndicats ouvriers [78]. De même, dans la Vienne, la grande majorité des conflits se règle par des discussions dans lesquelles peut intervenir l'organisation ouvrière [79]. La volonté d'opposition souvent radicale aux mouvements revendicatifs est encore la réaction première du monde patronal ; mais à partir du moment où la négociation s'impose ou est recherchée, le syndicat constitue désormais un interlocuteur valable, en particulier dans des professions où son influence est forte.

Ce sillon se creuse entre les deux guerres. Alors que les organisations syndicales sont fortement présentes lors des conflits, le terrain paraît davantage propice à la négociation. D'autant plus que d'une certaine manière, les objectifs des parties en présence convergent plus nettement : le syndicat souhaite obtenir une amélioration de la condition ouvrière en faisant en sorte que l'affrontement ne soit pas trop coûteux ; le patronat, de son côté, recherche une interruption aussi brève que possible de la production. Le dialogue s'enracine [80], de même que la présence militante. À Paris en 1919-1935, si dans près des deux tiers des cas de négociations, celles-ci se produisent encore directement entre le patron et ses ouvriers, l'intervention syndicale est toujours moins rejetée. Une fois sur cinq, les employeurs discutent avec un ou plusieurs représentants des organisations ouvrières, tandis que dans près de 15 % des cas, le dialogue se déroule directement entre le syndicat patronal et le syndicat ouvrier. Les refus d'entrer en discussion ne concernent que 1 % des conflits, soit que l'employeur a réussi à remplacer les grévistes, soit que la présence syndicale est résolument repoussée [81]. Dans ces situations, l'argument utilisé est presque toujours le même ; il est contenu dans la réaction des patrons caoutchoutiers face à une délégation de grévistes emmenée par Loze, secrétaire du syndicat CGT des Produits chimiques, et Decouzon, secrétaire de la Fédération, venus le 6 mai 1920 proposer l'ouverture de négociations :

« La délégation ouvrière s'est retirée sans avoir pu entamer la discussion, les patrons s'y étant refusés sous le prétexte que les délégués des grévistes ne représentaient pas l'ensemble de la corporation [82]. »

Mais cette attitude qui ne veut pas reconnaître le syndicat comme partie légitime au conflit se tarit. Si elle ne disparaît certes pas [83], la négociation devient somme toute plus courante, et le syndicat représente un interlocuteur davantage reconnu et accepté par les patrons. Il ne relève donc certainement pas du hasard si, au moment de la vague de grèves de mai-juin 1936, ce sont ces derniers qui demandent la création de délégués élus du personnel [84]. Sans omettre le climat de peur qui règne alors dans les milieux patronaux, on peut voir là, pour une part, le résultat d'un processus.

Au troisième âge de la grève, la négociation poursuit sa banalisation. En témoigne en elle-même la part croissante des différends qui s'achèvent sur une transaction et non sur une victoire ou une défaite complète de l'une ou l'autre des parties en désaccord [85]. L'évolution des rapports sociaux intervenue depuis les Trente Glorieuses favorise donc la pratique des négociations de grève. En matière de conflits collectifs du travail, l'État tente, certes avec des succès éphémères et limités, de développer les méthodes de conciliation. Plus largement, la législation cherche à inciter à la tenue régulière de négociations avant même le déclenchement d'une grève. Les lois Auroux de 1982 en sont l'exemple le plus récent [86]. En outre, particulièrement dans les grandes entreprises, la grève débloque la négociation, à laquelle on se refusait peut-être avant le déclenchement d'un conflit, mais qui se produit ensuite assez volontiers : « Plus les établissements sont grands, plus les négociations sont répandues, et vont de pair avec des conflits [87]. »

Aujourd'hui, même si les partenaires sociaux se montrent sans doute moins enclins à négocier en France qu'au nord-ouest de l'Europe, une partie des employeurs cherche néanmoins à creuser le sillon. Certes, il existe encore des stratégies patronales destinées à « contourner le syndicat en proposant un modèle local, décentralisé et interne à la firme, de négociation [88] », comme l'illustre le référendum organisé chez Michelin en 2001 pour faire approuver directement par les salariés les modalités d'application des 35 heures. Mais dans le même temps, le besoin d'interlocuteurs institutionnels existe. L'accord signé en décembre 2001 entre des employeurs de l'artisanat, représentés par l'UPA, et les cinq confédérations syndicales en est une illustration récente. Il prévoit la création d'un fonds mutualisé par un prélèvement sur la masse salariale des entreprises, afin de prendre en charge la formation et le remplacement des salariés appelés à participer à des négociations locales ou nationales [89]. On se trouve là d'ailleurs aux marges d'une démarche de prévention des conflits qui constitue la troisième attitude majeure observée sur la longue durée au sein du monde patronal.

Prévenir la grève

À partir du moment où la grève devient une pratique licite qui irrigue le monde industriel, le patronat doit adapter ses usages : il ne peut plus se contenter de faire appel aux autorités, doit négocier et, autant que possible, prévenir des différends susceptibles de se révéler coûteux.

Au temps de la coalition coupable, la menace d'une grève, une arme encore relativement peu utilisée par le monde ouvrier, plane nettement moins que par la suite. Mais dès les débuts de l'industrialisation s'affirme l'intention de disposer d'une main-d'œuvre disciplinée, uniquement préoccupée par ses activités productives. Les règlements d'atelier, soucieux de « l'exhaustivité des listes de comportements déviants [90] », enjeux de luttes récurrentes tout au long du XIXe siècle, sont là pour en témoigner. On interdit ici « les discussions politiques », on refuse là aux ouvriers « d'afficher ou de faire circuler dans l'usine des pétitions ou communications quelconques [91] ». Les amendes, les mises à pied et les renvois immédiats veillent à faire respecter ces prescriptions contre lesquelles les ouvriers ne tardent pas à s'élever [92].

La nécessité de prévenir le déclenchement d'un mouvement revendicatif s'affermit au cours du deuxième âge de la grève, celui de sa banalisation, et perdure après la Seconde Guerre mondiale. Elle prend des formes qui elles-mêmes évoluent à mesure que le fait social gréviste s'impose puissamment puis s'institutionnalise. Pour éviter la naissance d'un conflit, il existe en effet des méthodes directement coercitives, parfois plus voilées dans leur allure répressive, d'autres fois encore plus volontiers conciliatrices. Ces différents aspects se mêlent mais changent d'intensité selon la nature globale des rapports sociaux et la place accordée à la grève.

Au cours de son deuxième âge, la prévention coercitive domine assez largement. Elle prend pour l'essentiel trois visages complémentaires : le contrôle de l'embauche ; la mise à l'écart des syndicalistes ; l'épuration de la main-d'œuvre à l'issue d'un conflit.

La volonté d'éviter le recrutement d'éléments perçus comme potentiellement perturbateurs constitue une préoccupation précoce des employeurs. Voici par exemple ce que recommande en 1872 l'ingénieur-conseil à la Société des mines de Carmaux[93] :

« Il faut se préserver des fainéants, des indociles, des invalides et des non-valeurs qui ne peuvent que désorganiser l'ordre et l'activité indispensables à la bonne marche et au rendement économique de l'exploitation. »

Depuis plusieurs années déjà, la Compagnie prend d'ailleurs toutes les précautions pour sélectionner « un personnel qui lui donne toute garantie physique et morale[94] ».

Le cas échéant, la discipline de l'usine est toujours là pour canaliser les comportements jugés déviants. À la fin du XIXᵉ siècle, tel patron verrier de la région parisienne interdit par exemple à ses ouvriers de « parler politique dans l'usine et surtout de grève, sous peine d'être expulsés[95] ».

Quelques décennies plus tard, le patronat de la métallurgie illustre bien la démarche qui consiste à écarter les ouvriers revendicatifs. Dans l'entre-deux-guerres, il s'organise de manière à réduire la possibilité, pour un ouvrier licencié, de trouver du travail dans une autre entreprise. En 1923, pour répondre à la tactique des grèves tournantes, le Comité des Forges envoie une circulaire à ses adhérents pour leur interdire formellement d'embaucher des ouvriers ne faisant pas partie du personnel avant le 25 avril[96]. Une même circulaire est envoyée en 1926, pendant la grève qui touche les usines Renault. Cette dernière entreprise pratique d'ailleurs une surveillance étroite de la main-d'œuvre à l'intérieur de l'usine[97].

Ce soin apporté au recrutement doit prémunir contre les contestations individuelles qui peuvent se transformer en conflits collectifs. Dans cet esprit, les militants des organisations ouvrières représentent une menace dont l'éradication fait longtemps partie des priorités. Cette réaction donne d'ailleurs naissance, dès les années 1880, à des grèves souvent dures déclenchées par le renvoi d'ouvriers syndiqués. L'acceptation patronale du syndicat dans l'entreprise est lente et se produit essentiellement sous la contrainte. La présence d'une section syndicale sur le lieu de travail n'est autorisée que dans la foulée des événements de Mai 1968, et, depuis, les contentieux restent nombreux [98].

Les militants font donc régulièrement l'objet, en particulier au cours du deuxième âge de la grève, de la vindicte patronale. Même là où, apparemment, les relations sociales sont plus codifiées qu'ailleurs et paraissent ainsi plus apaisées, existe la volonté d'éviter la présence d'un personnel susceptible de cristalliser et d'organiser la revendication. Dans les mines du Nord-Pas-de-Calais, la signature des conventions d'Arras de 1891, prémices des conventions collectives, donne l'impression d'une reconnaissance du fait syndical, « mais, imposée par le gouvernement, elle est en réalité sans lendemain [...] et la vie syndicale reste dangereuse et malaisée [99] ». Ainsi la compagnie des mines d'Anzin mène-t-elle « une répression active contre les délégués mineurs, les élus aux caisses de secours, et renvoie aussi de 1902 à 1907 600 ouvriers militants [100] ».

Dans les années 1930, selon le témoignage d'un syndicaliste parisien de la métallurgie, « des militants étaient "inscrits à l'encre rouge" sur un fichier secret du syndicat patronal [101] ».

Si, malgré ces précautions, la grève ne peut être évitée, les employeurs cherchent fréquemment à se séparer du personnel jugé trop combatif. Puisque ce mode d'action rompt le contrat de travail, les patrons ont loisir de se séparer sans entraves de ceux qui se sont montrés les plus revendicatifs, pour prévenir un nouveau différend. Un rapport de police rédigé en 1926, au terme d'un conflit de chauffeurs-livreurs parisiens, illustre bien cet état d'esprit :

« Les 80 chauffeurs et cochers livreurs de la Société Laitière Maggi qui se sont mis en grève dans la nuit du 30 septembre au 1er octobre, ont demandé hier soir à reprendre le travail immédiatement. La direction leur a fait répondre qu'elle ne les réintégrerait qu'au fur et à mesure de ses besoins ; elle veut, de cette façon, éliminer ceux d'entre eux qu'elle considère comme indésirables [102]. »

Les exemples du même ordre abondent, parfois sur une très large échelle. Dans les mines cévenoles, après le mouvement de mai 1890, « sur 7 370 mineurs appartenant aux compagnies touchées par la grève, 438 sont renvoyés tout de suite et 266 autres sont contraints de "démissionner", soit, au total, 10 % des effectifs[103] ». En novembre 1904, le premier mouvement de protestation recensé chez Michelin, à Clermont-Ferrand, se termine par le renvoi des meneurs[104]. Chez Renault, ce type de mesure rythme les grands conflits qui touchent l'entreprise. Au terme de la grève de février-mars 1913 contre le chronométrage, 436 grévistes ne sont pas repris[105]. Pendant celle de mai 1926, les contremaîtres doivent signaler à la direction les ouvriers qui se sont montrés les plus actifs et les plus fervents partisans de l'action[106].

Le non-réemploi du personnel gréviste est somme toute une attitude courante. Dans le Paris de 1919-1935, dans près d'une grève sur cinq, les employeurs se refusent à reprendre tout ou partie de leur personnel. Le petit patronat combatif de secteurs tels que la construction ou le bois se distingue d'ailleurs par sa propension à user de cette méthode[107]. De même dans l'automobile parisienne, où des licenciements sont relevés dans 43 % des grèves[108].

Naturellement, durant ce deuxième âge de la grève, aux relations sociales frontales souvent tendues, la prévention des conflits présente aussi un visage moins antagonique, peut-être plus voilé. Une manière d'étouffer les revendications consiste à les satisfaire au moins en partie avant que n'éclate un affrontement ouvert. Dans une sellerie parisienne en 1887, « cette fabrique ayant à exécuter une importante commande [...] et prévoyant une demande d'augmentation de salaire, avait élevé ses prix ordinaires[109] ». Trois ans plus tard, à la veille du 1er mai 1890, redoutant de voir ses ouvriers s'agiter, le directeur des usines métallurgiques de Tamaris adopte une attitude identique[110].

De manière moins conjoncturelle, les conditions de travail réservées aux ouvriers déterminent souvent l'état des relations sociales : les entreprises dans lesquelles les salaires sont les plus élevés, ou qui offrent des avantages supérieurs à ceux octroyés dans les établissements voisins, connaissent moins de différends que les autres. En effet, les politiques sociales s'inscrivent en partie dans une démarche préventive. Qu'on les qualifie de « patronage » ou de « paternalisme », ces « formes de domination de la main-d'œuvre[111] », bâties autour d'un réseau d'institutions qui prennent en charge l'ouvrier dans tous les aspects de son quotidien, garantissent largement, jusqu'à la fin du XIXᵉ siècle, une certaine paix sociale. Leur objectif est d'abord de fixer dans l'entreprise une main-d'œuvre rare et instable, de former des ouvriers qualifiés. Mais à partir du crépuscule du XIXᵉ siècle, un « paternalisme de combat [112] » à connotation antisyndicale se déploie en même temps que les ouvriers s'organisent et revendiquent, en particulier dans les bassins miniers et métallurgiques. À l'objectif de stabilisation de la main-d'œuvre s'ajoute plus clairement celui de l'étouffement des velléités revendicatives. Chez Schneider au Creusot, si la direction est intransigeante face aux grèves qui la touchent en 1870, elle multiplie ensuite les concessions, telles l'augmentation des salaires et la baisse de la durée du travail, et entreprend des réformes de ses institutions (maisons de retraite, hôpital, etc.) [113]. En même temps, la main-d'œuvre est surveillée : « C'est plein de mouchards d'abord, et gare au premier qui aurait l'air de faire le malin [114]. » Ce mariage entre la conciliation et la répression devient d'ailleurs l'attitude la plus fréquente du patronat au tournant des XIXᵉ-XXᵉ siècles lorsqu'il est confronté aux griefs ouvriers [115].

Dans l'entre-deux-guerres, des politiques sociales menées dans les industries modernes accordent des avantages salariaux parfois non négligeables. Ainsi dans la métallurgie parisienne, pour lutter contre la vie chère et les revendications ouvrières, est adopté le principe du « salaire élargi », qui ajoute au salaire « normal » une prime de vie chère et des allocations pour charges de famille [116].

Ces manières de prévenir les conflits sur la base d'une entreprise ou d'un secteur, dans une localité ou une région, s'estompent avec le troisième âge de la grève. Durant les Trente Glorieuses, la politique sociale, largement assumée par des institutions publiques créées dans la foulée de la Libération, cesse en grande partie d'être « individuelle et privée pour devenir collective et obéir à des règles explicites et obligatoires », inscrites dans des conventions collectives qui se généralisent [117]. Ce qui n'empêche cependant pas des entreprises d'offrir des conditions plus avantageuses que celles octroyées par des accords nationaux [118].

En ce troisième âge, l'anticipation des conflits prend plus volontiers des facettes moins radicales. Le compromis fordiste en est une illustration : l'amélioration des salaires rétribue la modernisation des entreprises ; la rémunération est plus que jamais la variable d'ajustement des efforts de productivité[119]. Dans ce cadre, l'augmentation du pouvoir d'achat est susceptible de garantir en partie contre une contagion revendicative.

D'autre part, la pratique des négociations préalables au déclenchement d'un conflit s'étend, même si elle demeure bien plus réduite en France que dans les pays d'Europe du Nord-Ouest. La législation qui vise à la conciliation se renforce[120]. Bien qu'elle n'offre pas les résultats escomptés, elle appuie cependant le développement du dialogue social.

Plus prosaïquement, on retrouve jusqu'à nos jours, comme lors des décennies précédentes, des initiatives prises dans l'urgence face à la menace d'une grève. Ainsi, à la fin de décembre 2001, la direction de la BNP Paribas propose une augmentation de salaire et une prime à l'occasion du passage à l'euro, pour tenter de « désamorcer la grève du 2 janvier » programmée par les syndicats des banques[121].

Tout cela n'exclut pas le maintien ici ou là, après la Seconde Guerre mondiale, de manières « indirectes », parfois plus brutales et plus conflictuelles, d'opposition aux conflits du travail. La panoplie est à cet égard relativement large et s'appuie en partie sur des pratiques déjà en usage au cours des périodes précédentes[122]. Au moment de l'embauche, un questionnaire permettant de saisir les « options » du demandeur d'emploi peut lui être soumis. La volonté de mise à l'écart ou de licenciement des meneurs perdure, des actions en responsabilité contre les grévistes, les représentants syndicaux ou les syndicats accompagnent ou suivent des confrontations frontales. Des « primes anti-grève » sont octroyées[123], des avantages sont accordés de façon discriminatoire, avec comme critère la participation ou non à un mouvement revendicatif. Même dans des entreprises dont la politique sociale paraît plus pointue et porte encore les traits du paternalisme, une forme de répression existe. Ainsi chez Usinor-Rehon, comme en témoigne un lamineur embauché dans l'entreprise en 1954 :

« Lorsqu'il y avait un poste à pourvoir on faisait sentir à celui qui pouvait prétendre occuper ce poste qu'il ne faisait pas l'affaire parce qu'il n'était pas assez assidu au travail. Quand il y avait des carences chez un individu qui filait assez doux, qui ne faisait pas grève, qui n'était pas un meneur, on en faisait abstraction [...]. En cas de grève, on a supprimé des primes dites d'objectif – qui sautent s'il y a des absences non autorisées. À l'inverse on a donné des primes à des gens qui travaillaient un jour de grève [...]. De même pour les demandes de logement, de formation profession-nelle, etc. [124]. »

Des stratégies plus élaborées de contournement des conflits se sont en outre développées assez récemment. L'analyse de la politique patronale aux usines Peugeot de Sochaux-Montbéliard montre par exemple qu'« aujourd'hui, objectivement, une grande firme pense les problèmes de gestion de son personnel à l'inté-rieur d'un espace beaucoup plus vaste qu'il y a quinze ans. Un élé-ment capital de sa stratégie est la possibilité qu'elle a de déloca-liser certains ateliers lorsqu'elle voit que des résistances sociales [...] s'accumulent ». Ces délocalisations contribuent notamment à une « déstructuration contrôlée de la culture issue des ateliers peuplés de vieux ouvriers [...], les collectifs de travail se trouvent profondément désorganisés », manière de réduire les potentialités de contestation [125].

En somme, la prévention des conflits continue de s'appuyer sur des politiques qui, souvent, portent les traces d'une mise en opposition des acteurs des relations sociales.

Au cours des deux siècles d'histoire de la grève contempo-raine, les attitudes et les réponses patronales face aux conflits du travail montrent des traits structurels présents sur la longue durée, qui se transforment et s'adaptent. La place accordée par la société au monde du travail et à ses modes de défense imprime sa marque sur les réactions des employeurs. La coalition interdite leur laisse la possibilité de négliger la négociation ou d'élaborer de véritables stratégies de résistance, alors que la panoplie répres-sive de l'appareil d'État est souvent là pour éradiquer l'agitation sociale. Mais plus la grève irrigue la société industrielle, plus le monde ouvrier quitte ses marges pour approcher de son cœur, plus la nécessité d'élaborer une riposte ou de la prévenir s'impose. Dans un système de relations sociales historiquement fondé sur la confrontation plus que sur la conciliation, la réponse aux grèves prend souvent des traits brutaux creusés par des postures répres-sives sans doute motivées par le refus de ce qui est longtemps perçu comme une remise en cause du pouvoir patronal dans l'entreprise. Au fond, même si, au temps des Trente Glorieuses et de l'achèvement de la construction des sociétés salariales, ce mouvement d'intégration du monde du travail s'accompagne d'une reconnaissance réciproque des acteurs sociaux qui les mène progressivement sur le chemin du dialogue, l'épisode gréviste reste une confrontation qui implique la construction d'un rapport de force.

IX

L'ÉTAT

L'État[1] et ses représentants ne peuvent échapper à la grève, cet événement porteur d'une forme de contestation d'un ordre établi. En particulier dès lors que sa pratique devient un fait social qui ne tarde pas à trouver une place centrale dans un système de régulation conflictuelle des rapports de travail. D'ailleurs, même s'ils se refusent parfois à intervenir dans un différend qui est d'abord celui entre employeurs et salariés, ils ne lui sont jamais réellement étrangers ou extérieurs. Au contraire, ils en sont en permanence des acteurs majeurs, certes avec plus ou moins de force et avec des postures parfois différentes, sinon divergentes selon les moments. Faire l'histoire des attitudes de l'appareil d'État face à la grève, c'est avant tout montrer comment il intervient de plus en plus souvent et puissamment dans les conflits du travail, cherche rapidement à les encadrer. En outre, en particulier après la Seconde Guerre mondiale, l'État reste d'autant moins à l'écart de la grève qu'il est lui-même l'employeur des salariés du secteur nationalisé et de la fonction publique en forte expansion.

Sur la longue durée, l'attitude de l'État prend trois formes, recouvre trois fonctions : surveiller, réprimer et punir ; arbitrer et apaiser ; prévenir et réguler. Elles ne se superposent pas, elles se mêlent constamment. L'intensité respective de chacune d'elles suit les fluctuations du statut social de la grève, de son interdiction à son institutionnalisation.

Surveiller, réprimer et punir

La fonction répressive, coercitive et punitive de l'appareil d'État représente une première permanence. Elle est même la fonction première, originelle des pouvoirs publics lorsqu'ils sont placés devant le conflit social : gardiens de l'ordre, ils répriment.

Bien entendu, l'ingérence brutale de l'État varie de degré selon un certain nombre de critères : répression et punition sont généralement plus accentuées sous des gouvernements conservateurs, moins fortes quand la tête de l'État est occupée par des hommes plus sensibles à la « question sociale ». En outre, la crainte inspirée aux pouvoirs publics par la montée de l'agitation sociale ou le contexte politique interviennent dans leurs réactions. Par exemple, dans les années 1870-1880, la République de Thiers puis celle de l'Ordre moral sont incomparablement plus dures que la République opportuniste de Gambetta et Waldeck-Rousseau. Plus près de nous, la guerre froide attise la perception d'un danger communiste et conduit les pouvoirs en place à s'opposer résolument à des grèves considérées comme le fruit d'un « complot » du PCF[2].

Au temps de la coalition coupable, jusqu'en 1864, les grévistes sont sous la menace d'un recours à la loi et d'une intervention des forces chargées de contenir l'expression des revendications. Les velléités d'action, en particulier dans les villes, sont vite étouffées, selon une procédure qui peut être résumée ainsi : « L'autorité [...] avertit, rappelle les articles du Code pénal ; à Paris, des commissaires de police, ailleurs, des officiers municipaux vont sur le lieu de rassemblement. En cas de persistance, on procède à quelques arrestations généralement provisoires. On vérifie les livrets – souvent considérés comme perturbateurs, les ouvriers étrangers à la localité sont renvoyés à leur province d'origine. Dans des circonstances plus graves, la gendarmerie intervient », l'appel à la force armée étant l'ultime recours[3]. Il peut cependant se manifester sans hésitation si la détermination ouvrière est forte. Les foules minières, en particulier, sont de celles que craignent le plus les autorités et entraînent l'intervention massive de la troupe. La tension sociale mêlée à cette présence armée fournit les ingrédients à des incidents parfois mortels, comme dans les mines de Rive-de-Gier le 5 avril 1844, où deux ouvriers meurent de leurs blessures, tandis que dans le bassin de Saint-Étienne en mars 1846, cinq ouvriers sont tués[4]. Si ces événements reflètent l'état de marginalité d'un monde ouvrier sans protection ni considération, étranger à l'univers des élites, ils expriment aussi l'absence de professionnalisation de la gestion des foules qui règne alors et jusqu'au début des années 1920. En effet, « l'ordre fut de mettre baïonnette au canon, mais jamais, semble-t-il, l'ordre de tirer ne fut donné [...] les soldats ayant résisté à une attaque ouvrière ou ayant tiré sans ordre[5] ». En outre, de telles extrémités sont rares ; dans la plupart des cas, « l'arrivée des autorités [...], parfois même la seule annonce de leur venue, suffisent à ramener le calme et la reprise du travail[6] ».

Quand les conflits revendicatifs deviennent une pratique légale, la force publique, si elle ne peut plus intervenir simplement pour empêcher leur existence même, continue de se montrer très présente avec un triple objectif : assurer la protection de la propriété – en l'occurrence le lieu de travail – et de ceux qui continuent à assurer la production ; éviter la propagation de la grève à des centres ou à des usines jusque-là épargnés par l'agitation sociale ; empêcher les manifestations ou toute forme d'attroupement.

Le maintien de l'ordre passe d'abord par la prévention. L'appareil d'État s'emploie notamment à observer les milieux considérés comme dangereux ou potentiellement subversifs. La surveillance policière des individus, des organisations ouvrières, le travail de détection des meneurs sont longtemps menés méthodiquement, comme en témoigne la multitude de rapports de police qui leur sont consacrés, dont l'historien fait son miel. Certes, à mesure que la grève et les syndicats, dans les décennies qui suivent la Seconde Guerre mondiale, s'insèrent dans le système social des sociétés salariales, la crainte s'estompe. Mais la méfiance qu'inspire le communisme, en particulier pendant la guerre froide, laisse les milieux qui en sont proches sous contrôle. C'est le cas notamment quand certains secteurs de la CGT mènent des conflits d'envergure, comme dans les mines. Cette surveillance peut présenter des formes plus sophistiquées qu'auparavant, permises par le progrès technique. Ainsi, en mars 1963, les conversations des dirigeants cégétistes à la tête de la grève des mineurs sont interceptées par les Renseignements généraux[7].

Par ailleurs, pour ne pas être pris au dépourvu, les gouvernements veillent à la mise en place des dispositifs qui permettent à leurs bras armés d'être présents efficacement en cas de conflit. Les préfets, ces représentants de l'État dans les départements institués par Bonaparte en 1800, occupent à cet égard un rôle essentiel : ils tiennent le pouvoir informé et reçoivent ses instructions. À partir du moment où les conflits du travail se banalisent, il leur est demandé une vigilance accrue. Dans les années 1870-1880 par exemple, le ministère de l'Intérieur exige d'eux des rapports réguliers sur la situation « matérielle et morale » de leur département. En août 1882, un questionnaire de l'Intérieur intitulé « Enquête confidentielle sur la situation ouvrière » compte, parmi ses trente-trois questions, neuf interrogations sur les grèves où il est notamment demandé :

« Existe-t-il un commissariat de police dans le centre ouvrier ou à proximité ? De la gendarmerie ? De la troupe en quantité suffisante ? À défaut de force armée sur place, ou si elle était insuffisante, d'où pourrait-on la faire venir[8] ? »

Au début du xxe siècle, un Plan général de protection est prêt en cas de grève générale des mineurs[9]. Au lendemain de la Grande Guerre, à un moment de vive tension sociale, de conflits parfois massifs, des plans destinés à assurer l'ordre sont établis. Ainsi, pour faire face au plus intense des mouvements de la période, celui des cheminots de mai 1920, un plan de protection des voies ferrées établi dès le mois de mars est mis en œuvre[10].

L'appareil d'État se prépare donc à protéger l'outil de production et à garantir la « liberté du travail ». Pendant la majeure partie des deux siècles qui nous occupent, la plus ou moins grande sévérité avec laquelle interviennent les forces de l'ordre dépend pour une large part des instructions données par les différents gouvernements, elles-mêmes influencées par le contexte économique, social et politique.

On observe des allers-retours permanents entre l'intransigeance, la circonspection et la souplesse. Jusqu'en 1864, l'intransigeance domine d'autant plus que la grève est interdite. Les dernières années du Second Empire s'accompagnent d'une certaine libéralisation du régime. Puis la décennie qui suit l'instauration de la République en 1870, celle de Thiers et de l'Ordre moral, est marquée par une grande dureté. Quand naît la IIIe République, la grève n'est tolérée par la loi que depuis six ans et conserve un caractère éminemment suspect. La Commune de Paris avive en outre la crainte du monde ouvrier. Dans ce contexte, toute forme d'agitation sociale est regardée avec méfiance. L'atmosphère de patriotisme exacerbé qui règne au temps de Thiers est un facteur supplémentaire en faveur d'une politique répressive. Celui-ci écrit le 25 juillet 1872 au préfet du Nord :

« Le gouvernement de la République doit moins qu'aucun autre souffrir le désordre. [...] Les misérables qui troublent l'ordre en ce moment sont les ennemis de la libération du sol[11]. »

Et Thiers de donner comme consigne au même préfet, lors de la grève des mineurs de juin 1872 :

« Un second régiment est prêt à partir... Soyez donc tranquille et agissez avec rigueur. Châtiez. Faites que tout cela finisse absolument... Dispersez les bandes par de la cavalerie appuyée d'infanterie. Faites saisir les mutins et livrez-les à la Justice[12]. »

Le gouvernement de l'Ordre moral maintient lui aussi une politique répressive, malgré une courte période (1875-1877) de relative tolérance.

Avec la République opportuniste, un frein est d'abord mis à la répression. L'accent est au contraire porté sur la nécessité d'utiliser la force publique avec discernement. Ainsi les années 1880, celles de la prise de conscience, de la part des républicains de gouvernement, de la « question sociale » marquent globalement un recul de la répression comme principale réponse aux grèves. Waldeck-Rousseau, le ministre de l'Intérieur de Jules Ferry, envoie le 27 février 1884 une circulaire très claire aux préfets « concernant les grèves ». Si leur rôle de gardiens de l'ordre y est rappelé, il leur est cependant recommandé de l'exercer avec discernement, en se donnant les moyens d'éviter le recours à l'armée qui donne une impression de guerre civile larvée :

« La gendarmerie est la seule force publique dont vous ayez à user habituellement pour assurer l'ordre et protéger la tranquillité ; c'est là sa mission, c'est là son rôle normal ; la troupe en a un autre, aussi n'y devez-vous recourir qu'à la dernière extrémité[13]. »

Ces dispositions s'effacent à partir de 1884-1886, quand les ouvriers perdent leurs dernières illusions sur les capacités réformatrices des gambettistes, ces derniers mesurant de leur côté la fragilité du soutien ouvrier escompté. Le devoir d'ordre prime donc de nouveau, comme le révèle le taux d'intervention des troupes dans les conflits du travail : tombé au niveau extrêmement faible de 3 ‰ en 1882, il est toujours supérieur à 10 ‰ à partir de 1886 et atteint même 15 ‰ en 1890[14]. La décennie suivante s'ouvre en outre sur le premier grand massacre social de la IIIe République : au cours des affrontements du 1er mai 1891 à Fourmies, les tirs de la troupe fauchent neuf ouvriers.

Il faut cependant souligner qu'au-delà de ces fluctuations de l'emploi de la force armée la République opportuniste inaugure une nouvelle conception des rapports sociaux dans laquelle la répression n'est plus la réponse première ou unique, mais une sorte de dernier recours. Les opportunistes « ont contribué à instaurer un nouveau style de relation entre le pouvoir et le monde ouvrier, qui, en libérant la grève de l'étau de la répression, a permis d'en normaliser l'exercice[15] ».

Cela dit, l'intervention des forces de l'ordre est une constante tout au long de la IIIe République, avec des moments d'accalmie et des accès de fièvre, généralement lors de périodes de forte agitation sociale conjuguées avec la présence à la tête de l'appareil d'État de pouvoirs conservateurs, autoritaires, volontiers répressifs. Quelques épisodes sanglants tristement célèbres scandent cette litanie de la répression : à Chalon-sur-Saône (Saône-et-Loire) en juin 1902, un cortège d'ouvriers se heurte à un barrage de gendarmes, on relève deux morts ; le 28 juillet 1907 à Raon-l'Étape (Vosges), une collision entre la troupe et des chaussonniers fait deux morts ; en juin-juillet 1908, le président du Conseil Clemenceau envoie les soldats face aux ouvriers du bâtiment de Draveil-Villeneuve-Saint-Georges, deux grévistes tombent le 10 juin, puis quatre le 30 juillet ; le 1er mai 1919 meurt le jeune métallurgiste Charles Lorne ; le 26 août 1922, des affrontements font trois victimes parmi les grévistes du Havre.

Au lendemain de la Seconde Guerre mondiale surviennent également des épisodes répressifs parmi les plus sanglants, à un moment où l'entrée dans la guerre froide radicalise les antagonismes sociopolitiques. Ainsi au cours des grèves de l'hiver 1947, où le 4 décembre trois manifestants sont tués lors d'une altercation avec les forces de l'ordre à la gare de Valence[16]. Lors du mouvement des mineurs de 1948, plusieurs d'entre eux sont tués au cours d'une des grèves les plus dures de l'histoire sociale française[17].

Cependant, sur la longue durée, la violence entre forces de l'ordre et grévistes diminue à la fois en quantité et en intensité.

Une conjonction d'éléments l'explique. D'abord, le phénomène de la violence dans les conflits sociaux s'estompe progressivement, notamment sous l'impulsion d'organisations ouvrières qui contribuent à rationaliser la pratique gréviste, à lui ôter son caractère éruptif[18]. Ensuite, du côté de l'appareil d'État, la volonté croissante de favoriser la conciliation ne peut qu'accroître la tendance à la pacification. L'intégration du monde ouvrier à la nation, exprimée et renforcée par la Grande Guerre, le rend moins suspect aux yeux de l'État républicain et atténue la répression de ses protestations, alors que le conflit social participe du fonctionnement des sociétés industrielles. Puis à mesure que la grève s'institutionnalise, le recours à la force est plus délimité et juridiquement encadré : il répond exceptionnellement à des actes de violence ou à des atteintes à la propriété, souvent sur réquisition du pouvoir judiciaire. Enfin, les modifications fondamentales dans la pratique du maintien de l'ordre jouent un rôle non négligeable. Jusque dans les quatre premières décennies de la IIIᵉ République, la surveillance, le maintien de l'ordre et la répression des grèves reviennent à la police, la gendarmerie et la troupe, qui ne sont pas spécifiquement préparés à la canalisation des conflits. La mise en place, durant les années 1920, de pelotons de gendarmerie mobile spécialisés dans la « police des foules » s'inscrit parmi les éléments qui permettent d'éviter de trop nombreux événements sanglants, en particulier à partir des années 1930. Cette professionnalisation du maintien de l'ordre a pour corollaire un moindre recours à l'armée qui, dans ce domaine, a maintes fois révélé ses limites[19].

L'appareil d'État républicain fait donc généralement preuve, au fil du temps, d'une modération accrue en matière de répression. Mais son rôle d'opposition à la grève ne se limite pas à l'utilisation de la force. À de multiples reprises, il s'emploie en effet par d'autres moyens à faire échouer des conflits. Il fournit ainsi parfois aux employeurs les ressources pour poursuivre la production. C'est le cas en particulier quand la grève touche des secteurs vitaux (électricité, chemins de fer, transports en commun, production alimentaire...), dont l'interruption peut désorganiser l'économie ou gêner la population, ce qui, à terme, présente aussi le risque de voir l'opinion se retourner contre les pouvoirs publics eux-mêmes. Deux méthodes sont alors communément employées : le remplacement des grévistes par la troupe ; la réquisition. Ainsi, en mars 1907 et en octobre 1910, les soldats du génie officient à la place des électriciens parisiens[20]. Toujours en 1910, les cheminots sont réquisitionnés sur ordre du ministère Briand, qui met ainsi un terme à leur mouvement[21]. Dans les transports en commun parisiens, en janvier 1919, une mesure de réquisition par l'autorité militaire entrave une grève qui s'achève au bout de deux jours[22]. Pour rester dans le Paris de l'entre-deux-guerres, citons encore le conflit des boulangers de juin 1924, rapidement remplacés par des militaires[23], ou celui des chauffeurs d'automobiles postales à l'automne 1929, auxquels sont substitués de jeunes soldats spécialement mis en congé pour l'occasion et par des agents de police déguisés en « bourgeois[24] ». Plus près de nous, l'arme de la réquisition est utilisée par le gouvernement en mars 1963 pour tenter de mettre un terme à la dernière grande grève des mineurs, cette fois sans succès[25]. Enfin, en octobre 1989, les informaticiens de l'administration du Trésor, qui, à l'appel de FO, sont invités à bloquer les centres informatiques assurant le versement des traitements et des pensions des fonctionnaires, doivent renoncer à leur mouvement après l'envoi, par leur ministère de tutelle, d'une mise en demeure de reprendre le travail[26]. Ces exemples concernent donc des services que l'État se refuse à voir trop longtemps interrompus.

La fonction coercitive de l'appareil d'État comprend un dernier aspect, celui de la punition. C'est ici qu'intervient en particulier l'action de la justice, chargée de sanctionner les grévistes qui, jusqu'en 1864, se rendent coupables du délit de coalition, puis, ensuite, d'atteinte à la propriété, de violences ou d'« entrave à la liberté du travail », chef d'inculpation le plus répandu. Le niveau d'intensité de la répression judiciaire traduit là encore largement l'orientation du pouvoir en place. Jusqu'au début des années 1860, les condamnations sont nombreuses et souvent sévères : entre 1825 et 1862, 143 ouvriers reçoivent une peine supérieure à un an de prison. Cas extrême, celui de la grève des fileurs de coton du Houlme (Seine-Inférieure) : un gendarme est tué lors d'une altercation, trois ouvriers sont punis de 8, 10 et 12 ans de travaux forcés, le quatrième est condamné à mort[27].

Dans le premier quart de siècle de la IIIᵉ République, la justice est plus sévère au temps de Thiers et de l'Ordre moral que durant les années de la République opportuniste et modérée. Ainsi, le nombre de condamnés pour mille grévistes, exceptionnellement haut de 1872 à 1874 (entre 13,6 et 18,7), s'affaisse considérablement à partir de 1879 pour demeurer inférieur à 3 jusqu'en

1894. La justice est alors implacable : entre 1871 et 1896, le taux de condamnation (rapport du nombre de condamnés à celui des prévenus) ne descend jamais en dessous de 70 % ; seize années sur vingt-six, il dépasse 90 %. Certaines peines sont particulièrement dures : en juin 1877 par exemple, les dix-neuf condamnations infligées arbitrairement à des mineurs de Nœux-les-Mines vont de trois à quinze mois de prison [28].

De la fin du XIXᵉ siècle à la Grande Guerre, le nombre de condamnés conserve le niveau relativement modéré des années 1879-1894. Dans le bâtiment parisien par exemple, entre 1898 et 1913, la proportion de grévistes punis en police correctionnelle est, hormis en 1909, toujours inférieure à 2 ‰, alors qu'il s'agit de la corporation la plus turbulente de l'époque [29].

Dans l'entre-deux-guerres, la justice continue de poursuivre des grévistes, généralement lors de conflits durs et violents. Mais la modération qui caractérise la période précédente paraît se prolonger, voire s'amplifier. C'est ce que tend à montrer l'observation des grèves parisiennes. Entre le 1ᵉʳ janvier 1929 et le 15 mai 1930, cinquante-deux condamnations, dont vingt-six définitives, sont prononcées contre des grévistes accusés d'« entraves à la liberté du travail [30] ». Or l'année 1929, avec ses quelque 160 000 grévistes, est l'une des deux plus agitées de la période. Ce sont surtout les mouvements de grande ampleur qui voient s'exercer l'action répressive de la justice. En 1933, au cours de l'âpre conflit mené par vingt mille ouvriers des usines Citroën, vingt grévistes sont condamnés à des peines allant de quinze à trois mois de prison [31]. Autre exemple frappant, après la grève générale appelée par la CGT le 30 novembre 1938, 1 731 poursuites sont engagées et 806 peines de prison prononcées, dont 103 à plus de deux mois [32]. Mais ce sont là des conflits exceptionnels, que ce soit, pour le premier, en raison de son envergure ou, pour le second, du contexte de très forte tension sociale. En fait, les condamnations deviennent plus rares, une tendance qui se renforce au cours du troisième âge de la grève, une fois passés les épisodes tumultueux de 1947-1948.

En somme, sur la longue durée, la sanction judiciaire perd en intensité en même temps que se banalise puis s'institutionnalise le phénomène gréviste, alors que les pouvoirs publics s'installent progressivement dans leur fonction conciliatrice.

Mais au-delà de l'action de la justice, l'appareil d'État peut user d'une autre arme punitive : la répression administrative, avec son paroxysme, la révocation. Elle est évidemment susceptible de toucher ceux qui exercent leur profession pour le compte de l'État, tels les postiers qui, suite à leur mouvement de mai 1909, dénombrent 805 révoqués[33], ou les cheminots du réseau de l'État, dont plus de deux mille sont chassés après le dur conflit de mai 1920[34]. Puis au lendemain du 30 novembre 1938, dans les PTT, 3 455 sanctions sont prononcées, et les instituteurs grévistes se voient retenir huit jours de traitement[35]. Après la guerre, les durs conflits de 1947-1948 reçoivent aussi une sanction sévère : plusieurs dizaines de révoqués dans les PTT et chez les cheminots, plusieurs centaines parmi les mineurs[36].

Mais au fil du temps, la fonction punitive de l'appareil d'État perd en intensité pour laisser davantage la place à une approche plus mesurée du phénomène gréviste, en partie fondée sur l'arbitrage et l'apaisement.

Arbitrer et apaiser

La fonction de médiation représente l'autre facette de l'immixtion directe de l'appareil d'État dans la grève. À l'instar de la fonction coercitive, sa fréquence et sa profondeur dépendent en partie de facteurs conjoncturels : certains gouvernements sont plus que d'autres enclins à l'exercer ; certaines périodes, comme la Grande Guerre, encouragent par leur nature même l'intervention médiatrice des pouvoirs publics. Quoi qu'il en soit, d'un point de vue structurel, sur la longue durée, il apparaît que les membres des gouvernements et leurs relais hésitent de moins en moins à s'immiscer dans ce qui est considéré, de prime abord, comme un différend patrons/ouvriers devant être réglé par eux seuls. Ils participent au processus d'institutionnalisation des conflits du travail, dont l'installation comme fait social contribue elle-même à encourager l'intervention sans cesse grandissante et modératrice de l'État.

Ses représentants ne se sont jamais désintéressés des conflits du travail. Mais leur souci premier reste longtemps de contenir l'agitation, tout en évitant une implication trop directe dans le contenu des différends[37]. Au lendemain de l'entrée en pratique de la loi de 1864, le ministre de l'Intérieur écrit que « la latitude la plus grande doit être laissée aux patrons comme aux ouvriers pour la défense de leurs intérêts, et l'administration ne doit intervenir que pour maintenir l'ordre, s'il était troublé[38] ». C'est sous la IIIe République, avec l'arrivée des « opportunistes » au pouvoir, plus sensibles à la « question sociale », que l'action médiatrice prend de l'épaisseur. L'État s'implique davantage, refuse de paraître un simple exécutant des volontés patronales. Cette intervention accrue passe d'abord, pour l'essentiel, par l'intermédiaire des préfets. Avec la victoire et l'affermissement de la République, le corps préfectoral connaît un profond renouvellement[39]. Son comportement se nuance, se diversifie, certains tiennent tête aux industriels prompts à vouloir faire réprimer leurs ouvriers turbulents. Cette attitude est encouragée par la circulaire de Waldeck-Rousseau du 27 février 1884, qui engage les préfets à intervenir pour apaiser les tensions entre patrons et ouvriers. Selon lui, cette médiation doit consister en « conférences avec les représentants des intéressés, où les malentendus s'expliquent, où apparaît plus clairement aux yeux des uns et des autres ce qu'il peut y avoir de fondé dans certaines doléances ; ce qu'il peut y avoir de légitime dans certaines prétentions ». On retrouve là la croyance des « opportunistes » selon laquelle les conflits résultent pour l'essentiel d'un malentendu susceptible d'être éclairci par la simple discussion. Cependant, les tentatives de médiation échouent souvent, car mises en œuvre trop tardivement ou dans des cas désespérés. En outre, les préfets médiateurs restent l'exception : « Les traditionnels l'emportent, qui préfèrent aux tracas de l'arbitrage et de l'enquête, le confort de l'abstention. Et s'ils se raréfient, ou se masquent, nombreux sont encore ceux qui, par affinité sociale, ou élective, se comportent comme les alliés, les doubles des patrons[40]. »

Pourtant, le mouvement est définitivement lancé : l'appareil d'État ne se comporterait plus autant et aussi systématiquement qu'auparavant comme une force surtout répressive. À partir de la fin du XIXe siècle, des membres du gouvernement se font eux-mêmes médiateurs, en général à la demande des ouvriers. À cet égard, le cas du cabinet Waldeck-Rousseau (juin 1899-juin 1902) est exemplaire. Après que le président du Conseil a mis fin par son arbitrage, en octobre 1899, à la grève du Creusot, le gouvernement reçoit de nombreuses demandes de médiation : celle des grévistes de Saint-Étienne et des mineurs de Perrecy-les-Forges en décembre 1899, des mineurs de Montceau en janvier 1900, de Carmaux en février et de Saint-Éloy en décembre, des cochers parisiens en mai et juin 1900, des tisseurs de Saint-Quentin en février et de Giromagny en septembre 1900, des ouvriers du bâtiment d'Angers en juillet-août 1900, des dockers de Marseille [41].

De manière plus structurelle, la loi du 27 décembre 1892 sur la conciliation et l'arbitrage, sur laquelle nous reviendrons, a ouvert la voie à une intervention directe des représentants de l'État dans la résolution des confrontations. Elle offre aux salariés la possibilité, de concert avec l'employeur, de désigner un arbitre, qui peut donc être un membre des pouvoirs publics ou du gouvernement.

Jusqu'à la Grande Guerre, le corps préfectoral demeure le principal interlocuteur des parties en désaccord. Selon les calculs réalisés à partir de la *Statistique des grèves*, il rassemble, pour la période 1898-1914, plus des deux tiers des interventions des membres de l'appareil d'État. Quant aux immixtions gouvernementales, elles conservent un niveau réduit, qui passe de 3,7 % du total des grèves en 1898-1899 à 5,6 % en 1905-1909, pour s'affaisser à 2,9 % entre 1910 et 1914 [42].

La Grande Guerre, dans un contexte où la paix sociale est une nécessité encore plus impérative qu'à l'accoutumée, semble introduire une certaine rupture dans la fréquence de l'intervention médiatrice de l'État. Dans les conflits parisiens de l'époque, il est présent une fois sur dix, proportion qui s'élève à plus d'un tiers pour les mouvements dépassant deux semaines. De surcroît, sur les 31 conventions collectives signées dans la capitale à l'issue d'une grève, 28 le sont dans le cadre d'une ingérence des pouvoirs publics [43]. Au niveau national, si les grèves de mai-juin 1917 s'achèvent assez vite et souvent par la satisfaction au moins partielle des revendications ouvrières, cela tient pour beaucoup à la pression exercée sur les établissements privés pour qu'ils se montrent compréhensifs afin de ne pas compromettre la défense nationale [44].

En somme, avec la guerre, l'État est plus présent qu'auparavant dans les rapports sociaux. Certes, au cours des années qui séparent la fin du conflit mondial du Front populaire, les pouvoirs publics en reviennent assez vite à une politique plus traditionnelle, donc moins interventionniste. Pourtant, l'expérience de 1914-1918 paraît avoir laissé des traces indélébiles : l'État s'immisce davantage dans les conflits du travail. Le gouvernement intervient dans 14 % des mouvements entre 1919 et 1924, dans 13,8 % de 1925 à 1929, et dans 12,3 % en 1930-1935 [45]. L'immédiat après-guerre est le moment le plus riche en matière de médiation des pouvoirs publics qui poursuivent en quelque sorte sur leur lancée de la guerre, d'autant plus volontiers que l'agitation sociale connaît alors un point culminant. À Paris en 1919, ils offrent leur arbitrage dans près d'un conflit sur quatre[46]. Pendant les années de la crise économique, ils négligent quelque peu le terrain de la grève, mais jamais autant qu'au début de la IIIᵉ République.

De la Grande Guerre au Front populaire, les représentants de l'appareil d'État qui s'entremettent dans les grèves ne sont plus les mêmes. Le personnel préfectoral est moins présent, avec environ un quart des interventions. Ce sont les inspecteurs du travail qui, pour l'essentiel, prennent la place des préfets : ils s'entremettent dans près du quart des cas, contre seulement 1 % entre 1898 et 1914. Et l'intervention des ministres représente 11,2 % du total, alors qu'ils n'étaient même pas enregistrés par la *Statistique des grèves* en 1898-1914[47].

En matière de médiation, le Front populaire marque un tournant, sinon une rupture. Il y a tout d'abord la célèbre négociation de Matignon, dans la nuit du 6 au 7 juin 1936. Pour la première fois en France, les pouvoirs publics se trouvent impliqués dans une discussion qui revêt un caractère global, national et réunit les acteurs du social au plus haut niveau (président du Conseil, dirigeants de la CGT et de la CGPF). D'autre part, la loi du 31 décembre 1936 sur l'arbitrage obligatoire implique beaucoup plus profondément les autorités dans la résolution des grèves. Le président du Conseil doit ainsi choisir lui-même un surarbitre en cas d'échec de la procédure de conciliation. Cet engagement des plus hauts représentants du pouvoir dans l'apaisement des conflits du travail se développe après la Seconde Guerre mondiale, avec l'extension du champ d'action de l'État social. Si les négociations de Grenelle en mai 1968 en sont une illustration spectaculaire, l'essentiel réside dans l'appel fréquent et récurrent, jusqu'à nos jours, à l'arbitrage ou à une prise de position des autorités.

La fonction conciliatrice de l'État ne peut être analysée sans évoquer l'importance du vote des lois dans l'apaisement des grèves. Des gouvernements trouvent là parfois le moyen de parer au plus pressé face à une agitation sociale grandissante et menaçante. Bien des mesures concernant le monde du travail sont votées dans le but évident, sinon toujours déclaré, d'éviter ou de mettre un terme à l'action revendicative des ouvriers. Les exemples foisonnent à partir des deux dernières décennies du XIXᵉ siècle. Ainsi la loi de 1884 « relative à la création des syndicats professionnels » est-elle « fille des grandes coalitions de 1878-1880 qui ont achevé de persuader les républicains de la nécessité de l'association [48] ». En 1890, la vive agitation du monde minier hâte sans doute le vote de la loi du 8 juillet qui institue les délégués mineurs.

Au tournant des XIXᵉ-XXᵉ siècles, à la poussée gréviste de 1899-1900 font écho quelques mesures sociales, tels le décret du 10 août 1899 sur les salaires dans les travaux publics, ou celui du 1ᵉʳ septembre 1899 qui met en place le Conseil supérieur du travail.

Dans l'entre-deux-guerres également, des lois sociales sont votées sous la pression des événements. Ainsi celle du 23 avril 1919 sur la journée de huit heures, adoptée non sans précipitation pour calmer les ardeurs d'un 1ᵉʳ mai qui s'annonce agité. Les lois de juin 1936 sur les 40 heures et les quinze jours de congés payés sont obtenues à la suite de la vague de grèves de mai-juin 1936, alors même que ces deux réformes d'envergure ne figurent pas dans le programme du Rassemblement populaire. Plus récemment, une autre poussée gréviste exceptionnelle, celle de Mai 1968, est suivie d'une loi le 27 décembre qui légalise la section syndicale d'entreprise.

Mais les pouvoirs publics se contentent de moins en moins de réagir face à l'événement ; ils s'attachent sans cesse davantage à organiser les rapports sociaux.

Prévenir et réguler

L'État républicain face aux grèves, c'est également l'histoire d'un long et difficile parcours vers l'encadrement, la régulation et l'institutionnalisation des conflits du travail.

Au XIXᵉ siècle, la législation sur la grève se trouve confrontée à des principes enracinés dans la Révolution française : la propriété, l'individualisme, le libéralisme. Or toute volonté de prévenir et de réguler efficacement la confrontation sociale ne peut que heurter ces principes, car elle s'accompagne d'un renforcement des rapports collectifs au détriment des seuls rapports individuels.

Il faut attendre la fin du XIXᵉ siècle, avec l'arrivée au pouvoir des « opportunistes », puis des radicaux, pour que la République s'engage dans la voie de la gestion de la grève, d'un traitement plus rationnel de ce phénomène qui, plus largement, s'intègre à la « question sociale » portée à l'avant-scène d'abord par les gambettistes et Waldeck-Rousseau.

La loi de 1884 sur les syndicats peut être considérée, si l'on rejoint l'esprit de ses initiateurs, comme un premier pas sur le chemin de la régulation des conflits[49]. Pour atteindre cet objectif, deux voies a priori complémentaires s'offrent aux républicains : la mise en œuvre d'un dispositif préventif pour régler les différends avant l'éclatement d'un affrontement ; la procédure de conciliation, destinée à résoudre rapidement les différends ouverts. C'est plutôt cette dernière démarche qui prévaut d'abord. En témoigne la loi du 27 décembre 1892 « sur la conciliation et l'arbitrage en matière de différends collectifs entre patrons et ouvriers ou employés », dont l'article premier stipule que :

« Les patrons, ouvriers ou employés entre lesquels s'est produit un différend d'ordre collectif portant sur les conditions du travail peuvent soumettre les questions qui les divisent à un comité de conciliation et, à défaut d'entente dans ce comité, à un conseil d'arbitrage... »

Mais les décisions de ce comité de conciliation, animé par un juge de paix, n'ont aucun caractère contraignant. Et chacune des parties dispose du droit de refuser toute conciliation. La faiblesse de cette loi réside justement dans le fait qu'elle n'impose rien. Sa portée en est réduite, et ses résultats globalement décevants. D'une part, elle se révèle le plus souvent incapable d'éviter que les différends tournent au conflit ouvert[50]. D'autre part, si le recours à la loi est recherché dans près d'un conflit sur quatre en 1893-1899, les arbitres ne parviennent à y mettre fin que dans 6,6 % des cas[51]. À partir de 1907, les recours deviennent nettement moins nombreux : jusqu'à la Grande Guerre, la loi est invoquée dans moins d'une grève sur cinq[52]. Dans l'entre-deux-guerres, elle tombe en désuétude : elle sert dans un peu moins de 9 % des conflits de 1919-1929, dans seulement 5,4 % de ceux de 1930-1935[53]. Son caractère facultatif, l'absence de toute contrainte dans l'application des sentences arbitrales, bref, son caractère peu directif, expliquent pour une large part son bilan médiocre.

Au tournant du siècle, avec le passage du socialiste indépendant Alexandre Millerand au ministère du Commerce et de l'Industrie, on assiste à la « première tentative systématiquement conduite au niveau le plus élevé pour régulariser les relations industrielles et pour assurer à l'État républicain [...] un pouvoir temporisateur et inévitablement intégrateur sur ces classes aux rapports considérés comme "sauvages", le patronat et le prolétariat[54] ». Par un décret du 17 septembre 1900, Millerand crée des conseils du travail dont le rôle est ainsi défini :

« Éclairer le Gouvernement et aussi les intéressés, patrons et ouvriers, sur les conditions nécessaires du travail, de faciliter par là même les accords syndicaux et les conventions générales entre ces intéressés, de fournir, en cas de conflit collectif, les médiateurs compétents qu'offrent au point de vue judiciaire les bureaux de conciliation prud'homaux, de suivre enfin et de signaler aux pouvoirs publics les effets produits par la législation protectrice du travail[55]. »

Ces conseils doivent donc notamment intervenir comme conciliateurs et arbitrer les différends entre patrons et ouvriers. Pour compléter ce dispositif, Millerand dépose au Parlement, en novembre 1900, un projet de loi destiné à prévenir et encadrer les conflits. Il prévoit, dans les entreprises d'au moins 50 salariés, l'institution de délégués ouvriers élus, chargés de représenter le personnel auprès du patron, de lui exposer leurs griefs. En cas de désaccord persistant, des arbitres doivent être désignés, et le contentieux porté devant le Conseil régional du travail. Si le patron s'y refuse, la grève peut être engagée après un vote majoritaire des ouvriers. La cessation du travail devient dès lors obligatoire pour tout le personnel, et, chaque semaine, un nouveau vote doit décider de la poursuite ou de l'arrêt du mouvement. Si ce projet s'inscrit de toute évidence dans une démarche devant conduire, à terme, à une forme d'arbitrage obligatoire, il ne l'institue nullement. Et fixer un seuil de 50 salariés revient à exclure de la loi la multitude de petites entreprises caractéristiques de l'industrie française. Ce projet, qui s'attire l'hostilité conjuguée du monde patronal et des syndicats ouvriers, n'est pas discuté au Parlement. La tentative régulatrice de Millerand échoue[56].

En 1908, l'ancien député socialiste Viviani, devenu ministre du Travail et de la Prévoyance sociale dans le cabinet Clemenceau, reprend le flambeau de Millerand : la loi du 17 juillet sur les Conseils consultatifs du travail ressuscite les Conseils du travail.

Mais cette loi n'a guère de résultats, et les Conseils ne fonctionnent jamais vraiment[57].

En somme, jusqu'à la Grande Guerre, le conflit social
continue d'échapper très largement à la régulation. Le patronat
reste souvent de droit divin, le syndicalisme d'action directe, et
le monde politique majoritairement d'inspiration libérale. Dans ce
contexte, la grève demeure pour l'essentiel une épreuve de force
entre des acteurs peu enclins à voir leurs conflits réglementés.

La Grande Guerre ouvre la voie à une conception nouvelle
du rôle de l'État : « La militarisation de l'économie a pour conséquence directe l'établissement d'un contrôle social de l'État [...]
elle institue d'abord le droit de l'État à gérer les conflits
sociaux[58]. »

Les usines de guerre sont le théâtre d'innovations initiées par
le ministre de l'Armement, le socialiste Albert Thomas. Son décret
du 17 janvier 1917 institue une procédure de conciliation et
d'arbitrage pour éviter la grève. Tout différend collectif doit être
déclaré au contrôleur de la main-d'œuvre. Dès réception de la
déclaration, il en saisit le Comité d'arbitrage régional ou départe-
mental. Si aucun accord n'intervient, un arbitre est désigné[59]. Les
événements poussent Thomas à imposer cette procédure : son
décret suit en effet de peu les mouvements de décembre 1916-jan-
vier 1917 dans les usines de guerre. Ils l'incitent également, dans
une circulaire du 5 février 1917, à souligner l'utilité des délégués
d'atelier, car « la présence d'ouvriers ayant la confiance de leurs
compagnons de travail [...] rend plus aisées les négociations et
évite des incidents[60] ». Pour le ministre, l'institution des délégués
doit favoriser l'application du décret sur la conciliation et l'arbitrage. Quelques mois plus tard, ce sont les grèves de la fin mai-
début juin 1917 qui conduisent Thomas à inviter les contrôleurs
de la main-d'œuvre, par une circulaire du 11 juin, à « faire procéder sans délai à la nomination de ces délégués[61] ». Même si la
pression des événements préside aux décisions prises, il n'en reste
pas moins que l'État ne s'est jamais autant impliqué dans la gestion du conflit, sans que personne ne songe, dans le contexte bien
spécifique de la guerre, à lui en contester le droit. Cependant, la
portée de ces mesures est réduite du fait même qu'elles doivent
être abandonnées une fois les hostilités terminées. D'ailleurs, des
lendemains de la Grande Guerre au Front populaire, peu de
progrès notables sont réalisés dans la voie de la régulation de la
grève. Certes, la loi de mars 1919 sur les conventions collectives

peut être rattachée à « l'intuition qui présidait à l'élaboration des textes précédents sur la conciliation et l'arbitrage : associer les syndicats ouvriers à l'œuvre de création du droit, à la vie de la société tout entière, au fonctionnement du social afin de les amener progressivement à entrer dans le rang[62] ». Mais la loi connaît un succès éphémère : 557 conventions sont enregistrées en 1919, seulement 345 dès l'année suivante ; la chute libre se poursuit jusqu'en 1935, où 29 accords sont signés[63].

Il faut attendre le Front populaire pour voir l'État se préoccuper de nouveau de la prévention et de la régulation des conflits, peu après la vague de grèves sans précédent de mai-juin 1936. La loi du 31 décembre, suite logique de celle du 26 juin sur les conventions collectives, indique que « tous les différends collectifs du travail doivent être soumis aux procédures de conciliation et d'arbitrage[64] ». La procédure, complexe, prévoit trois degrés de conciliation strictement limités dans le temps[65]. Si la conciliation entre les parties en conflit échoue, elles doivent désigner soit un arbitre commun, soit chacune un arbitre. En cas de désaccord entre les arbitres, ceux-ci choisissent un surarbitre sur une liste de membres en activité ou retraités des grands corps de l'État. Si le choix du surarbitre est rejeté par l'une des parties, le président du Conseil ou le ministre intéressé le désignent à leur place. Pour la première fois, les sentences sont obligatoires, mais aucune sanction n'est prévue en cas de non-exécution. Quoi qu'il en soit, cette loi a un impact réel : entre le 1er janvier 1937 et le 30 mars 1938, 35 % des conflits collectifs portés à la connaissance des préfets sont réglés très rapidement, sans la mise en mouvement des procédures légales ; 27 % le sont en quatre jours devant la commission départementale de conciliation et 37 % plus lentement, après passage aux commissions ultérieures ou par arbitrage ou surarbitrage[66]. Cette loi porte la régulation des relations professionnelles à un degré jamais atteint ; elle rompt avec la distance souvent affichée auparavant par l'appareil d'État, désormais pleinement impliqué.

Le 4 mars 1938 est votée une nouvelle loi qui complète celle du 31 décembre 1936. Elle instaure notamment une Cour suprême d'arbitrage. Présidée par le vice-président du Conseil d'État, elle rassemble des conseillers d'État, des magistrats, des fonctionnaires et des représentants de la CGT et de la CGPF. Elle fonctionne activement jusqu'en août 1939, puisqu'elle examine 1 756 recours et rend 1 350 arrêts[67].

Le décret-loi du 12 novembre 1938, sous le cabinet Daladier, modifie profondément l'esprit de la loi et sa pratique. Ainsi, l'accord direct, fréquent auparavant, diminue considérablement : il règle 34 % des conflits de mai à décembre 1938, mais seulement 22 % de janvier à juillet 1939. La conciliation s'éteint, les délégués patronaux n'assistant plus aux commissions : cette procédure met fin, aux mêmes dates, à 23 %, puis 14 % des différends. L'appareil arbitral se substitue donc de plus en plus au face-à-face entre les parties en conflit. Mais le système est sans cesse plus favorable aux patrons, dans un climat de défaite ouvrière et syndicale, en particulier après l'échec de la grève générale du 30 novembre 1938 [68].

Après la Seconde Guerre mondiale, la grève est inscrite dans la Constitution, et le chantier de la régulation ne tarde pas à être rouvert, alors que l'État ne cesse d'accroître ses domaines d'intervention dans l'économie et le social. Il s'inspire des tentatives de l'avant-guerre. Ainsi, avec la loi du 11 juillet 1950, est « remis en chantier [69] » le dispositif de mars 1938 : la conciliation demeure obligatoire, mais l'arbitrage devient facultatif. La loi se révèle peu efficace : entre 1950 et 1960, ce sont de 67 à 202 conflits par an qui sont concernés, puis de 29 à 93 entre 1961 et 1972, alors que chaque année se déroulent en moyenne, pendant cette période, autour de 2 000 grèves.

La procédure de médiation instituée par le décret du 5 mai 1955 ne rencontre guère plus de succès sur la durée. Elle est utilisée 146 fois en sept ans entre 1955 et 1961, 194 fois en onze ans entre 1962 et 1972. Au milieu des années 1970, ces mécanismes sont tombés en désuétude : en 1975, la conciliation et la médiation sont utilisées chacune dans trois conflits [70].

La loi Auroux du 14 novembre 1982 s'inscrit également dans une démarche de dialogue social et de prévention des conflits en imposant des négociations annuelles au niveau de la branche et/ou de l'entreprise. Mais ses résultats sont limités : dix ans après son entrée en vigueur, plus de la moitié des établissements de moins de cent salariés ne respectent pas cette obligation [71]. En somme, les pouvoirs publics ne sont jamais parvenus à mettre en place un système réellement efficace de régulation.

Pourtant, l'État dispose et use après 1945 de moyens élargis pour juguler les différends du travail. Avec les nationalisations de l'après-guerre, il lui est possible d'agir dans le sens de la prévention ou de l'apaisement en donnant l'impulsion, dans les entreprises qu'il contrôle, à des mesures sociales élargies par la suite au secteur privé. Renault joue ce rôle en particulier dans les années 1950-1960. Par exemple en 1955, alors que des conflits longs et durs se déroulent, un accord dit « coupe-feu » est signé chez Renault le 15 septembre : il prévoit notamment une hausse des salaires, ainsi qu'un processus de résolution pacifique des conflits. Après la signature de ce texte, de multiples accords d'entreprise sont paraphés qui mettent un frein à l'activité gréviste[72]. La Régie Renault accorde également avant la loi les 3e et 4e semaines de congés payés, dessinant ainsi un mouvement irréversible. Plus près de nous, en 1996, une entreprise publique, la RATP, se dote d'une procédure d'« alarme sociale » destinée à régler les différends par des négociations. Utilisée une centaine de fois chaque année, elle « débouche la plupart du temps sur un accord qui évite la grève[73] ».

En somme, de multiples procédures ont été mises en œuvre, surtout au cours du troisième âge de la grève, pour tenter de la prévenir ou d'en limiter la durée. Ces essais de régulation, rarement contraignants, rencontrent un succès en général modeste qui illustre la difficulté à trouver, dans un pays où la culture de la confrontation est enracinée, des instruments non conflictuels de régulation des rapports sociaux. Au fond, c'est bien la grève qui paraît tenir, sur la longue durée, cette dernière fonction.

Aux yeux de l'appareil d'État, le phénomène gréviste est d'abord et avant tout suspect. C'est certainement de cette réalité que découlent les trois fonctions majeures remplies par les pouvoirs publics. En effet, tant la répression que la négociation ou la prévention présentent comme objectif, par des méthodes certes radicalement différentes, de limiter, d'encadrer la portée des conflits du travail, d'en éviter la prolongation et l'extension. Un mouvement parallèle semble se dessiner : à mesure que l'appareil d'État desserre l'étau de sa politique répressive, il renforce son rôle d'arbitre et de médiateur. La IIIe République, à partir du moment où elle perçoit la grève autrement que comme un simple geste de sédition sociale, s'engage dans la voie de la régulation, poursuivie après 1945. Mais les résistances, les hésitations, font de la recherche de la prévention un long chemin tortueux qui peine à se dessiner, dans un système de relations sociales qui, de surcroît, trouve historiquement son équilibre dans le conflit ouvert.

CONCLUSION

Au terme de cette histoire de la grève contemporaine, l'intimité des relations entre elle et l'ensemble des fibres de la société apparaît de manière éclatante. Les champs social, économique, politique, juridique : chacun apporte sa pierre à l'édifice conflictuel forgé depuis la Révolution française. Bref, ses traits de caractère sont dessinés par son environnement.

Le statut de la grève, les pratiques déployées par les salariés en mouvement, les attitudes des syndicats, du patronat et de l'appareil d'État se transforment à mesure que l'action revendicative sort de la culpabilité pour conquérir progressivement sa légitimité, avant de participer à la régulation antagonique des relations sociales.

Dans un premier temps, celui de la coalition illicite consacrée par la loi Le Chapelier de juin 1791, la grève dans sa prime jeunesse est un instrument que le monde ouvrier utilise avec parcimonie. Elle présente les atours d'une pratique qui peine à trouver d'autres modes d'expression que ceux d'une certaine radicalité, tant les moyens de revendiquer et de s'organiser sont déniés au monde ouvrier. La coalition apparaît alors dépouillée de la sophistication et des codes que son accession au rang de fait social lui permet de construire. Les revendications sont simples : centrées sur le salaire, seule source de subsistance au niveau souvent assez réduit, elles s'attachent beaucoup moins aux conditions qualitatives du travail. Les techniques conflictuelles sont réduites :

hormis les grèves tournantes des ouvriers qualifiés de l'atelier, les arrêts de la production prennent les contours élémentaires de la désertion du lieu d'ouvrage. D'ordinaire peu organisée, la confrontation sociale présente plus que jamais des traits éruptifs et violents. Elle se heurte à l'intransigeance patronale qui rejette toute remise en cause de son pouvoir de droit divin et à la méfiance de l'appareil d'État qui tient le monde ouvrier en suspicion. La grève est donc alors un événement relativement exceptionnel, dangereux pour ceux qui l'utilisent puisque illégal, encore étranger à toute une frange du salariat.

Elle parvient cependant peu à peu à se frayer un chemin qui conduit d'abord à une tolérance officieuse accrue pour ses utilisateurs, puis à sa tolérance officielle, consacrée par la loi de mai 1864. Cette mesure libère assez vite les énergies si longtemps contenues. Le monde ouvrier se cristallise, rencontre un besoin accru de s'organiser et de revendiquer, à un moment où l'horizon de la deuxième révolution industrielle est proche. Les producteurs de l'atelier et de l'usine en expansion font de la grève l'instrument favori de leur volonté de voir creusés les droits et les protections qui commencent doucement à se mettre en place. De la fin des années 1860 à la Seconde Guerre mondiale, la confrontation sociale connaît une montée en puissance presque continue, se diffuse à des univers qui lui étaient jusque-là quasiment étrangers (ouvriers agricoles, employés). Les manières d'agir se compliquent, s'adaptent, se renouvellent. La revendication se fait plus fine, se diversifie, même si le salaire demeure prioritaire, dans un souci régulatoire cependant plus affirmé. La tactique gréviste s'enrichit de formes qui cherchent à épouser les méandres de la conjoncture, pour rendre la mise en mouvement plus efficace : symbole de son succès, la grève devient parfois générale, des modes revendicatifs promis à un bel avenir se dessinent, tels le débrayage et la journée d'action. Le syndicalisme s'empare de la grève pour l'ériger en instrument privilégié du renversement de la société capitaliste par l'action directe des ouvriers. Cela n'entrave cependant pas une tendance de fond : la fonctionnalisation des conflits du travail est en marche. Sous la conduite de syndicats sans cesse plus présents, les contours des pratiques conflictuelles sont subordonnés à l'efficacité recherchée : c'est vrai des tactiques évoquées précédemment ; c'est vrai aussi de la geste gréviste, moins festive, moins violente, et qui, même quand elle conserve ces traits, les instrumentalise pour accroître l'efficacité de l'action. Quant aux patrons et à l'État, auparavant plus portés à l'éradication des velléités revendicatives qu'à la conciliation, ils paraissent intégrer la présence d'une pratique désormais ancrée au cœur des rapports de l'usine. Certes, la répression, les refus sont encore très marqués ; pourtant, la voie choisie commence à bifurquer plus souvent vers la négociation et la prévention. Au cours de ce deuxième âge, l'ouvrier quitte les marges de la société, perd de son étrangeté ; ses choix de protestation paraissent donc eux-mêmes moins suspects et gagnent en légitimité. La grève, qui, au fond, avait été menaçante pour les fondements de l'ordre établi essentiellement dans certains discours syndicaux, ne l'est même plus dans ce domaine : dans les actes comme dans la parole, les militants se sont convertis pleinement à une utilisation fonctionnelle de la grève ; il n'est plus question de changer le monde avec elle, mais seulement de le modérer. Dès lors, la porte est grande ouverte à sa légitimation institutionnelle.

Cette entrée dans le troisième âge de la grève intervient officiellement et symboliquement avec son inscription dans la Constitution de la IVe République. La France, terre de régulation conflictuelle des rapports sociaux, avoue avoir trouvé avec la grève son instrument de prédilection. Elle est désormais utilisée par tout l'univers du salariat, de l'ouvrier jusqu'au cadre, de l'usine au bureau. Elle devient plus que jamais un mode de pression codifié, matérialisé par exemple par la multiplication des journées d'action destinées à montrer sa puissance et sa détermination pour ne pas avoir à en user, à établir un rapport de force nécessaire à une négociation sous tension. Le conflit et, à travers lui, les organisations du monde du travail participent au fonctionnement d'un système qui ne trouve pas toujours autrement les moyens d'une redistribution du progrès, en particulier au temps des Trente Glorieuses. Après l'éclatement de la crise économique mondiale porté à nu par le premier choc pétrolier d'octobre 1973, paraît cependant s'enclencher un processus de remise en cause de « l'apothéose de la société salariale [1] ». La condition salariale, ses protections, son plein-emploi stable, se fissurent. Les situations se font plus précaires, les « nouvelles formes "particulières" d'emploi ressemblent davantage à d'anciennes formes d'embauche, lorsque le statut des travailleurs s'effaçait devant les contraintes du travail » ; les acquis sociaux « deviennent des obstacles au regard de la mobilisation générale décrétée au nom de la compétitivité maximale », la « *déstabilisation* des stables » menace

« la classe ouvrière intégrée et des salariés de la petite classe moyenne [...] de basculement[2] ». Le salariat perd de sa force intégratrice, et cette fabrique des collectifs paraît désormais créatrice d'éclatement, d'atomisation, d'individualisation. Si, jusqu'au terme des années 1970, « le capitalisme ancien était une machine à produire de la généralité, [...] le capitalisme moderne a complètement modifié ses techniques d'organisation : c'est un système qui fonctionne à la particularité[3] ». Dans un tel contexte, la grève, cet instrument revendicatif qui se développe sur le terreau des identités collectives, entre-t-elle dans une phase de décomposition, un quatrième âge de la confrontation sociale perce-t-il à l'horizon ? Ou la grève, plus que jamais, est-elle destinée à raffermir et souder des généralités qui peinent à se construire ? Sans doute n'appartient-il pas à l'historien, plus à l'aise pour réfléchir au passé qu'au présent, moins encore à l'avenir, d'apporter une réponse à ces questions. Pourtant, quelques constats s'imposent. D'abord, le salariat, s'il perd de sa vigueur liante, demeure dans des proportions jamais atteintes la condition commune au monde du travail : il reste la clé de voûte des relations sociales. Dans ces conditions, la conflictualité ne paraît pas près de s'éteindre. D'ailleurs, les observateurs soulignent pour 1999-2000, après plusieurs années de baisse qui ont pu faire croire à l'achèvement de son parcours historique, « une reprise sensible » ou un « regain [qui] se confirme[4] ». Ensuite, la grève paraît s'ajuster aux conditions nouvelles de son environnement capitaliste : si les particularités se creusent, si les identités communes se diluent, bref, si l'individu et ses besoins propres l'emportent sur la collectivité et l'intérêt général, la grève n'est pas incapable de s'acclimater à ces circonstances. Elle n'en est pas à sa première adaptation : à l'atomisation des relations sociales réplique celle de la pratique revendicative, toujours plus localisée, ponctuelle, faite de débrayages qui répondent à des besoins immédiats circonscrits et marquent un peu une manière de consumérisme accentué de l'action revendicative[5]. Enfin, la grève parvient à toucher les secteurs où la précarisation de l'emploi est particulièrement prononcée, telle la restauration rapide, ou ceux qui, dans l'univers de la « nouvelle économie », érigent en système l'individualisation du travail. Au fond, la grève, habituée à être l'instrument des salariés les mieux intégrés, aux liens et aux solidarités les plus affirmés, accoutumée à se développer à partir d'intérêts partagés préalablement ressentis, est peut-être en train de renforcer sa fonction intégratrice, sa dimension familière de productrice d'identités.

Si la France de ce début de XXIᵉ siècle vit probablement, pour reprendre l'expression de l'historien américain Steven Kaplan, « la perte de la jouissance de la confrontation[6] », celle-ci conserve toute la vigueur de sa contribution, sur la longue durée de l'histoire, à son système de relations sociales.

NOTES

Introduction

1. *L'Humanité*, 9 juin 2001.

2. Par exemple C. Durand, P. Dubois, *La Grève*, Paris Presses de Sciences-Po, 1975.

3. G. Adam, J.-D. Reynaud, *Conflits du travail et changement social*, Paris, PUF, 1978.

4. A. Ross, P. Hartman, *Changin Patterns in Industrial Conflict*, New York, Wiley, 1960.

5. A. Touraine, « Les nouveaux conflits sociaux », *Sociologie du travail*, n° 1, janvier-mars 1975, p. 1-17.

6. Voir M. Aligisakis, « Typologie et évolution des conflits du travail en Europe occidentale », *Revue internationale du travail*, vol. 136, n° 1, printemps 1997, p. 79-101.

7. F. Dubet, « Introduction », *Sociologie du travail*, vol. XXXIX, n° 4, 1997, p. 395.

8. M. Wieviorka, « Le sens d'une lutte », dans A. Touraine *et alii*, *Le Grand Refus. Réflexions sur la grève de décembre 1995*, Paris, Fayard, 1996, p. 266. Voir aussi S. Béroud, R. Mouriaux (dir.), *Le Souffle de décembre. Le mouvement social de 1995 : continuités, singularités, portée*, Paris, Syllepse, 1997.

9. *Le Monde*, 5 août 2000.

10. *Libération*, 31 juillet 2000.

11. S. Kaplan, *La Fin des corporations*, Paris, Fayard, 2001, p. IX.

12. M. Perrot, *Les Ouvriers en grève. France, 1871-1890*, Paris-La Haye, Mouton, 1974.

13. Les principales sont celles de E. Shorter, C. Tilly, *Strikes in France (1830-1968)*, Cambridge, Cambridge University Press, 1974 ; G. Caire, *La Grève ouvrière*, Paris, Éditions ouvrières, 1978 ; G. Adam, *Histoire de la grève*, Paris, Bordas, 1981 ; P. Fridenson, « La grève ouvrière », dans A. Burguière, J. Revel (dir.), *Histoire de la France*, Paris, Le Seuil, t. V : *L'État et les conflits*, 1990, p. 355-453.

14. G. Groux, *Vers un renouveau du conflit social ?*, Paris, Bayard, 1998, p. 30. Souligné par l'auteur.
15. R. Castel, *Les Métamorphoses de la question sociale. Une chronique du salariat*, Paris, Gallimard, 1999 (1995).
16. R. Barthes, « L'usager de la grève », *Mythologies*, Paris, Le Seuil, 1995 (1957), p. 154.
17. M. Weber, *Essais sur la théorie de la science*, Paris, Plon, 1965, p. 181. Souligné par l'auteur.
18. Y. Lequin, *Histoire des Français XIXᵉ-XXᵉ siècle*, Paris, Armand Colin, t. II : *La Société*, 1983, p. 433.
19. A. Touraine, *Sociologie de l'action*, Paris, Le Livre de Poche, 2000 (1965), p. 170.
20. J.-D. Reynaud, *Sociologie des conflits du travail*, Paris, PUF, 1982, p. 25.
21. E. Neveu, *Sociologie des mouvements sociaux*, Paris, La Découverte, 1996, p. 33.
22. M. Winock, *La Fièvre hexagonale. Les grandes crises politiques 1871-1968*, Paris, Calmann-Lévy, 1986.
23. P. Bourdieu, « La grève et l'action politique », *Questions de sociologie*, Paris, Éditions de Minuit, 1984 (1980), p. 251.

PREMIÈRE PARTIE

Tendances

Chapitre premier – Les trois âges de la grève

1. G. Maspero, *Histoire ancienne des peuples de l'Orient*, Paris, Hachette, 1876, 2ᵉ éd., p. 540-541.
2. R. Fossier, *Le Travail au Moyen Âge*, Paris, Hachette, 2000, p. 132-138.
3. H. Hauser, *Ouvriers du temps passé (XVᵉ-XVIᵉ siècle)*, Genève-Paris, Slatkine, 1982 (1899), p. 177-234, ou J. Nicolas, *La Rébellion française. Mouvements populaires et conscience sociale 1661-1789*, Paris, Le Seuil, 2002, p. 291-351.
4. J.-J. Clère, « Aux origines du droit de grève », *Mémoires de la Société pour l'histoire du droit et des institutions des anciens pays bourguignons, comtois et normands*, 47ᵉ fascicule, EUD, 1990, p. 216-217. On parle alors de tric, taquehan, monopole, cabales.
5. S. Kaplan, *La Fin des corporations*, Paris, Fayard, 2001.
6. N. Olszak, *Histoire du droit du travail*, Paris, PUF, 1999, p. 16.
7. S. Kaplan, *La Fin...*, *op. cit.*, p. 564.
8. Voir *Ibid.*, p. 546-552, et W. H. Sewell, *Gens de métier et révolution*, Paris, Aubier-Montaigne, 1983, p. 127-130.
9. F. Ewald, *Histoire de l'État-providence. Les origines de la solidarité*, Paris, Grasset et Fasquelle, 1996 (1986), p. 19.
10. Pour une vue d'ensemble détaillée, sur la longue durée, de l'évolution du droit de grève, voir J.-J. Clère, *op. cit.*, p. 215-252.
11. S. Kaplan, « Réflexions sur la police du monde du travail, 1700-1815 », *Revue historique*, n° 529, janvier-mars 1979, p. 17-77.
12. *Ibid.*, p. 74.
13. Le texte intégral de la loi figure dans F. Soubiran-Paillet, « De nouvelles règles du jeu ? Le décret d'Allarde (2-17 mars 1791) et la loi Le Chapelier (14-17 juin 1791) », dans J.-P. Le Crom (dir.), *Deux Siècles de droit du travail. L'histoire par les lois*, Paris, Éditions de l'Atelier, 1998, p. 27.
14. R. Castel, *Les Métamorphoses...*, *op. cit.*, p. 306.
15. S. Kaplan, *La Fin...*, *op. cit.*, p. 596.

16. Ministère du Commerce, de l'Industrie, des Postes et des Télégraphes, Office du travail, *Les Associations professionnelles ouvrières*, Paris, Imprimerie nationale, t. I : *Agriculture – Mines – Alimentation – Produits chimiques – Industries polygraphiques*, 1899, p. 16.

17. S. Kaplan, *La Fin...*, *op. cit.*, p. 568.

18. J.-J. Clère, *op. cit.*, p. 221.

19. G. Boldt, P. Durand *et alii*, *Grève et lock-out*, CECA, Luxembourg, 1961, p. 15.

20. *Le Droit de grève à l'étranger*. *Notes documentaires et études*, n° 681, série internationale, 4 août 1947, 1ʳᵉ partie : *Grande-Bretagne – Australie – Nouvelle-Zélande – Suède*, Paris, La Documentation française, p. 4-10.

21. A. Dewerpe, *Le Monde du travail en France 1800-1950*, Paris, Armand Colin, 1989, p. 92.

22. R. Castel, *Les Métamorphoses...*, *op. cit.*, p. 519 et p. 524.

23. G. Noiriel, *Les Ouvriers dans la société française, XIXᵉ-XXᵉ siècle*, Paris, Le Seuil, 1986, p. 49.

24. Cité par M. Tournier, *Des mots sur la grève. Propos d'étymologie sociale*, Paris, Klincksieck, vol. 1, 1992, p. 51.

25. Rapports cités, *ibid.*, p. 54.

26. J. Laugenie, *Les Grèves en France de 1852 à 1864*, DES, Faculté des Lettres, Sorbonne, sd, p. 35.

27. Tableau réalisé à partir des chiffres fournis par *Les Associations...*, *op. cit.*, p. 27 et 40.

28. M. Moissonnier, *Les Canuts. « Vivre en travaillant ou mourir en combattant »*, Paris, Messidor/Éditions sociales, 1988 ; R. J. Bezucha, *The Lyon Uprising of 1834*, Cambridge, Harvard University Press, 1974. Sur la violence dans les grèves, voir 2ᵉ partie, chap. VI.

29. M. Perrot, *Les Ouvriers...*, *op. cit.*, p. 21.

30. J. Le Goff, *Du silence à la parole. Droit du travail, société, État (1830-1985)*, Quimperlé-Quimper, Calligrammes/La Digitale, 1985, p. 65.

31. M. Perrot, *Les Ouvriers...*, *op. cit.*, p. 74 ; M. Boivin, *Le Mouvement ouvrier dans la région de Rouen*, Rouen, Publications de l'Université de Rouen, 1989, p. 158-159.

32. F. L'huillier, *La Lutte ouvrière à la fin du Second Empire*, Paris, Armand Colin, 1957.

33. R. Gubbels, *La Grève, phénomène de civilisation*, Bruxelles, Institut de sociologie de l'Université libre de Bruxelles, 1962, p. 155.

34. J.-J. Clère, *op. cit.*, p. 228, note 1 ; G. Boldt, P. Durand *et alii*, *op. cit.*, p. 15.

35. Tableau réalisé à partir des chiffres fournis M. Perrot, *Les Ouvriers...*, *op. cit.*, p. 66 ; E. Andréani, *op. cit.*, p. 106 ; R. Goetz-Girey, *Le Mouvement des grèves en France (1919-1962)*, Paris, Sirey, 1965, p. 73. Nous ne disposons pas du nombre de journées de grève avant 1871, ni pour les années 1936-1938.

36. S. Sirot, « Emploi ouvrier, syndicalisation et grèves en Europe occidentale de 1880 à 1970 : entre rapprochements et creusement des singularités », *Cahiers d'histoire. Revue d'histoire critique*, n° 72, 3ᵉ trimestre 1998, p. 36-44.

37. R. Castel, *Les Métamorphoses...*, *op. cit.*, p. 520-521.

38. P. Gratton, *Les Luttes de classes dans les campagnes*, Paris, Anthropos, 1971, p. 463, et « Mouvement et physionomie des grèves agricoles 1890-1935 », *MS*, n° 71, avril-juin 1970, p. 3-38.

39. D. Gardey, *Un monde en mutation. Les employés de bureau en France 1890-1930. Féminisation, mécanisation, rationalisation*, Thèse d'histoire, Paris VII, 1995, p. 140-144.

40. J. Siwek-Poudyesseau, *Le Syndicalisme des fonctionnaires jusqu'à la guerre froide*, Lille, PUL, 1989, p. 91-92.

41. T. Geiger, *Die Klassengesellschaft im Schmelztiegel*, Köln-Hagen, 1949, p. 184.

42. M. Perrot, *Les Ouvriers...*, *op. cit.*, p. 23-25.

43. Voir G. Caire, *op. cit.*, p. 80.

44. J.-R. Tréanton, « Les conflits du travail », dans G. Friedmann, P. Naville (dir.), *Traité de sociologie du travail*, Paris, Armand Colin, 2, 1962, note p. 411.

45. R. Dahrendorf, *Classes et conflits de classes dans la société industrielle*, Paris-La Haye, Mouton, 1972, p. 68.

46. *Ibid.*, p. 67.

47. R. Goetz-Girey, *op. cit.*, p. 22. Voir 3ᵉ partie, chap. VII.

48. Voir 3ᵉ partie, chap. IX.

49. A. Petit, « Vivre dans le bassin minier du Nord-Pas-de-Calais sous l'Occupation, 1939-1945 », *Revue du Nord*, hors série 16, 2001.

50. C. Chevandier, *Cheminots en grève ou la construction d'une identité*, Paris, Maisonneuve et Larose, 2002, p. 184-204.

51. R. Blanpain, J.-C. Javillier, *Droit du travail communautaire*, Paris, LGDJ, 1991.

52. *Le Monde*, 17 octobre 2000.

53. J.-P. Juès, *La Grève en France*, Paris, PUF, 1998, p. 8.

54. G. Boldt, P. Durand *et alii*, *op. cit.*, p. 38.

55. M. Moreau, *La Grève*, Paris, Economica, 1998, p. 15.

56. R. Castel, *Les Métamorphoses...*, *op. cit.*, p. 522.

57. J. Siwek, *Les Syndicats de fonctionnaires depuis 1948*, Paris, PUF, 1989, p. 237-250.

58. A. Prost, « Les grèves de mai-juin 1968 », *L'Histoire*, n° 110, avril 1988, p. 36.

59. Tableau réalisé à partir des chiffres fournis par R. Goetz-Girey, *op. cit.*, p. 73 ; J.-P. Bachy, « L'État et les conflits », *RFAS*, 34ᵉ année, n° 1, janvier-mars 1981, p. 162. Le nombre de grèves ne figure pas pour 1968, celui des grévistes pour 1968 et 1971.

60. S. Sirot, « Emploi... », *op. cit.*, p. 42.

61. M. Aligisakis, *op. cit.*, p. 89.

62. *Ibid.*, p. 84.

63. Tableau réalisé à partir des chiffres fournis par J.-P. Bachy, *op. cit.*, p. 162 ; D. Furjot, C. Noël, « La conflictualité en 1986. Bilan statistique et qualitatif », *Travail et emploi*, n° 34, décembre 1987, p. 56 ; BIT, *Annuaire des statistiques du travail*, volumes annuels ; B. R. Mitchell, *International Historical Statistics. Europe 1750-1993*, New York, Stockton Press, 1998 ; « Les conflits en 2000 : le regain se confirme », *Premières synthèses*, n° 09.1, février 2002.

64. Ces statistiques ne prennent en compte ni la fonction publique hospitalière ni la fonction publique territoriale. « Les conflits en 2000... », *op. cit.*

65. R. Castel, « Travail et utilité au monde », *Revue internationale du travail*, vol. 135, n° 6, 1986, p. 680.

66. O. Filleule, « L'analyse des mouvements sociaux : pour une problématique unifiée », dans O. Filleule (dir.), *Sociologie de la protestation. Les formes de l'action collective dans la France contemporaine*, Paris, L'Harmattan, 1993, p. 39-40.

67. D. Furjot, C. Noël, « La conflictualité... », *op. cit.*, p. 68.

68. G. Groux, *Le Conflit en mouvement*, Paris, Hachette, 1996, p. 66-67.

69. J. Le Goff, *op. cit.*, p. 294.

70. M. Lallement, *Sociologie des relations professionnelles*, Paris, La Découverte, 1996, p. 82.

71. D. Furjot, C. Noël, « La conflictualité... », *op. cit.*, p. 68-69.

72. *Le Monde*, 19 février 2002.

73. D. Furjot, C. Noël, « La conflictualité... », *op. cit.*, p. 69.

74. *Le Monde*, 2 février 2001.

75. R. Mouriaux, « Les conflits augmentent nettement dans le privé », *Le Monde*, 7 mars 2001.

76. R. Castel, *Les Métamorphoses...*, *op. cit.*, p. 621.

77. J.-M. Pernot, « Chronique des mouvements sociaux », *L'État de la France 2001-2002*, Paris, La Découverte, p. 495 ; *Le Monde*, 7-8 janvier 2001.

Chapitre II – Visages de la grève

1. B. Karsenti, *Marcel Mauss. Le fait social total*, Paris, PUF, 1994, p. 44. Souligné par l'auteur.

2. C. Rist, « La progression des grèves en France et sa valeur symptomatique », *REP*, t. XXI, 1907, p. 169.

3. *Id.*, « Relations entre les variations annuelles du chômage, des grèves et des prix », *REP*, vol. XXVI, 1912, p. 753.

4. J. Bouvier, « Mouvement ouvrier et conjoncture économique », *MS*, n° 48, juillet-septembre 1964, p. 10.

5. J.-P. Aguet, *Contribution à l'étude du mouvement ouvrier français. Les grèves sous la monarchie de Juillet (1830-1847)*, Genève, Droz, 1954, p. 368-369.

6. M. Perrot, *Les Ouvriers en grève. France 1871-1890*, Paris-La Haye, Mouton, 1974, p. 119.

7. E. Andréani, *op. cit.*, p. 267.

8. R. Goetz-Girey, *op. cit.*, p. 137.

9. H. Lagrange, « Conjoncture économique et cycle des grèves », *Consommation. Revue de socio-économie*, n° 1, janvier-mars 1982, p. 63-64.

10. U. Rehfeldt, « Cycle des grèves et cycle économique : approches théoriques et comparatives en débat », *Chronique internationale*, IRES, n° 36, septembre 1995, p. 47-48.

11. M. Perrot, *Les Ouvriers...*, *op. cit.*, p. 111-112 et 122-123.

12. P. Besnard, *Mœurs et humeurs des Français au fil des saisons*, Paris, Balland, 1989, p. 111 et 124.

13. R. Goetz-Girey, *op. cit.*, p. 93-94.

14. P. Besnard, *op. cit.*, p. 261.

15. E. Andréani, *op. cit.*, p. 270.

16. R. Goetz-Girey, *op. cit.*, p. 156.

17. J.-J. Gislain, P. Steiner, *La Sociologie économique, 1890-1920*, Paris, PUF, 1995, p. 49-51.

18. M. Perrot, *Les Ouvriers...*, *op. cit.*, p. 135.

19. J.-P. Aguet, *op. cit.*, p. 369.

20. Cité par A. Faure, « Mouvements populaires et mouvement ouvrier à Paris (1830-1834) », *MS*, n° 88, juillet-septembre 1974, p. 57.

21. Cité par J. Néré, « Aspect du déroulement des grèves en France durant la période 1883-1889 », *Revue d'histoire économique et sociale*, vol. XXXIV, n° 3, juillet-septembre 1956, p. 293.

22. D. Baillaud, *La CGT et les problèmes économiques (1905-1914)*, Mm, Paris-VII, 1974.

23. A. Audit, *Les Fédérations confédérée et unitaire de Métaux, lieux d'émission d'analyses socio-économiques (1922-1935)*, Mm, Paris-I, 1986.

24. S. Sirot, « Syndicalisme et communisme. Pratiques et revendications sociales et politiques en France au temps des « Trente Glorieuses » : la tradition face à la modernisation », à paraître.

25. *Le Monde*, 4 juillet 2001.

26. C. Durand, P. Dubois, *La Grève*, Paris, Presses de Sciences-Po, 1975, p. 262.

27. R. Mouriaux, *Syndicalisme et politique*, Paris, Éditions ouvrières, 1985, p. 139.

28. Cité par M. Roux, *Les Grèves en France, 1815-1834*, DES, Paris, 1950, p. 35.

29. J.-P. Aguet, *op. cit.*, p. 112.

30. M. Moissonnier, « Le choc de 1830 : la naissance des temps nouveaux », dans C. Willard (dir.), *La France ouvrière*, Paris, Scandéditions/Éditions sociales, t. I : *Des origines à 1920*, 1993, p. 101.

31. Voir 3ᵉ partie, chapitre VII.

32. B. Badie, *Stratégie de la grève*, Paris, Presses de Sciences-Po, 1976.

33. S. Sirot, « Jaurès et la grève générale du Bâtiment parisien de 1898 », *Jean Jaurès. Bulletin de la Société d'études jaurésiennes*, n° 116, janvier-mars 1990, p. 3-8.

34. *Le Monde*, 24-25 avril 2001.

35. R. Gubbels, *op. cit.*, p. 277.

36. E. Neveu, *op. cit.*, p. 13.

37. Voir 3ᵉ partie, chap. IX.

38. E. Neveu, *op. cit.*, p. 101.

39. P. Dubois, « Recherches statistiques et monographiques sur la grève », *RFAS*, 34ᵉ année, n° 2, avril-juin 1980, p. 37.

40. E. Shorter, C. Tilly, « Les vagues de grèves en France, 1890-1968 », *Annales ESC*, n° 4, juillet-août 1973, p. 866.

41. M. Moissonnier, « Les chemins d'une mutation : neuf mois de grève à Cours » *CHIRM*, n° 33, 2ᵉ trimestre 1988, p. 49-54.

42. J.-P. Aguet, *op. cit.*, p. 388-391.

43. P. Champagne, *Faire l'opinion. Le nouveau jeu politique*, Paris, Éditions de Minuit, 1990, p. 65.

44. *Ibid.*, p. 65.

45. M. Perrot, *Les Ouvriers...*, *op. cit.*, p. 255.

46. AN F7 13 850.

47. O. Fillieule, « L'analyse... », *op. cit.*, p. 56.

48. G. Adam, J.-D. Reynaud, *op. cit.*, p. 75.

49. *Ibid.*, p. 56.

50. G. Adam, J.-D. Reynaud, *op. cit.*, p. 74.

51. P. Hassenteufel, « Les automnes infirmiers (1988-1992) : dynamiques d'une mobilisation », dans O. Fillieule (dir), *Sociologie...*, *op. cit.*, p. 110-111.

52. S. Lamarque, *Aspects locaux d'un grand conflit social : la grève de Péchiney-Noguères (été 1973)*, Mm, Pau, 2000, p. 114.

53. E. Sempère, *Le Mouvement de grève à la SMTU du 17 octobre 1983 au 23 février 1984*, Mm, Montpellier-III, 1996, p. 28-29.

54. Voir 2ᵉ partie, chap. VI.

55. D. Segrestin, « L'"effet territoire" dans la mobilisation ouvrière. Essai d'analyse de situation complexe », *Revue française de sociologie*, XXIV-I, janvier-mars 1983, p. 64 et 71.

56. *Le Monde*, 22 mai 2001.

57. M. Offerlé, *Sociologie des groupes d'intérêt*, Paris, Montchrestien, 1998 (1994), p. 122-123.

58. E. Sempère, *op. cit.*, p. 36-39.

59. *Cellatex : quand l'acide a coulé*, Paris-Montreuil, Syllepse/VO Éditions, 2001.

60. Y. Madec, *La Grève de l'entreprise Penarroya de Lyon-Gerland du 9 février au 11 mars 1972. Une grève « significative » : mythe ou réalité ?*, Mm, Paris-I, 1998, p. 130.

61. O. Fillieule, « L'analyse... », *op. cit.*, p. 58-59.

62. M. Thomé, *Le Mouvement social de novembre et décembre 1995 à travers les journaux télévisés de TF1 et de France 2*, Mm, Paris-I, 1999.

63. S. Kaplan, « La police... », *op. cit.*, et J. Nicolas, *op. cit.*

64. J.-P. Aguet, *op. cit.*, p. 365.

65. J. Laugenie, *op. cit.*, p. 222.
66. M. Perrot, *Les Ouvriers...*, *op. cit.*, p. 348-349.
67. G. Grunberg, R. Mouriaux, *L'Univers politique et syndical des cadres*, Paris, Presses de Sciences-Po, 1979.
68. F. Lemaître, « Les cadres n'hésitent plus à s'engager dans les conflits sociaux », *Le Monde*, 5 février 1997.
69. S. Schweitzer, *Les femmes ont toujours travaillé. Une histoire du travail des femmes aux XIXᵉ et XXᵉ siècles*, Paris, Éditions Odile Jacob, 2002.
70. C. Auzias, A. Houel, *La Grève des ovalistes. Lyon, juin-juillet 1869*, Paris, Payot, 1982.
71. M. Guilbert, *Les Femmes et l'organisation syndicale*, Paris, Éditions du CNRS, 1966, p. 204.
72. S. Sirot, *Les Conditions...*, *op. cit.*, p. 335.
73. A. Borzeix, M. Maruani, *Le Temps des chemises. La grève qu'elles gardent au cœur*, Paris, Syros, 1982, p. 101, 184, 243.
74. M.-C. Blanc-Chaléard, *Histoire de l'immigration*, Paris, La Découverte, 2001.
75. J.-P. Aguet, *op. cit.*, p. 374.
76. M. Perrot, *Les Ouvriers...*, *op. cit.*, p. 170-173.
77. R. Schor, *L'Opinion française et les étrangers en France. 1919-1939*, Paris, Publications de la Sorbonne, 1985.
78. G. Noiriel, *Le Creuset français. Histoire de l'immigration XIXᵉ-XXᵉ siècle*, Paris, Le Seuil, 1988, p. 330.
79. S. Sirot, *Les Conditions...*, *op. cit.*, p. 350.
80. J. Ponty, *Polonais méconnus. Histoire des travailleurs immigrés en France dans l'entre-deux-guerres*, Paris, Publications de la Sorbonne, 1988.
81. C. Wihtol de Wenden, *Les Immigrés et la politique. Cent cinquante ans d'évolution*, Paris, Presses de Sciences-Po, 1988, p. 147.
82. Y. Madec, *op. cit.*
83. T. Allal, J.-P. Buffard *et alii*, « Conflits et travailleurs immigrés dans la région parisienne », *Sociologie du travail*, n° 1, janvier-mars 1974, p. 34.
84. C. Wihtol de Wenden, « L'émergence d'une force politique ? Les conflits des immigrés musulmans dans l'entreprise », *Esprit*, 6, juin 1985, p. 229.
85. *Ibid.*, p. 223.
86. T. Allal, J.-P. Buffard *et alii*, *op. cit.*, p. 36.
87. M. Roux, *op. cit.*, p. 61.
88. E. Shorter, C. Tilly, *Strikes...*, *op. cit.*, p. 53 et 364.
89. R. Goetz-Girey, *op. cit.*, p. 89.
90. S. Dassa, « La durée des grèves en France. Étude des fiches de conflits du travail de 1976 », *Travail et Emploi*, n° 7, janvier 1981, p. 62.
91. D. Furjot, C. Noël, « La conflictualité... », *op. cit.*, p. 56.
92. *Strikes...*, *op. cit.*, p. 104-146.
93. E. Shorter, C. Tilly, « Les vagues... », *op. cit.*, p. 866.
94. M. Perrot, « Débat », *Ibid.*, p. 888-889.
95. C. Tilly, E. Shorter, « Les vagues... », *op. cit.*, p. 886.
96. *Ibid.*, p. 886.
97. F. Boll, « Changing forms of labor conflict : secular development or strike waves ? », dans L. H. Haimson, C. Tilly (dir.), *Strikes, Wars, and Revolutions in an International Perspective. Strikes Waves in the Late Nineteenth and Early Twentieth Centuries*, Cambridge/Paris, Cambridge University Press/MSH, 1989, p. 47-78.

Chapitre III – Revendications

1. M. Perrot, *Les Ouvriers...*, *op. cit.*, p. 253.

2. C. Durand, « Revendications explicites et revendications latentes », *Sociologie du travail*, n° 4, octobre-décembre 1973, p. 394-409.

3. J.-D. Reynaud, P. Bernoux, L. Lavorel, « Organisation syndicale, idéologie et politique des salaires », *Sociologie du travail*, n° 4, octobre-décembre 1966, p. 369.

4. S. Kaplan, « Réflexion... », *op. cit.*

5. J. Laugenie, *op. cit.*, p. 54-55.

6. J. P. Aguet, *op. cit.*, p. 373.

7. A. Faure, *op. cit.*, p. 59.

8. J.-P. Aguet, *op. cit.*, p. 375.

9. A. Faure, *op. cit.*, p. 60.

10. Cité par M. Roux, *op. cit.*, p. 118.

11. M. Perrot, *Les Ouvriers...*, *op. cit.*, p. 259-260.

12. *Ibid.*, p. 276.

13. S. Sirot, *Les Grèves...*, *op. cit.*, p. 88.

14. M. Perrot, *Les Ouvriers...*, *op. cit.*, p. 282.

15. Selon R. Boyer, « Rapport salarial, accumulation et crise : 1968-1982 », dans M. Kesselman, G. Groux (dir.), *1968-1982 : le mouvement ouvrier français. Crise économique et changement politique*, Paris, Éditions ouvrières, 1984, p. 30.

16. Voir les volumes annuels de la *Statistique des grèves*.

17. R. Boyer, « Les salaires en longue période », *Économie et statistique*, n° 103, septembre 1978, p. 40.

18. S. Sirot, *Les Conditions...*, *op. cit.*, p. 289-290.

19. R. Goetz-Girey, *op. cit.*, p. 124-125.

20. C. Durand, P. Dubois, *op. cit.*, p. 84.

21. R Boyer, « Rapport... », *op. cit.*, p. 34. Souligné par l'auteur.

22. *Ibid.*, p. 40.

23. G. Adam, F. Bon, J. Capdevielle, R. Mouriaux, *L'Ouvrier français en 1970. Enquête nationale auprès de 1 116 ouvriers d'industrie*, Paris, Armand Colin/ Presses de Sciences-Po, 1970.

24. D. Furjot, C. Noël, « La Conflictualité... », *op. cit.*, p. 61.

25. M. Durand, Y. Harff, « Panorama statistique des grèves », *Sociologie du travail*, n° 4, octobre-décembre 1973, p. 365-367.

26. J. Bunel, *La Mensualisation. Une réforme tranquille ?*, Paris, Éditions ouvrières, 1973.

27. « Les conflits en 1999 : une reprise sensible », *Premières informations*, n° 48.1, novembre 2000.

28. S. Lardy, *Les Syndicats français face aux nouvelles formes de rémunération. Le cas de l'individualisation*, Paris, L'Harmattan, 2000.

29. R. Sue, *Temps et ordre social. Sociologie des temps sociaux*, Paris, PUF, 1994, p. 73. Souligné par l'auteur.

30. Pour une vue d'ensemble, F. Guedj, G. Vindt, *Le Temps de travail. Une histoire conflictuelle*, Paris, Syros, 1997, p. 30-41, et A.-C. Decouflé, N. Svendsen, « Contribution à une histoire des durées du travail dans l'industrie française du milieu du XIXᵉ siècle à la Seconde Guerre mondiale », *Travail et emploi*, n° 20, juin 1984, p. 57-71.

31. M. Roux, *op. cit.*, p. 46.

32. J. Laugenie, *op. cit.*, p. 56.

33. *Ibid.*

34. M. Perrot, *Les Ouvriers...*, *op. cit.*, p. 259-260 et p. 284.

35. Cité par M. Perrot, *Les Ouvriers...*, *op. cit.*, p. 284-295.

36. *Ibid.*, p. 288.
37. AN F7 13 647, papillon de la Fédération des travailleurs du bâtiment, 1909.
38. J.-C. Richez, L. Strauss, « Un temps nouveau pour les ouvriers : les congés payés (1930-1960) », dans A. Corbin (dir.), *L'Avènement des loisirs 1850-1960*, Paris, Aubier, 1995, p. 376-412.
39. M. Perrot, *Les Ouvriers...*, *op. cit.*, p. 285-295 ; S. Sirrot, *Les Grèves...*, *op. cit.*, p. 99-101.
40. S. Sirot, *Les Conditions...*, *op. cit.*, p. 279.
41. *Ibid.*, p. 310-311.
42. *Id.*, « Pratique et revendication des congés payés en France avant le Front populaire. L'exemple parisien de 1919 à 1935 », *Vingtième Siècle. Revue d'histoire*, n° 50, avril-juin 1996, p. 89-100.
43. S. Maitre, *Les Grèves dans la Vienne de 1899 à 1935*, Mm, Paris-I, 1992, p. 83 ; F. Hordern, « Genèse et vote de la loi du 20 juin 1936 sur les congés payés », *MS*, n° 150, janvier-mars 1990, p. 22.
44. M. Durand, Y. Harff, *op. cit.*, p. 367 ; P. Dubois, C. Durand, *op. cit.*, p. 58.
45. *La Réduction du temps de travail*, rapport de D. Taddei, Paris, La Documentation française, 1997.
46. *Premières Informations*, novembre 2000.
47. *Le Monde*, 26 juin 2001.
48. Voir par exemple *Le Monde*, 7 juin 2001.
49. M. Perrot, « Les ouvriers et les machines en France dans la première moitié du XIXᵉ siècle », *Recherches*, n° 32-33, septembre 1978, p. 353.
50. Cité par M. Roux, *op. cit.*, p. 29.
51. M. Perrot, « Les ouvriers et les machines... », *op. cit.*, p. 357.
52. J.-P. Aguet, *op. cit.*, p. 11-13.
53. *Ibid.*, p. 374.
54. M. Perrot, *Les Ouvriers...*, *op. cit.*, p. 263.
55. L. de Seilhac, *Les Progrès du machinisme et l'hostilité ouvrière. La grève d'Hazebrouck 24 avril 1907-28 décembre 1908*, Paris, Arthur Rousseau, 1909.
56. P. Fridenson, *Histoire des usines Renault*, Paris, Le Seuil, t. I : *Naissance de la grande entreprise, 1898-1939*, 1972, p. 73-79.
57. *Ibid.*, p. 77.
58. G. Ribeill, « Les organisations du mouvement ouvrier en France face à la rationalisation (1926-1932) », dans M. de Montmollin, O. Pastré (dir.), *Le Taylorisme*, Paris, La Découverte, 1984, p. 128-133.
59. S. Sirot, *Les Conditions...*, *op. cit.*, p. 320 et 327.
60. A. Dewerpe, *Histoire du travail*, Paris, PUF, 2001, p. 101.
61. *Le Nouvel Observateur*, 18 mars 1974 ; cité par M. Venner, *Les Grèves en France dans* L'Express *et* Le Nouvel Observateur, *juillet 1968-juin 1974*, Mm, Paris-I, 1990, p. 153.
62. M. Durand, Y. Harff, *op. cit.*, p. 366-367.
63. D. Furjot, C. Noël, « La conflictualité... », *op. cit.*, p. 61.
64. « Les conflits en 2000... », *op. cit.*
65. J.-D Reynaud, *Les Syndicats, les patrons et l'État. Tendances de la négociation collective en France*, Paris, Éditions ouvrières, 1978, p. 17-18.
66. S. Sirot, *Les Conditions...*, *op. cit.*, p. 304.
67. *Ibid.*, p. 302, et G. Funffrock, *Les Grèves ouvrières dans le Nord (1919-1935). Conjoncture économique, catégories ouvrières, organisations syndicales et partisanes*, Roubaix, Edires, 1988, p. 66.
68. P. Dubois, « Les grèves et le droit à l'emploi », *RFAS*, 28ᵉ année, n° 1, janvier-mars 1974, p. 130.
69. D. Furjot, C. Noël, « La conflictualité... », *op. cit.*, p. 61.
70. « Les conflits en 2000... », *op. cit.*

71. « Radicalisation du domaine de la lutte », *Libération*, 31 juillet 2000.
72. J.-M. Pernot, « Chronique des mouvements sociaux », *L'État de la France 1999*, Paris, La Découverte, 2000, p. 470-471.
73. D. Furjot, C. Noël, « Les conflits du travail en 1988 : reprise économique et... retombées sociales », *Travail et Emploi*, n° 42, 4/1989, p. 72.
74. J.-M. Pernot, *op. cit.*, p. 470.
75. A. Dewerpe, *Histoire...*, *op. cit.*, p. 83.
76. A. Melucci, « Action patronale, pouvoir, organisation. Règlements d'usine et contrôle de la main-d'œuvre au XIXᵉ siècle », *MS*, n° 97, octobre-décembre 1976, p. 139-159.
77. S. Sirot, *Les Conditions...*, *op. cit.*, p. 275.
78. Cette méthode consiste à interdire un atelier, voire une ville, où ne sont pas respectés les tarifs ou d'autres conventions.
79. M. Roux, *op. cit.*, p. 40.
80. *Un ouvrier en 1820. Manuscrit inédit de Jacques Étienne Bédé*, Paris, PUF, 1984, introduction et notes de R. Gossez, p. 35.
81. M. Perrot, *Les Ouvriers...*, *op. cit.*, p. 304 et 307.
82. S. Sirot, *Les Conditions...*, *op. cit.*, p. 328.
83. G. Adam, J.-D. Reynaud, *op. cit.*, p. 260-261 ; H. Sinay (dir.), *L'Exercice des libertés syndicales dans les entreprises*, Strasbourg, Institut du travail, 1979, p. 296-297.
84. M. Miné, H. Rose, Y. Struillou, *Droit du licenciement des salariés protégés*, Paris, Economica, 1996, et *L'Humanité*, 14 septembre 1999.
85. « Abdel Mabrouki, le livreur de pizzas qui fait plier McDo », *Le Monde*, 26 janvier 2002.
86. M. Perrot, *Les Ouvriers...*, *op. cit.*, p. 260.
87. S. Sirot, *Les Conditions...*, *op. cit.*, p. 305.
88. *Le Monde*, 31 mars 2000.
89. *Ibid.*
90. *Énergies syndicales*, n° 3, mars 2002, p. 24.

DEUXIÈME PARTIE

Pratiques

Chapitre IV – Le cours de la grève

1. M. Perrot, *Faire l'histoire des grèves*, Liège, Université de Liège, sd, p. 10.
2. J.-P. Aguet, *op. cit.*, p. 43.
3. Rapport du préfet cité par M. Perrot, *Les Ouvriers...*, *op. cit.*, note 14, p. 416.
4. Rapport de gendarmerie du 7 mai 1890, *ibid.*, note 13, p. 416.
5. AN F22 204, rapport du 17 décembre 1929.
6. Cité par M. Boivin, *op. cit.*, p. 89, note 139.
7. L. Oury, *Les Prolos*, Paris, Denoël, 1973, p. 162.
8. E. Sempère, *op. cit.*, p. 28-29.
9. M. Perrot, *Les Ouvriers...*, *op. cit.*, p. 411-413.
10. S. Sirot, *Les Conditions...*, *op. cit.*, p. 405.
11. *La Petite République*, 10 août 1898.
12. F. L'Huillier, *op. cit.*, p. 56.
13. AN F7 13 908, rapport du 13 janvier 1926.
14. J.-P. Aguet, *op. cit.*, p. 31-32.
15. J. Masse, « Les grèves des mineurs et carriers du Var de 1871 à 1921 », *Annales du Midi*, t. 79, fascicule 2, n° 82, avril 1967, p. 207.

16. Cité par J.-J. Aublanc, *La Lutte pour l'application de la journée de huit heures dans le Livre*, Mm, Paris-I, 1972, p. 216.

17. Cité par L. Castellani, *Les Grèves de la métallurgie à Saint-Nazaire et à Nantes*, Mm, Paris-VII, 1982, p. 112.

18. *Protocole d'accord relatif au droit syndical et à l'amélioration du dialogue social à la RATP*, 23 octobre 2001, p. 12.

19. J.-M. Clerc, « Les conflits sociaux en France en 1970 et 1971 », *Droit social*, n° 1, janvier 1973, p. 21.

20. M. Perrot, *Les Ouvriers...*, *op. cit.*, p. 486.

21. G. Adam, *Histoire...*, *op. cit.*, p. 9.

22. *Le Monde*, 5 décembre 2001.

23. E. Coornaert, *Les Compagnonnages en France du Moyen Âge à nos jours*, Paris, Éditions ouvrières, 1966, p. 274 et 282.

24. AN F7 12 773, note M./1 777 du 10 février 1908.

25. M. Perrot, *Les Ouvriers...*, *op. cit.*, p. 488.

26. S. Sirot, *Les Conditions...*, *op. cit.*, p. 428.

27. E. Collin, *Les Ouvriers des ateliers du Métropolitain, leurs actions, leurs revendications, 1949-1956*, Mm, Paris-I, 1996, p. 109.

28. H. Sinay, *op. cit.*, p. 37, note 12.

29. S. Mallet, *La Nouvelle Classe ouvrière*, Paris, Le Seuil, 1969, p. 218-219.

30. P. Dubois, *Mort de l'État patron*, Paris, Éditions ouvrières, 1974, p. 273 ; J.-M. Clerc, *op. cit.*, p. 22.

31. *Le Monde*, 12 octobre 2001.

32. *Le Monde*, 14 décembre 2001.

33. R. Brécy, *La Grève générale en France*, Paris, EDI, 1969, p. 4.

34. *Statistiques des grèves et des recours à la conciliation et à l'arbitrage*, Paris, Imprimerie nationale, 1898, p. 252-271.

35. APP Ba 1401, rapport du 15 décembre 1907.

36. Voir 3ᵉ partie, chap. VII.

37. Au sens de la définition donnée par le ministère du Travail : « toute cessation collective d'activité résultant d'un mot d'ordre extérieur à l'entreprise ou à l'établissement, et pouvant affecter ces derniers non seulement au niveau national, mais également au niveau régional et local » ; M. Borrel, *Conflits de travail, changement social et politique en France depuis 1950*, Paris, L'Harmattan, 1996, p. 9.

38. M. Perrot, *Les Ouvriers...*, *op. cit.*, p. 489-497.

39. S. Sirot, *Les Conditions...*, *op. cit.*, p. 417.

40. G. Noiriel, *Les Ouvriers...*, *op. cit.*, p. 163.

41. P. Fridenson, « La grève... », *op. cit.*, p. 400.

42. Voir 1ʳᵉ partie, chap. II.

43. T. Masclot, *Aux origines du mouvement ouvrier aixois : syndicalisme et Bourse du travail 1890-1914*, *Les Cahiers du Centre fédéral Henri Aigueperse*, 2001, p. 101.

44. *L'Humanité*, 1ᵉʳ mars 1926.

45. AN F7 13 028, rapport de septembre 1934.

46. B. Badie, *op. cit.*, p. 72.

47. E. Andréani, *op. cit.*, p. 270.

48. *Le Monde*, 20 juin 2001.

49. M. Parodi, P. Langevin, J.-P. Oppenheim, N. Richez-Battesti, *La Question sociale en France depuis 1945*, Paris, Armand Colin, 2000, p. 17.

50. B. Badie, *op. cit.*, p. 161.

51. *Le Monde*, 15 septembre, 3 octobre et 18 octobre 2001.

52. Voir 1ʳᵉ partie, chap. premier.

53. *L'Université syndicaliste*, n° 556, 17 novembre 2001, p. 4.

54. J.-L. Robert, *Ouvriers et mouvement ouvrier parisiens pendant la Grande*

Guerre et l'immédiat après-guerre. Histoire et anthropologie, thèse d'État, Paris-I, 1989, p. 670.

55. S. Sirot, *Les Conditions...*, *op. cit.*, p. 430.

56. AN F7 13 909, rapport du 6 janvier 1932.

57. AN F7 13 835, rapport du 24 décembre 1929.

58. E. Collin, *op. cit.*, p. 105.

59. C. Morel, « Physionomie statistique des grèves », *RFAS*, octobre-décembre 1975, p. 191.

60. D. Furjot, C. Noël, « La conflictualité... », *op. cit.*, p. 62.

61. *Le Monde*, 12 octobre 2001.

62. E. Neveu, *op. cit.*, p. 24.

63. J. Laugenie, *op. cit.*, p. 90-94.

64. M Perrot, *Les Ouvriers...*, *op. cit.*, p. 450-484.

65. *La Gazette des tribunaux*, 24-25 décembre 1832. Cité par J.-P. Aguet, *op. cit.*, p. 32.

66. J.-P. Aguet, *op. cit.*, p. 371-372.

67. *Ibid.*, p. 78-79 et 93.

68. S. Sirot, *Les Grèves...*, *op. cit.*, p. 135-137. Voir 2ᵉ partie, chap. V.

69. S. Schweitzer, *Des engrenages à la chaîne. Les usines Citroën 1915-1935*, Lyon, Presses Universitaires de Lyon, 1982, p. 161.

70. N. Dusserre, *Syndicalisme et mouvement ouvrier aixois : la Bourse du travail de 1920 à 1939*, Mm, Aix-Marseille-I, 2000, p. 152.

71. R. Mouriaux, « La conflictualité dans les services publics », dans L. Rouban (dir.), *Le Service public en devenir*, Paris, L'Harmattan, 2000, p. 162.

72. J-D. Reynaud, *Les Syndicats...*, *op. cit.*, p. 126.

73. A. Prost, « Les grèves de mai... », *op. cit.*, p. 38.

74. F. Georgi, « "Vivre demain dans nos luttes d'aujourd'hui". Le syndicat, la grève et l'autogestion en France (1968-1988) », dans G. Dreyfus-Armand *et alii* (dir.), *Les Années 68. Le temps de la contestation*, Bruxelles, Complexe, 2000, p. 401.

75. P. Rozenblatt, « La forme coordination : une catégorie sociale révélatrice de sens », *Sociologie du travail*, n° 2, 1991, p. 246-248.

76. E. Neveu, *op. cit.*, p. 24-25.

77. J.-M. Denis, *Les Coordinations. Recherche désespérée d'une citoyenneté*, Paris, Syllepse, 1996, p. 85.

78. P. Rosanvallon, « L'efficacité de l'action », *CFDT Aujourd'hui*, n° 19, mai-juin 1976, p. 30-38.

79. Par exemple F. Regourd, *op. cit.*, p. 214, qui se pose la question : « La grève fut-elle efficace ? ».

80. E. Shorter, C. Tilly, *Strikes...*, *op. cit.*, p. 369.

81. R. Goetz-Girey, *op. cit.*, p. 156 ; M. Durand, Y. Harff, *op. cit.*, p. 370.

82. Voir 1ʳᵉ partie, chap. II.

83. S. Erbès-Seguin, *Syndicats et relations de travail dans la vie économique française*, Villeneuve-d'Ascq, PUL, 1985, p. 75.

84. S. Dassa, « Conflits ou négociation ? Les grèves, leurs résultats et la taille des entreprises », *Sociologie du travail*, n° 1, janvier-mars 1983, p. 35.

85. M. Perrot, *Les Ouvriers...*, *op. cit.*, p. 667 ; S. Sirot, *Les Conditions...*, *op. cit.*, p. 573.

86. Voir 3ᵉ partie, chap. VIII.

87. H. Sinay, J.-C. Javillier, *La Grève*, Paris, Dalloz, 1984, p. 540-541.

88. Voir 3ᵉ partie, chap. IX.

89. Voir 2ᵉ partie, chap. V.

90. Voir 3ᵉ partie, chap. VIII.

Chapitre V – Une journée de grève

1. Voir 2ᵉ partie, chap. VI.
2. M. Leroy, *La Coutume ouvrière. Syndicats, Bourses du travail, Fédérations professionnelles, coopératives. Doctrines et institutions*, Paris, M. Giard et E. Brière, t. I, 1913, p. 262.
3. Sur les origines croisées et complémentaires de cette expression célèbre, voir M. Tournier, « Les *jaunes* : un mot-fantasme à la fin du XIXᵉ siècle », dans M. Tournier, *op. cit.*, p. 181-205.
4. M. Roux, *op. cit.*, p. 59.
5. A. Faure, *op. cit.*, p. 63.
6. Cité par J. Frémontier, *La Forteresse ouvrière : Renault. Une enquête à Boulogne-Billancourt chez les ouvriers de la Régie*, Paris, Fayard, 1971, p. 345.
7. Voir 2ᵉ partie, chap. VI.
8. J.-P. Aguet, *op. cit.*, p. 35.
9. D. Cooper-Richet, « La foule en colère : les mineurs et la grève au XIXᵉ siècle », *Revue d'histoire du XIXᵉ siècle*, nᵒ 17, 1998/2, p. 57-67 ; J.-P. Aguet, *op. cit.*, p. 347.
10. Voir 2ᵉ partie, chap. VI.
11. AN F7 13 843, rapport du 20 mai 1924.
12. J. Alfandri, *Des tabletiers aux boutonniers de la région de Méru, 1880-1910*, Thèse d'histoire, Paris-I, janvier 2000, p. 263.
13. J.-P. Aguet, *op. cit.*, p. 77.
14. APP Ba 180, rapport du 10 juin 1882 ; cité par M. Perrot, *Les Ouvriers...*, *op. cit.*, p. 514.
15. *Ibid.*, p. 514.
16. B. Ratel, *L'Anarcho-syndicalisme dans le bâtiment en France entre 1919 et 1939. Histoire et identité du mouvement anarcho-syndicaliste dans un cadre professionnel : l'influence et les faiblesses d'une organisation syndicale révolutionnaire adaptée aux spécificités de l'industrie du bâtiment*, Mm, Paris-I, 2000, p. 186.
17. *Le Monde*, 25 avril 2002.
18. *Ibid.*, 21 février 2002.
19. Voir par exemple *Le Monde*, 7-8, 12 et 19 janvier 2001, à propos de la grève des traminots de Rouen.
20. Cité par J. Kergoat, « Sous la plage, la grève. 1958-1968 : l'histoire de l'explosion ouvrière en Mai 68 reste encore à faire », *Critique communiste*, 1ᵉʳ trimestre 1978, p. 65, note 87.
21. *La Gazette des tribunaux*, 19 décembre 1855 ; cité par J. Laugenie, *op. cit.*, p. 99.
22. M. Perrot, *Les Ouvriers...*, *op. cit.*, p. 513.
23. J. Masse, « Les grèves des mineurs et carriers du Var de 1871 à 1921 », *Annales du Midi*, t. 79, fascicule 2, nᵒ 82, avril 1967, p. 199.
24. B. Ratel, *op. cit.*, p. 186.
25. H. Prouteau, *Les Occupations d'usines en Italie et en France (1920-1936)*, Paris, Librairie technique et économique, 1937.
26. J. Ponty, *op. cit.*, p. 306.
27. *Bulletin du minitère du Travail*, juillet-septembre 1936, p. 357.
28. L. Eudier, « Bréguet-Le Havre : première grève occupation en 1936 », *CHIMT*, nᵒ 29, novembre-décembre 1972, p. 68.
29. Témoignage de Madeleine Coliette, syndicaliste CGT des employés. Cité par G. Lefranc, *Histoire du Front populaire (1934-1938)*, Paris, Payot, 1965, p. 459.
30. Voir 2ᵉ partie, chap. VI.
31. Témoignage dans A. Borzeix, M. Maruani, *op. cit.*, p. 183.

32. R. Mencherini, *Guerre froide, grèves rouges. Parti communiste, stalinisme et luttes sociales en France : les grèves « insurrectionnelles » de 1947-1948*, Paris, Syllepse, 1998, p. 71.

33. H. Sinay, J.-C. Javillier, *op. cit.*, p. 38, note 16.

34. J. Laot, M. Le Tron, « Aspects de la grève », *CFDT Aujourd'hui*, n° 19, mai-juin 1976, p. 10.

35. *La Vie ouvrière*, 29 juin 1968 ; cité par A. Prost, « Les grèves de mai... », *op. cit.*, p. 38.

36. A. Borzeix, M. Maruani, *op. cit.*, p. 182-183.

37. P. Dubois, « Les grèves et le droit... », *op. cit.*, p. 135.

38. G. Adam, J.-D. Reynaud, *op. cit.*, p. 299.

39. G. Adam, « La défense de l'emploi et de l'entreprise », *Droit social*, n° 2, février 1978, p. 12.

40. P. Dubois, « Les grèves... », *op. cit.*, p. 135-136.

41. V. Benoît, *Le Conflit de la CIP, Haisnez-lez-Bassée (62), juillet 1975-janvier 1977*, Mm, IEP de Grenoble, 1997, p. 12.

42. Cité par G. Adam, *Histoire...*, *op. cit.*, p. 94.

43. J. Savatier, « L'occupation des lieux du travail », *Droit social*, n° 9-10, septembre-octobre 1988, p. 661.

44. D. Furjot, C. Noël, « La conflictualité... », *op. cit.*, p. 63 et « Les conflits... », *op. cit.*, p. 66.

45. *Le Monde*, 20 avril 2001.

46. *Le Monde*, 12 juin 2001.

47. *Le Monde*, 5-6 août 2001.

48. *La Gazette des tribunaux*, 4 septembre 1840 ; cité par J.-P. Aguet, *op. cit.*, p. 207.

49. M. Perrot, *Les Ouvriers...*, *op. cit.*, p. 590.

50. Rapport du préfet du Nord, 3 avril 1889 ; cité par M. Perrot, *Ibid.*, p. 590.

51. J. Masse, *op. cit.*, p. 201.

52. Y. Lequin (dir.), *Histoire...*, *op. cit.*, p. 291.

53. V. Paroux, *Débits et débitants de boissons dans le dix-huitième arrondissement de Paris pendant l'entre-deux-guerres*, Mm, Paris-I, 1994, p. 180-181.

54. J.-L Robert, *op. cit.*, p. 1136.

55. AN F7 13 719 ; *ibid.*, p. 1136.

56. S. Lamarque, *op. cit.*, p. 80.

57. P. Bourdieu, « La délégation et le fétichisme politique », *Actes de la recherche en sciences sociales*, n° 52-53, juin 1984, p. 49. Souligné par l'auteur.

58. S. Bosc, « Démocratie et consensus dans les grèves », *Sociologie du travail*, n° 4, octobre-décembre 1973, p. 455.

59. P. Bourdieu, « La délégation... », *op. cit.*, p. 52.

60. *Bastille-République-Nation, Le Journal*, n° 5, 30 avril 2001, p. 13.

61. *Le Monde*, 11 avril 2001.

62. M. Perrot, *Les Ouvriers...*, *op. cit.*, p. 592-594.

63. D. Leschi, « La construction de la légitimité d'une grève : le rôle des assemblées générales de la gare de Lyon », *Sociologie du travail*, vol. XXXIX, 4/1997, p. 510.

64. M. Perrot, *Les Ouvriers...*, *op. cit.*, p. 594.

65. G. Funffrock, *op. cit.*, p. 468.

66. *La République*, 2 juillet 1973 ; cité par S. Lamarque, *op. cit.*, p. 79.

67. AN F22 174, rapport du 12 novembre 1919.

68. M. Perrot, *Les Ouvriers...*, *op. cit.*, p. 595-596.

69. AN F7 13 654, rapport du 24 juillet 1911.

70. APP Ba 1 382, rapport du 4 septembre 1909. En majuscules dans le texte.

71. R. Trempé, *Les Mineurs de Carmaux, 1848-1914*, Paris, Éditions ouvrières, 1971, p. 694, 707, 734-735.

72. *Le Cri des travailleurs*, 25 mars 1900 ; cité par R. Trempé, *op. cit.*, p. 707.

73. G. Funffrock, *op. cit.*, p. 137-138.

74. M. Zancarini-Fournel, « Retour sur "Grenelle" : la cogestion de la crise ? », dans G. Dreyfus-Armand *et alii* (dir.), *op. cit.*, p. 456-459.

75. J.-P. Thomas, *La CGTU et la stratégie des grèves (1922-1926)*, Mm, Paris-I, 1971-1972, p. 28.

76. *La Vérité*, 14 octobre 1955. Cité par L. Castellani, *op. cit.*, p. 102-103.

77. *La Nouvelle Vie ouvrière*, 22 mars 2002, p. 12.

78. M. Perrot, *Les Ouvriers...*, *op. cit.*, p. 595.

79. Rapport de l'inspecteur spécial, 30 juillet 1888, cité par M. Perrot, *ibid.*, p. 596.

80. S. Sirot, *Les Conditions...*, *op. cit.*, p. 487-489.

81. P. Bourdieu, « La délégation... », *op. cit.*, p. 52-53. Souligné par l'auteur.

82. Cité par R. Trempé, *op. cit.*, p. 706.

83. Cité par E. Collin, *op. cit.*, p. 106.

84. M. Perrot, *Les Ouvriers...*, *op. cit.*, p. 594.

85. APP Ba 1 399, rapport du 16 octobre 1898.

86. E. Constant, « Les conflits sociaux dans le département du Var sous le Second Empire », *Actes du 83ᵉ congrès national des sociétés savantes, Aix-Marseille 1958. Section d'histoire moderne et contemporaine*, Paris, Imprimerie nationale, 1959, p. 561.

87. J. Néré, *op. cit.*, p. 292-293.

88. AN F22 181, fiche de grève.

89. S. Sirot, *Les Conditions...*, *op. cit.*, p. 509.

90. M. Leroy, *op. cit.*, p. 261.

91. P. Chauvet, *Les Ouvriers du Livre et du Journal. La Fédération française des travailleurs du livre*, Paris, Éditions ouvrières, 1971, p. 94.

92. *Syndicalisme hebdo*, 15 mars 1973.

93. *La Petite République*, 12 janvier 1906.

94. M. Perrot, *Les Ouvriers...*, *op. cit.*, p. 535-536.

95. J. Capdevielle, E. Dupoirier, G. Lorant, *La Grève du Joint français. Les incidences politiques d'un conflit social*, Paris, Presses de Sciences-Po, 1975, p. 71.

96. *Ibid.*, p. 64-65.

97. B. Abhervé, *La Grève des métallurgistes parisiens de juin 1919*, Mm, Paris-VIII, 1973, p. 121.

98. *Agenda 1913 de la Fédération nationale des travailleurs de l'industrie du bâtiment de France et des colonies*, Villeneuve-Saint-Georges, Imprimerie coopérative ouvrière, sd, p. 216.

99. M. Roux, *op. cit.*, p. 143-145.

100. *Ibid.*, p. 144.

101. J.-P. Aguet, *op. cit.*, p. 80.

102. J. Laugenie, *op. cit.*, p. 99-100.

103. *Ibid.*, p. 100.

104. M. Perrot, *Les Ouvriers...*, *op. cit.*, p. 523-524.

105. M. Pigenet, « Prestations et services dans le mouvement syndical français (1860-1914) », *CHIRM*, n° 51, printemps 1993, p. 16-17.

106. M. Leroy, *op. cit.*, p. 257.

107. Voir 2ᵉ partie, chap. VI.

108. H. Coulonjou, « 1963 : la grève des mineurs », *L'Histoire*, n° 102, juillet-août 1987, p. 81.

109. J. Capdevielle, E. Dupoirier, G. Lorant, *op. cit.*, p. 92.

110. P. Mathiot, *Étude socio-politique d'un conflit ouvrier de la fin des années 1980 : monographie de la grève Peugeot-Sochaux (septembre-octobre 1989)*, DEA, IEP de Paris, 1990, p. 53.
111. N. Mercier, D. Segrestin, *op. cit.*

Chapitre VI – La geste gréviste

1. J.-C. Javillier, *Les Conflits du travail*, Paris, PUF, 1981, p. 24.
2. Notamment M. Rodriguez, *Le 1er Mai*, Paris, Gallimard/Julliard, 1990, ou M. Hastings, « Identité culturelle locale et politique festive communiste : Halluin-la-Rouge 1920-1934 », *MS*, n° 139, avril-juin 1987.
3. N. Gérôme, D. Tartakowsky, *La Fête de l'Humanité. Culture communiste, culture populaire*, Paris, Messidor/Éditions sociales, 1988.
4. Voir notamment G. Lefranc, *Juin 36*, « *l'explosion sociale* » *du Front populaire*, Paris, Julliard, 1966.
5. M. Perrot, *Les Ouvriers...*, *op. cit.*, p. 548.
6. J. Julliard, « Pourquoi la grève est aussi une fête », *Le Nouvel Observateur*, 10 juin 1974.
7. M. Gillet, « "La grève c'est la fête", XIXe et XXe siècle », *Revue du Nord*, t. LXIX, n° 274, juillet-septembre 1987, p. 645.
8. M. Perrot, *Les Ouvriers...*, *op. cit.*, p. 548.
9. Y. Lequin, *Les Ouvriers de la région lyonnaise (1848-1914)*, Paris, Presses Universitaires de Lyon, t. 2, 1977, p. 139.
10. Y.-M. Bercé, *Fête et révolte. Des mentalités populaires du XVIe au XVIIIe siècle*, Paris, Hachette, 1994.
11. M. Verret, « Conclusion », dans A. Corbin, N. Gérôme, D. Tartakowsky (dir.), *Les Usages politiques des fêtes aux XIXe-XXe siècles*, Paris, Publications de la Sorbonne, 1994, p. 425.
12. S. Sirot, *Les Conditions...*, *op. cit.*, p. 536.
13. Voir, dans ce chapitre, le passage qui leur est consacré.
14. P. Guillaume, « Grèves et organisations ouvrières chez les mineurs de la Loire au milieu du XIXe siècle », *MS*, n° 43, avril-juin 1963, p. 7.
15. M. Perrot, *Les Ouvriers...*, *op. cit.*, p. 562-565.
16. E. Carassus, *Les Grèves imaginaires*, Paris, Éditions du CNRS, 1982, p. 63-82.
17. *La Lanterne falaisienne*, 3 au 10 mai 1894 ; cité par M. Perrot, « Aperçu sur le mouvement ouvrier et socialiste dans le Calvados (1871-1914) », *Actes du 81e congrès des Sociétés savantes. Rouen-Caen*, Paris, PUF, 1956, p. 762.
18. M. Perrot, « Le regard de l'Autre : les patrons français vus par les ouvriers (1880-1914) », dans M. Lévy-Leboyer (dir.), *Le Patronat de la seconde industrialisation*, Paris, Éditions ouvrières, 1979, p. 293-306.
19. M. Perrot, *Les Ouvriers...*, *op. cit.*, p. 549.
20. *Le Peuple*, 14 octobre 1926.
21. *Le Populaire*, 18 avril 1923.
22. M. Perrot, *Les Ouvriers...*, *op. cit.*, p. 528.
23. APP Ba 1 369, dépêche télégraphique du 6 août 1907.
24. APP Ba 1 386, rapport du 15 juin 1929.
25. S. Lamarque, *op. cit.*, p. 117-119.
26. Programmes cités par M. Perrot, *Les Ouvriers...*, *op. cit.*, p. 529.
27. *L'Humanité*, 10 février 1933. En majuscules dans le texte.
28. *La Vie ouvrière*, 7 mars 1924. En majuscules dans le texte.
29. C. Bédarida, « Une usine occupée par ses ouvriers reçoit 600 personnes pour un spectacle de soutien », *Le Monde*, 11 septembre 2001.
30. Tract de l'UD 93 de la CNT, février 2002.
31. *L'Humanité*, 27 janvier 1933.

32. *Ibid.*, 26 mai 1929.

33. J. Alfandari, *op. cit.*, p. 263.

34. *Le Petit Ardennais*, 15 juin 1936 ; cité par M. Cart, « Les grèves dans les Ardennes en 1936, à partir des rapports officiels et de la presse », *Revue historique ardennaise*, t. XXI, 1986, p. 81.

35. M. Bergère, « Les grèves en France : le cas du Maine-et-Loire », dans G. Dreyfus-Armand *et alii* (dir.), *op. cit.*, p. 323.

36. S. Wolikow, *Le Front populaire en France*, Bruxelles, Complexe, 1996, p. 154.

37. N. Gérôme, « Images de l'occupation de l'usine à gaz de Poitiers », dans J. Bouvier (dir.), *La France en mouvement, 1934-1938*, Seyssel, Champ Vallon, 1986, p. 64.

38. O. Fillieule, *Stratégies de la rue. Les manifestations en France*, Paris, Presses de Sciences-Po, 1997, p. 43-44. Souligné par l'auteur.

39. V. Robert, *Les Chemins de la manifestation (1848-1914)*, Lyon, Presses Universitaires de Lyon, 1996, p. 74.

40. Voir H. G. Hubrecht, « Le droit français de la manifestation », dans P. Favre (dir.), *La Manifestation*, Paris, Presses de Sciences-Po, 1990, p. 181-206.

41. M. Perrot, *Les Ouvriers...*, *op. cit.*, p. 553.

42. V. Robert, *op. cit.*, p. 303.

43. S. Sirot, *Les Conditions...*, *op. cit.*, p. 524.

44. M. Perrot, *Les Ouvriers...*, *op. cit.*, p. 552.

45. D. Tartakowsky, *Le pouvoir est dans la rue. Crises politiques et manifestations en France*, Paris, Aubier, 1998, p. 72.

46. P. Champagne, « La manifestation. La production de l'événement politique », *Actes de la recherche en sciences sociales*, n° 52-53, juin 1984, p. 33.

47. D. Tartakowsky, *Les Manifestations de rue en France, 1918-1968*, Paris, Publications de la Sorbonne, 1997, p. 89.

48. J.-P. Aguet, *op. cit.*, p. 51.

49. *La Gazette des tribunaux*, 28 août 1833 ; cité par J.-P. Aguet, *op. cit.*, p. 27.

50. *Ibid.*, p. 257.

51. *La Gazette des tribunaux*, 11 juillet 1833 ; *ibid.*, p. 30.

52. D. Tartakowsky, *Les Manifestations...*, *op. cit.*, p. 86.

53. E. Hobsbawn, *Labouring Men : Studies in the History of Labour*, New-York, Basic Books, 1964, p. 7.

54. J.-P. Aguet, *op. cit.*, p. 51.

55. M. Perrot, « Le regard... », *op. cit.*, p. 296.

56. F. L'Huillier, *op. cit.*, p. 65-66.

57. D. Tartakowsky, *Le Pouvoir...*, *op. cit.*, p. 42.

58. *Le Socialiste*, 6 mai 1909 ; cité par M. Cadé, « Traditions identitaires du mouvement ouvrier français dans le Midi rouge, de la fin du XIXe siècle à nos jours », *MS*, n° 66, janvier-mars 1994, p. 101.

59. J. Alfandari, *op. cit.*, p. 263.

60. M. Cart, *op. cit.*, p. 79.

61. D. Tartakowsky, *Les Manifestations...*, *op. cit.*, p. 399.

62. P. Champagne, *Faire...*, *op. cit.*, p. 63.

63. M. Perrot, *Les Ouvriers...*, *op. cit.*, p. 557.

64. D. tartakowsky, *Le pouvoir...*, *op. cit.*, p. 43.

65. *L'Humanité*, 6 octobre 1928.

66. M. Perrot, *Les Ouvriers...*, *op. cit.*, p. 559.

67. G. Groux, *Le Conflit en mouvement*, Paris, Hachette, 1996, p. 129.

68. Cité par T. Masclot, *op. cit.*, p. 97.

69. Cité par D. Tartakowsky, *Les Manifestations...*, *op. cit.*, p. 128, note 54.

70. J. Kergoat, « Sous la plage... », *op. cit.*, p. 46.

71. J. Frémontier, *op. cit.*, p. 345.

72. P. Rozenblatt, *Compromis d'entreprise, médiation syndicale et dynamique sociale (réflexions à partir de la grève de la SNECMA, Mars-Mai 1988)*, *Cahiers de recherche du groupement d'intérêt public « Mutations industrielles »*, n° 25, 15 février 1989, p. 15.

73. F. Lebreton, *Les Journées nationales d'action CGT-CFDT 1966 et 1967*, Mm, Paris I, 1997, p. 85.

74. P. Champagne, *Faire...*, *op. cit.*, p. 64.

75. *Id.*, « La manifestation... », *op. cit.*, p. 29.

76. F. Lebreton, *op. cit.*, p. 86.

77. *Le Monde*, 19 avril 2001.

78. L. Castellani, *Les Grèves de la métallurgie à Saint-Nazaire et à Nantes en 1955*, Mm d'histoire, Paris VII, 1982, p. 66-67.

79. *Le Monde*, 12 octobre 2001.

80. P. Champagne, « La manifestation... », *op. cit.*, p. 23 et 28.

81. D. Tartakowsky, *Les Manifestations...*, *op. cit.*, p. 726-727 ; F. Lebreton, *op. cit.*, p. 96-97.

82. *Le Monde*, 17-18 novembre 1974 ; cité par V. Bouget, *La Grève des PTT de l'automne 1974 et les médias*, Mm, Paris-I, 2001, p. 130.

83. R. Mouriaux, « La conflictualité... », *op. cit.*, p. 161.

84. B. Geay, « Espace social et "coordinations". Le "mouvement" des instituteurs de l'hiver 1987 », *Actes de la recherche en sciences sociales*, n° 86-87, mars 1991, p. 11.

85. P. Champagne, « La manifestation... », *op. cit.*, p. 23.

86. B. Geay, *op. cit.*, p. 11.

87. J.-M. Denis, *op. cit.*, p. 92-93.

88. J.-P. Molinari, F. Laurioux, « Les moments festifs d'un mouvement social », dans Fédération des cheminots CGT, *Voix libres. Le conflit des cheminots de novembre-décembre 1995*, Paris, Éditions de l'Atelier/VO Éditions, 1997, p. 108.

89. J. Capdevielle, E. Dupoirier, G. Lorant, *op. cit.*, p. 85.

90. P. Mathiot, *op. cit.*, p. 62-71.

91. P. Mann, *L'Action collective. Mobilisation et organisation des minorités actives*, Paris, Armand Colin, p. 127.

92. Y. Michaud, *Violence et Politique*, Paris, Gallimard, 1978, p. 20.

93. M. Perrot, *Les Ouvriers...*, *op. cit.*, p. 568.

94. E. Shorter, C. Tilly, « Le déclin de la grève violente en France de 1890 à 1935 », *MS*, n° 76, juillet-septembre 1971, p. 103.

95. Ainsi, en 1919-1935, la moyenne s'établit, à Paris, à 2,41 par an selon S. Sirot, *Les Conditions...*, *op. cit.*, p. 512, et à 0,65 dans le Nord selon G. Funfrock, *op. cit.*, p. 70-71.

96. Voir 3ᵉ partie, chap. IX.

97. Voir par exemple C. Durand, « La violence à Longwy », *Sociologie du travail*, n° 2, avril-juin 1981, p. 218-229.

98. M. Roux, *op. cit.*, p. 53-54.

99. J.-P. Aguet, *op. cit.*, p. 50-51.

100. R. Fossier, *op. cit.*, p. 133.

101. M. Roux, *op. cit.*, p. 24.

102. M. Perrot, « Les ouvriers et les machines... », *op. cit.*, p. 363.

103. *Ibid.*, p. 363.

104. Voir par exemple J. Piat, *Roubaix : histoire d'une ville socialiste* (catalogue), p. 22.

105. L. A. Coser, *Les Fonctions du conflit social*, Paris, PUF, 1982, p. 141.

106. M. Perrot, « Les ouvriers et les machines... », *op. cit.*, p. 362.

107. *Id.*, *Les Ouvriers...*, *op. cit.*, p. 578.

108. Rapport du sous-préfet au préfet, 29 octobre 1885 ; *ibid.*, p. 578.

109. *La Violence dans les conflits du travail*, mars 1977, p. 9.

110. S. Béroud, R. Mouriaux, « Violence et sabotage dans les grèves en France », dans *Cellatex : quand l'acide a coulé*, Paris-Montreuil, Syllepse/VO Éditions, 2001, p. 163.

111. L. A. Coser, *op. cit.*, p. 141.

112. J.-P. Aguet, *op. cit.*, p. 30-31.

113. M. Perrot, *Les Ouvriers...*, *op. cit.*, p. 580.

114. S. Béroud, R. Mouriaux, « La violence... », *op. cit.*, p. 159.

115. D. Cooper-Richet, *op. cit.*, p. 62.

116. Voir par exemple *La Violence...*, *op. cit.*

117. J. Néré, *op. cit.*, p. 295.

118. APP Ba 1 359, rapport du 24 novembre 1909.

119. E. Shorter, C. Tilly, « Le déclin... », *op. cit.*, p. 107-108.

120. Rapport du procureur général de Lyon, 7 avril 1844 ; cité par J.-P. Aguet, *op. cit.*, p. 276.

121. O. Roynette-Gland, « L'armée dans la bataille sociale : maintien de l'ordre et grèves ouvrières dans le nord de la France (1871-1906) », *MS*, n° 179, avril-juin 1997, p. 41.

122. *Le Monde*, 15 novembre 2001.

123. M. Venner, *op. cit.*, p. 137-138.

124. M. Roux, *op. cit.*, p. 58. Souligné par l'auteur.

125. Cité par Y. Lequin, *Les Ouvriers...*, *op. cit.*, t. II, p. 140.

126. APP Ba 1 369, rapport du 2 septembre 1907.

127. Note de service du général commandant la 9e région militaire, 28 mars 1948 et 204 du 17 janvier 1948, Marseille ; cité par P. Bruneteaux, *Maintenir l'ordre. Les transformations de la violence d'État en régime démocratique*, Paris, Presses de Sciences-Po, 1996, p. 156.

128. L. de Seilhac, *op. cit.*, p. 62.

129. *L'Humanité*, 23 septembre 1928.

130. APP Ba 1 868, rapport du 19 novembre 1927.

131. G. Caire, *op. cit.*, p. 35.

132. *Ibid.*

133. P. Dubois, « La séquestration », *Sociologie du travail*, n° 4, octobre-décembre 1973, p. 410.

134. H. Prouteau, *op. cit.*, p. 146.

135. P. Dubois, « La séquestration », *op. cit.*, p. 410.

136. *Ibid.*, p. 421.

137. *Le Monde*, 27 juillet 2000.

138. *Id.*, 14 juillet 2000.

139. Voir 1re partie, chap. II.

140. Y. Michaud, *La Violence*, Paris, PUF, 1999 (1986), p. 55-56.

141. P. Mann, *op. cit.*, p. 127.

Chapitre VII – Les organisations ouvrières

1. G. Lefranc, *Le Syndicalisme en France*, Paris, PUF, 1953, p. 11.

2. Cité par E. Coornaert, *op. cit.*, p. 7.

3. M. Roux, *op. cit.*, p. 64-66.

4. J.-P. Aguet, *op. cit.*, p. 371.

5. M. Perrot, *Les Ouvriers...*, *op. cit.*, p. 429.

6. M. Dreyfus, *Liberté, égalité, mutualité. Mutualisme et syndicalisme 1852-1967*, Paris, Éditions de l'Atelier, 2001, p. 24-27 et 48-52.

7. E. Labrousse, *Le Mouvement ouvrier et les idées sociales en France de 1815 à la fin du XIXe siècle*, Paris, CDU, 1948, p. 82.

8. M. Perrot, *Les Ouvriers...*, *op. cit.*, p. 430.

9. *Ibid.*, p. 431.

10. E. Andréani, *op. cit.*, p. 244.

11. P. Gratton, « Mouvement... », *op. cit.*, p. 30.

12. F. Regourd, *op. cit.*, p. 159.

13. P. Dubois, « Les pratiques de mobilisation et d'opposition », et S. Erbès-Seguin, « Militants et travailleurs : organisation des relations dans la grève », dans P. Dubois *et alii* (dir.), *Grèves revendicatives ou grèves politiques ? Acteurs, pratiques, sens du mouvement de mai*, Paris, Anthropos, 1971, p. 345 et p. 273-278.

14. A. Prost, « Les grèves de mai... », *op. cit.*, p. 37.

15. P. Rozenblatt, *op. cit.*, p. 22.

16. J.-M. Denis, *op. cit.*, p. 109.

17. « Les conflits en 2000... », *op. cit.*

18. S. Sirot, « Emploi... », *op. cit.*, tableau p. 30.

19. J. Visser, « Syndicalisme et désyndicalisation », *MS*, n° 162, janvier-mars 1993, p. 20.

20. S. Erbès-Seguin, « Le déclenchement des grèves de mai : spontanéité des masses et rôle des syndicats », *Sociologie du travail*, 2, avril-juin 1970, p. 177-189.

21. *Ibid.*, p. 179.

22. B. Badie, « Les grèves du Front populaire aux usines Renault », *MS*, n° 81, octobre-décembre 1972, p. 106.

23. AN F7 13 885, rapport du 24 octobre 1922.

24. *Id.*, rapport du 17 novembre 1922.

25. AN F22 182, rapport du 6 juillet 1922. En majuscules dans le texte.

26. *Le Monde*, 5 octobre 2001.

27. Cité par M. Moissonnier, « Les origines... », *op. cit.*, p. 185.

28. *Exposition universelle de Lyon, 1872. Rapports des délégués lyonnais publiés par la délégation ouvrière*, Lyon, L. Bourgeon, 1873, p. 40 ; cité par M. Perrot, *Les Ouvriers...*, *op. cit.*, p. 441.

29. *Exposition universelle de Vienne (1873), rapports*, Paris, Imprimerie nationale, 1874-1875, p. 26 ; cité par *Ibid.*, p. 441.

30. J. Julliard, *Autonomie ouvrière. Études sur le syndicalisme d'action directe*, Paris, Le Seuil, 1988, p. 23-24.

31. *Id.*, « Théorie syndicaliste révolutionnaire et pratique gréviste », dans *Autonomie...*, *op. cit.*, p. 47.

32. *Ibid.*, p. 50.

33. Texte intégral dans *L'Actualité de la Charte d'Amiens*, Paris, PUF, 1987, p. 2.

34. D. Steenhuyse, « Quelques jalons dans l'étude du thème du "Grand Soir" jusqu'en 1900 », *MS*, n° 75, avril-juin 1971, p. 63-76.

35. P. de Laubier, *1905 : mythe et réalité de la grève générale. Le mythe français et la réalité russe*, Paris, Éditions universitaires, 1989, p. 113.

36. R. Lasserre, *Aux origines du réformisme syndical allemand : les « syndicats libres » de 1890 à 1914*, thèse, Paris-III, 1979 ; cité par M. Launay, *Le Syndicalisme en Europe*, Paris, Imprimerie nationale, 1990, p. 89.

37. P. de Laubier, *op. cit.*, p. 17-18.

38. CGT, *Congrès confédéral de Paris. 26, 27, 28, 29 juillet 1927*, Paris, Éditions de la CGT, sd, p. 70.

39. G. Lefranc, *Le Mouvement syndical sous la IIIe République*, Paris, Payot, 1967, p. 284.

40. Voir 1re partie, chap. II.

41. CGTU, *Congrès national ordinaire (5e congrès de la CGTU). Paris, 15-21 septembre 1929*, Paris, Maison des syndicats, p. 545 et 548.

42. AN F7 13 296, rapport du 5 juin 1929.

43. AN F7 13 301, rapport du 31 juillet 1935.

44. Voir 1re partie, chap. II et 2e partie, chap. IV.

45. Note de M. Gonin et E. Maire citée par F. Georgi, *L'Invention de la CFDT, 1957-1970. Syndicalisme, catholicisme et politique dans la France de l'expansion*, Paris, Éditions de l'Atelier, 1995, p. 294.
46. Cité par J. Capdevielle, E. Dupoirier, G. Lorant, *op. cit.*, p. 12.
47. *Le Monde*, 30 octobre 1985.
48. *Syndicalisme-hebdo*, n° 2144, 8 janvier 1987, p. 1.
49. F. Georgi, *op. cit.*, p. 588.
50. A. Bergeron, *La Confédération Force ouvrière*, Paris, Épi, 1972, p. 42.
51. R. Mouriaux, *La CGT*, Paris, Le Seuil, 1982, p. 132.
52. I. Sainsaulieu, *La Contestation pragmatique dans le syndicalisme autonome. La question du modèle SUD-PTT*, Paris, L'Harmattan, 1999.
53. Propos du responsable du service juridique confédéral de la CFDT, P. Lanquetin, « Les conflits collectifs », *Droit social*, n° 7-8, juillet-août 1988, p. 579.
54. A. Faure, *op. cit.*, p. 65.
55. *Ibid.*, p. 66.
56. J.-P. Aguet, *op. cit.*, p. 376.
57. Cité par G. Caire, *op. cit.*, p. 188.
58. G. Sorel, *Réflexions sur la violence*, Paris, Marcel Rivière, 3ᵉ édition, 1912, p. 32-33.
59. APP Ba 1406, rapport du 10 septembre 1899.
60. J. Julliard, « Théorie... », *op. cit.*, p. 63. Souligné par l'auteur
61. *La Bataille syndicaliste*, 5 mai 1912.
62. S. Sirot, *Les Grèves...*, *op. cit.*, p. 100.
63. J. Julliard, « Théorie... », *op. cit.*, p. 66.
64. S. Sirot, « Syndicalisme et grèves ouvrières à Paris de l'entre-deux-guerres au Front populaire : vers la fonctionnalisation de la grève », *Cahiers d'histoire. Revue d'histoire critique*, n° 66, 1ᵉʳ trimestre 1997, p. 105-122.
65. AN F7 12 948, note confidentielle du 3 septembre 1923. Maurice Maunoury est le ministre de l'Intérieur du gouvernement Poincaré, et Jean-Marie Gellié son chef de cabinet.
66. M.-G. Dezès, « Les relations entre les syndicats et le pouvoir en France. Essai d'analyse historique (1880-1980) », *Pouvoirs*, 26, 1983, p. 40.
67. P. Rosanvallon, *La Question syndicale*, Paris, Hachette, 1998 (1988), p. 112-113.
68. A. Touraine, *Sociologie...*, *op. cit.*, p. 290.
69. Voir 2ᵉ partie, chap. IV.
70. Voir 1ʳᵉ partie, chap. III.
71. M. Zancarini-Fournel, « Retour sur "Grenelle" : la cogestion de la crise ? », dans G. Dreyfus-Armand *et alii* (dir.), *op. cit.*, p. 460.
72. *Ibid.*, p. 452.
73. F. Georgi, « Vivre... », *op. cit.*, p. 411-412.
74. *Le Monde*, 19 février 2002. Voir aussi 1ʳᵉ partie, chapitre premier.

Chapitre VIII – Le patronat

1. M. Perrot, *op. cit.*, p. 298.
2. Tract de la CGT cité par P. Mathiot, *op. cit.*, annexes.
3. S. Lamarque, *op. cit.*, p. 119.
4. M. Perrot, *Les Ouvriers...*, *op. cit.*, p. 666 et 670-674.
5. J.-P. Aguet, *op. cit.*, p. 380-381.
6. M. Perrot, *Les Ouvriers...*, *op. cit.*, p. 683.
7. J. Michel, *Le Mouvement ouvrier chez les mineurs d'Europe occidentale (Grande-Bretagne, Belgique, France, Allemagne). Étude comparative des années 1880 à 1914*, thèse d'État, Lyon-II, 1987, p. 1588.

8. C. Rist, « Chronique ouvrière », *REP*, vol. XXII, 1908, p. 535-537.

9. C. Omnès, « La politique sociale de la métallurgie parisienne entre les deux guerres », dans A. Gueslin, P. Guillaume (dir.), *De la charité médiévale à la Sécurité sociale*, Paris, Éditions ouvrières, 1992, p. 241-243.

10. P. Fridenson, « Le patronat », dans A. Burguière, J. Revel (dir.), *op. cit.*, p. 425-434.

11. J.-C. Javillier, *Les Conflits du travail*, Paris, PUF, 1981 (1976), p. 23.

12. J.-P. Aguet, *op. cit.*, p. 383.

13. Cité par M. Boivin, *op. cit.*, p. 162.

14. Cité par T. Masclot, *op. cit.*, p. 100-101.

15. Cité par J. Néré, *op. cit.*, p. 298.

16. Voir 3ᵉ partie, chap. IX.

17. M. Cart, *op. cit.*, p. 73 et 76.

18. Y. Madec, *op. cit.*, p. 55.

19. Voir 3ᵉ partie, chap. IX et J. Savatier, *op. cit.*

20. M. Perrot, *Les Ouvriers...*, *op. cit.*, p. 681-682.

21. APP Ba 186, 15 juin 1877 ; cité par M. Perrot, *ibid.*, p. 682.

22. *Ibid.*, p. 682.

23. S. Sirot, *Les Grèves...*, *op. cit.*, p. 152.

24. APP Ba 1 871, rapport du 30 août 1923.

25. G. Vindt, *Histoire sociale d'une entreprise : la compagnie Péchiney (1921-1973)*, Thèse, Paris-X, 1999, p. 193.

26. *L'Humanité*, 9 février 1929. En majuscules dans le texte.

27. AN F7 13 885, rapport du 26 février 1920.

28. J. Ponty, *op. cit.*, p. 304-309.

29. *Le Populaire*, 12 décembre 1935.

30. Cité par M. Venner, *op. cit.*, p. 140.

31. E. Sempère, *op. cit.*, p. 32.

32. *Le Monde*, 22 novembre 2001.

33. M. Perrot, *Les Ouvriers...*, *op. cit.*, p. 683.

34. APP Ba 1873, rapport du 8 octobre 1920.

35. *Le Populaire*, 7 mars 1924.

36. APP Ba 1 873, rapport du 8 avril 1922.

37. *L'Humanité*, 10 et 12 juillet 1926.

38. *Le Peuple*, 22 mars 1922 et 12 décembre 1935.

39. *L'Humanité*, 5 avril 1927.

40. F. Regourd, *op. cit.*, p. 199-200.

41. *L'Humanité*, 27 novembre 1928.

42. Cité par S. Sirot, *Les Grèves...*, *op. cit.*, p. 153.

43. *La Bataille syndicaliste*, 22 mars 1913.

44. AN F7 13 885, rapport du 15 mai 1922.

45. AN F7 13 883, rapport du 28 janvier 1929.

46. Voir 3ᵉ partie, chap. IX.

47. M. Perrot, *Les Ouvriers...*, *op. cit.*, p. 682.

48. *L'Internationale*, 3 mars 1922.

49. *L'Humanité*, 7 juin 1935.

50. H. Sinay, *op. cit.*, p. 311-314.

51. *Ibid.*, p. 314.

52. J.-C. Javillier, *op. cit.*, p. 87.

53. H. Sinay, *op. cit.*, p. 312.

54. *Le Monde*, 27 novembre 2001.

55. Témoignage d'un représentant du SNB-CGC, *Le Monde*, 2 janvier 2002.

56. Ce mot vient du verbe anglais *to lock out* qui peut se traduire par « enfermer quelqu'un dehors » ; J.-P. Juès, *op. cit.*, p. 22.

57. Ministère du Commerce, de l'Industrie, des Postes et des Télégraphes, Office du travail, *Les Associations...*, t. I, *op. cit.*, p. 16-18.

58. J.-P. Aguet, *op. cit.*, p. 380.
59. M. Perrot, *Les Ouvriers...*, *op. cit.*, p. 685.
60. E. Andréani, *op. cit.*, p. 258.
61. S. Sirot, *Les Conditions...*, *op. cit.*, p. 561.
62. Voir par exemple E. Andréani, *op. cit.*, p. 259.
63. M. Perrot, *Les Ouvriers...*, *op. cit.*, p. 686-687 ; S. Sirot, *Les Grèves...*, *op. cit.*, p. 153, et *Les Conditions...*, *op. cit.*, p. 564.
64. M. Perrot, *Les Ouvriers...*, *op. cit.*, p. 685.
65. *Ibid.*, p. 686.
66. S. Sirot, *Les Grèves...*, *op. cit.*, p. 153.
67. AN F7 13 869.
68. G. Vindt, *op. cit.*, p. 193.
69. APP Ba 1 871, rapport du 5 décembre 1922.
70. M. Moreau, *La Grève*, Paris, Economica, 1998, p. 78.
71. L. Castellani, *Les Grèves de la métallurgie à Saint-Nazaire et à Nantes en 1955*, Mm, Paris-VII, 1982.
72. G. Adam, J.-D. Reynaud, *op. cit.*, p. 224-225.
73. J.-P. Aguet, *op. cit.*, p. 380.
74. M. Perrot, *Les Ouvriers...*, *op. cit.*, p. 667.
75. *Annales françaises de la sellerie civile et militaire, de la carosserie, de la bourrellerie*, 1er-15 juin 1883 ; *ibid.*, p. 669.
76. Voir 1re partie, chap. III.
77. APP Ba 182, rapport du 29 décembre 1882 ; cité par M. Perrot, *Les Ouvriers...*, *op. cit.*, p. 668.
78. S. Sirot, *Les Grèves...*, *op. cit.*, p. 151-152.
79. S. Maitre, *op. cit.*, p. 45-46.
80. Voir 2e partie, chap. IV.
81. S. Sirot, *Les Conditions...*, *op. cit.*, p. 573-575.
82. AN F7 13 908, rapport du 7 mai 1920.
83. Voir par exemple F. Raffaelli, *Le Mouvement ouvrier dans l'Oise, 1919-1935 : syndicats et grèves*, Mm, Paris-I, 1989, p. 86.
84. G. Lefranc, *op. cit.*, p. 161, et A. Prost, « Les grèves de juin 1936. Essai d'interprétation », dans *Léon Blum chef de gouvernement. 1936-1937*, Paris, Armand Colin, 1965, p. 74-75.
85. Voir 2e partie, chap. IV.
86. Voir 3e partie, chap. IX.
87. M. Cézard, A. Malan, P. Zouary, « Conflits et régulation sociale dans les établissements », *Travail et emploi*, n° 66, 1996, p. 21.
88. A. Dewerpe, *Histoire...*, *op. cit.*, p. 121.
89. *Le Monde*, 4 décembre 2001.
90. A. Dewerpe, *Le Monde...*, *op. cit.*, p. 47.
91. Règlements cités par A. Melucci, *op. cit.*, p. 154.
92. Voir 1re partie, chap. III.
93. Cité par R. Trempé, *Les Mineurs...*, *op. cit.*, p. 154.
94. *Id.*, « Contribution à l'étude de la psychologie patronale : analyse du comportement des administrateurs de la Société des mines de Carmaux vis-à-vis des mineurs... (1856-1914) », *MS*, n° 43, avril-juin 1963, p. 59.
95. Cité par M. Perrot, *Les Ouvriers...*, *op. cit.*, p. 664.
96. *L'Humanité*, 10 mai 1923.
97. A. Castellani, *Les Grèves dans l'industrie automobile de la Seine 1921-1930*, Mm, Paris-VII, 1974, p. 22.
98. Voir 1re partie, chap. III.
99. J. Michel, *op. cit.*, p. 1575-1576.
100. *Ibid.*, p. 1576.
101. R. Linet, *1933-1943. La Traversée de la tourmente*, Paris, Messidor, 1990, p. 11.

102. AN F7 13 843, rapport du 3 octobre 1926.

103. F. Sugier, « Les mineurs et le premier 1er Mai : la grève dans les mines cévenoles en mai 1890 », *Les Cahiers de l'IHSM*, n° 24, novembre 2001, p. 13.

104. A. Gueslin (dir.), *Les Hommes du pneu. Les ouvriers Michelin, à Clermont-Ferrand, de 1889 à 1940*, Paris, Éditions de l'Atelier, 1993, p. 126.

105. P. Fridenson, *Histoire...*, *op. cit.*, p. 74.

106. A. Castellani, *op. cit.*, p. 53.

107. S. Sirot, *Les Conditions...*, *op. cit.*, p. 572.

108. A. Castellani, *op. cit.*, p. 56.

109. Cité par M. Perrot, *Les Ouvriers...*, *op. cit.*, p. 664.

110. F. Sugier, *op. cit.*, p. 8-9.

111. G. Noiriel, « Du patronage au paternalisme : la restructuration des formes de domination de la main-d'œuvre ouvrière dans l'industrie métallurgique française », *MS*, n° 144, juillet-septembre 1988, p. 17.

112. J.-C. Daumas, « Les politiques sociales des entreprises en France 1880-1970 », dans H. Fréchet (dir.), *Industrialisation et sociétés en Europe occidentale de 1880 à 1970*, Paris, Éditions du Temps, 1997, p. 112.

113. C. Beaud, « Les Schneider au Creusot : un modèle paternaliste en réponse aux impératifs du libéralisme et à la montée du mouvement socialiste », dans E. Aerts (dir.), *Liberalism and Paternalism in the 19th Century*, Leuven, Leuven University Press, 1990, p. 15-16.

114. J. Huret, *Enquête sur la question sociale en Europe*, Paris, Perrin, 1897, p. 43 ; cité par M. Perrot, *Les Ouvriers...*, *op. cit.*, p. 662.

115. P. N. Stearns, « Against the strike threat : employer policy toward labor agitation in France, 1900-1914 », *Journal of Modern History*, vol. 40, n° 4, décembre 1968, p. 474-500.

116. C. Omnès, *op. cit.*, p. 240.

117. J.-C. Daumas, *op. cit.*, p. 119-120.

118. *Ibid.*, p. 120-121.

119. Voir 1re partie, chap. III.

120. Voir 3e partie, chap. IX.

121. *Le Monde*, 28 décembre 2001.

122. Voir J.-C. Javillier, *op. cit.*, p. 23.

123. Ce sont des primes qui viennent « s'ajouter au salaire, mais sont subordonnées à de strictes conditions de présence » ; J.-C. Javillier, *op. cit.*, p. 82.

124. « Interview de Marcel Donati, ouvrier lamineur à Usinor-Rehon, militant CGT (30 septembre 1985) », *MS*, n° 144, juillet-septembre 1988, p. 48-49.

125. S. Beaud, M. Pialoux, *Retour sur la condition ouvrière. Enquête aux usines Peugeot de Sochaux-Montbéliard*, Paris, Fayard, 1999, p. 98 et 100-101.

Chapitre IX – L'État

1. Sont compris sous cet intitulé générique les gouvernements et ceux chargés d'appliquer les directives et les politiques déterminées par eux (forces de l'ordre, préfets, inspecteurs du travail, appareil judiciaire).

2. Voir R. Mencherini, *op. cit.*

3. M. Roux, *op. cit.*, p. 94.

4. J.-P. Aguet, *op. cit.*, p. 276 et 345-346. Voir aussi 2e partie, chap. VI.

5. *Ibid.*, p. 382-383.

6. A. Fortin, « Les conflits sociaux dans les houillères du Pas-de-Calais sous le Second Empire », *Revue du Nord*, t. XLIII, n° 172, octobre-décembre 1961, p. 350.

7. K.-M. Hoin, *La « Grande Grève des mineurs » de 1963 dans le Pas-de-Calais. Dynamique, acteurs et perspectives*, Mm, Université d'Artois, 1997, annexes p. 49.

8. Cité par M. Perrot, *Les Ouvriers...*, *op. cit.*, p. 694.

9. D. Cooper-Richet, « Le Plan général de protection à l'épreuve de la grève des mineurs du Nord-Pas-de-Calais (sept.-nov. 1902) », dans *Maintien de l'ordre et polices en France et en Europe au XIX* siècle*, Paris, Créaphis, 1987, p. 397-413.

10. A. Kriegel, *La Grève des cheminots de 1920*, Paris, Armand Colin, 1988, p. 108 et 130.

11. Cité par M. Perrot, *Les Ouvriers...*, *op. cit.*, p. 185.

12. *Ibid.*, p. 185.

13. *Ibid.*, p. 192.

14. *Ibid.*, p. 195.

15. *Ibid.*, p. 195-196.

16. R. Mencherini, *op. cit.*, p. 45-46.

17. R. Trempé, « La répression », *Les Cahiers de l'IHSM*, n° 15, septembre 1998, p. 30-36.

18. Voir 2ᵉ partie, chap. VI.

19. Pour une vue d'ensemble sur cette question, voir P. Bruneteaux, *op. cit.*

20. M. Rebérioux, *La République radicale ? 1898-1914*, Paris, Le Seuil, 1975, p. 113 ; R. Gaudy, *Les Porteurs d'énergie*, Paris, Messidor/Temps actuels, 1982, p. 46.

21. E. Andréani, *op. cit.*, p. 65.

22. APP Ba 1 614, rapport du 26 janvier 1919.

23. AN F7 13 843, lettre du ministre de la Guerre au préfet de la Seine, 25 juin 1924.

24. *Le Peuple*, 2 et 8 octobre 1929.

25. K.-M. Hoin, *op. cit.*, annexes p. 27.

26. C. Polac, « Protestation et crédibilité des agents des Finances : analyse de la grève de mai à novembre 1989 », dans O. Filleule (dir.), *op. cit.*, p. 71-72.

27. Ministère du Commerce, de l'Industrie, des Postes et des Télégraphes, Office du travail, *Les Associations...*, *op. cit.*, t. 1, p. 26-27 et 40.

28. M. Perrot, *Les Ouvriers...*, *op. cit.*, p. 183 et 190.

29. S. Sirot, *Les Grèves...*, *op. cit.*, p. 155.

30. *Id.*, *Les Conditions...*, *op. cit.*, p. 576.

31. R. Linet, *op. cit.*, p. 10.

32. A. Prost, « Le climat social », dans R. Rémond, J. Bourdin (dir.), *Édouard Daladier, chef de gouvernement. Avril 1938-septembre 1939*, Paris, Presses de Sciences-Po, 1977, p. 108.

33. J. Siwek-Pouydesseau, *Le Syndicalisme...*, *op. cit.*, p. 92.

34. A. Kriegel, *op. cit.*, p. 193.

35. A. Prost, « Le climat... », *op. cit.*, p. 108-109.

36. R. Mencherini, *op. cit.*, p. 84 ; « 4 octobre-29 novembre 1948 : grève générale dans les houillères », *Les Cahiers de l'IHSM*, n° 15, septembre 1998.

37. J.-P. Aguet, *op. cit.*, p. 382-387.

38. Cité par M. Boivin, *op. cit.*, p. 161.

39. M. Perrot, *Les Ouvriers...*, *op. cit.*, p. 704.

40. *Ibid.*, p. 708-709.

41. P. Sorlin, *Waldeck-Rousseau*, Paris, Armand Colin, 1966, p. 471-472.

42. E. Shorter, C. Tilly, *Strikes...*, *op. cit.*, tableau p. 41.

43. J.-L. Robert, *op. cit.*, p. 671, 674 et 2467.

44. J.-J. Becker, S. Berstein, *Victoire et frustrations. 1914-1929*, Paris, Le Seuil, 1990, p. 112.

45. E. Shorter, C. Tilly, *Strikes...*, *op. cit.*, p. 41.

46. S. Sirot, *Les Conditions...*, *op. cit.*, p. 581.

47. E. Shorter, C. Tilly, *Strikes...*, *op. cit.*, p. 41.

48. M. Perrot, *Les Ouvriers...*, *op. cit.*, p. 715.

49. Voir 3ᵉ partie, chapitre VII.

50. E. Andréani, *op. cit.*, p. 262.

51. V. Viet, *Les Voltigeurs de la République. L'inspection du travail en France jusqu'en 1914*, Paris, CNRS Éditions, 1994, p. 305.

52. E. Andréani, *op. cit.*, p. 263 ; J.-A. Tournerie, *Le Ministère du Travail (origines et premiers développements)*, Paris, Cujas, 1971, p. 236.

53. E. Shorter, C. Tilly, *Strikes...*, *op. cit.*, p. 44.

54. M. Rebérioux, *op. cit.*, p. 76.

55. Cité par J.-A. Tournerie, *op. cit.*, p. 287.

56. F. Sellier, *La Confrontation sociale en France, 1936-1981*, Paris, PUF, 1984, p. 90-91 ; V. Viet, *op. cit.*, p. 307.

57. Selon J.-A. Tournerie, *op. cit.*, p. 289, « trois conseils tout au plus furent créés en 1911 et 1912, qui cessèrent bientôt de fonctionner par suite de l'abstention patronale ».

58. F. Bock, « L'exubérance de l'État en France de 1914 à 1918 », *Vingtième Siècle. Revue d'histoire*, n° 3, juillet 1984, p. 50.

59. G. Hatry, « Les délégués d'atelier aux usines Renault », dans P. Fridenson (dir.), *1914-1918. L'Autre Front*, Paris, Éditions ouvrières, 1977, p. 222 ; J.-J. Becker, *La France en guerre, 1914-1918. La grande mutation*, Bruxelles, Complexe, 1988, p. 56.

60. Cité par G. Hatry, *op. cit.*, p. 224.

61. Cité par J.-L. Robert, *op. cit.*, p. 612.

62. J. Le Goff, *op. cit.*, p. 104. Voir aussi C. Didry, « La production juridique de la convention collective. La loi du 4 mars 1919 », *Annales. Histoire, sciences sociales*, 56ᵉ année, n° 6, novembre-décembre 2001, p. 1253-1282.

63. G. Lefranc, *Le Mouvement syndical sous la IIIᵉ République*, Paris, Payot, 1967, p. 302.

64. Cité par J. Le Goff, *op. cit.*, p. 165.

65. J.-P. Rioux, « La conciliation et l'arbitrage obligatoire des conflits du travail », dans R. Rémond, J. Bourdin (dir.), *op. cit.*, p. 114 ; E. Gout, P. Juvigny, M. Mousel, « La politique sociale du Front populaire », dans *Léon Blum chef de gouvernement. 1936-1937*, Paris, Armand Colin, 1967, p. 250-251.

66. J.-P. Rioux, *op. cit.*, p. 114.

67. *Ibid.*, p. 119.

68. *Ibid.*, p. 121-122.

69. J. Le Goff, *op. cit.*, p. 165.

70. J.-P. Bachy, *op. cit.*, p. 128-131.

71. M. Coffineau, *Les Lois Auroux : dix ans après*, rapport présenté à Pierre Bérégovoy, Premier ministre, février 1993.

72. L. Castellani, *op. cit.*, p. 112 et 121.

73. « À la RATP, un nouveau code syndical de bonne conduite pour éviter les grèves », *Le Monde*, 6 décembre 2001.

Conclusion

1. R. Castel, *Les Métamorphoses...*, *op. cit.*, p. 566.

2. *Ibid.*, p. 649, 651 et 662. Souligné par l'auteur.

3. P. Rosanvallon, « Le projet social-démocrate est définitivement achevé », *Le Monde*, 26-27 mai 2002.

4. « Les conflits en 1999... », *op. cit.* et « Les conflits en 2000... », *op. cit.*

5. Voir par exemple D. Linhart, A. Malan, « Individualisme professionnel des jeunes et action collective », *Travail et emploi*, n° 36-37, juin-septembre 1988, p. 9-18.

6. *Le Monde*, 21-22 avril 2002.

BIBLIOGRAPHIE

L'exhaustivité, rêve généreux mais improbable du chercheur en général et de l'historien en particulier, est d'autant plus utopique que la période traitée est contemporaine et que l'objet abordé met en mouvement l'ensemble des acteurs sociaux. Cette bibliographie ne prétend donc pas gravir les pentes de l'idéal mais cherche plus modestement à orienter le lecteur dans la masse des travaux produits autour de la question gréviste. Sont privilégiées les références ayant plus particulièrement contribué à alimenter en chair et en réflexion cet ouvrage. D'autres titres, d'un intérêt en général plus ponctuel pour notre propos, figurent en notes tout au long du livre et complètent la bibliographie.

Réflexions théoriques, approches méthodologiques

ABBOUD (Nicole), « Les grèves et les changements de rapports sociaux », *Sociologie du travail*, n° 4, octobre-décembre 1973, p. 428-439.

BARTHES (Roland), « L'usager de la grève », *Mythologies*, Paris, Le Seuil, 1995 (1957), p. 151-154.

BOURDIEU (Pierre), « La grève et l'action politique », dans *Questions de sociologie*, Paris, Éditions de Minuit, 1984 (1980), p. 251-263.

CAMARD (Sophie), « Comment interpréter les statistiques des grèves ? », *Genèses. Sciences sociales et histoire*, n° 47, juin 2002, p. 107-122.

CAPDEVIELLE (Jacques), *Modernité du corporatisme*, Paris, Presses de Sciences-Po, 2001, 185 p.

CASTEL (Robert), *Les Métamorphoses de la question sociale. Une chronique du salariat*, Paris, Gallimard, 1999 (1995), 813 p.

–, « Travail et utilité au monde », *Revue internationale du travail*, vol. 35, n° 6, 1996, p. 675-682.

CEFAI (Daniel), TROM (Danny), *Les Formes de l'action collective. Mobilisation dans les arènes publiques*, Paris, EHESS, 2001, 322 p.

CHAZEL (François) (dir.), *Action collective et mouvements sociaux*, Paris, PUF, 1993, 267 p.

COSER (Lewis A.), *Les Fonctions du conflit social*, Paris, PUF, 1982, 184 p.

DAHRENDORF (Ralf), *Classes et conflits de classe dans la société industrielle*, Paris-La Haye, Mouton, 1972, 341 p.

DONZELOT (Jacques), *L'Invention du social. Essai sur le déclin des passions politiques*, Paris, Le Seuil, 1994, 263 p.

EWALD (François), *Histoire de l'État-providence. Les origines de la solidarité*, Paris, Grasset et Fasquelle, 1996 (1986), 317 p.

FILLIEULLE (Olivier) (dir.), *Sociologie de la protestation. Les formes de l'action collective dans la France contemporaine*, Paris, L'Harmattan, 1993, 281 p.

FILLIEULLE (Olivier) et PECHU (Cécile), *Lutter ensemble. Les théories de l'action collective*, Paris, L'Harmattan, 1993, 221 p.

GROUX (Guy), *Le Conflit en mouvement*, Paris, Hachette, 1996, 144 p.

–, *Vers un renouveau du conflit social ?*, Paris, Bayard, 1998, 248 p.

GUBBELS (Robert), *La Grève, phénomène de civilisation*, Bruxelles, Institut de sociologie de l'Université libre de Bruxelles, 1962, 334 p.

JULLIARD (Jacques), « La grève dans la conscience ouvrière », *H. Histoire*, n° 8, avril-juin 1981, p. 53-62.

LALLEMENT (Michel), *Sociologie des relations professionnelles*, Paris, La Découverte, 1996, 124 p.

LEQUIN (Yves), « Sources et méthodes de l'histoire des grèves dans la seconde moitié du XIXe siècle. L'exemple de l'Isère (1848-1914) », *Cahiers d'histoire des universités de Clermont-Lyon-Grenoble*, t. XII, n° 1-2, 1967, p. 215-231.

MANN (Patrice), *L'Action collective. Mobilisation et organisation des minorités actives*, Paris, Armand Colin, 1991, 155 p.

MARTUCELLI (Danilo), *Sociologies de la modernité*, Paris, Gallimard, 1999, 709 p.

MAUPEOU-ABBOUD (Nicole), « Grèves et rapports sociaux du travail : modèles classiques ou schémas nouveaux ? », *Sociologie du travail*, n° 3, juillet-septembre 1974, p. 265-290.

MERCIER (Nicole), SEGRESTIN (Denis), « L'effet territoire dans la mobilisation ouvrière. Essai d'analyse de situation complexe », *RFS*, XXIV-I, janvier-mars 1983, p. 61-80.

NEVEU (Erik), *Sociologie des mouvements sociaux*, Paris, La Découverte, 1996, 123 p.

OLSON (Mancur), *Logique de l'action collective*, Paris, PUF, 1978, 199 p.

PERROT (Michelle), *Faire l'histoire des grèves*, Liège, Université de Liège, collection « L'Histoire aujourd'hui. Nouveaux objets, nouvelles méthodes », n° 34, sd, 16 p.

REYNAUD (Emmanuelle), « Identités collectives et changement social ; les cultures collectives comme dynamique d'action », *Sociologie du travail*, n° 2, avril-juin 1982, p. 159-177.

REYNAUD (Jean-Daniel), *Sociologie des conflits du travail*, Paris, PUF, 1982, 127 p.

SEGRESTIN (Denis), « Les communautés pertinentes de l'action collective. Canevas pour l'étude des fondements sociaux des conflits du travail », *RFS*, XXI, 1980, p. 171-202.

SIMMEL (Georg), *Le Conflit*, Saulxures, Circé, 1992 (rééd.), 158 p.

TILLY (Charles), « Les origines du répertoire de l'action collective contemporaine en France et en Grande-Bretagne », *Vingtième Siècle. Revue d'histoire*, n° 4, octobre-décembre 1984, p. 89-108.

–, *La France conteste de 1600 à nos jours*, Paris, Fayard, 1986, 622 p.

TOURAINE (Alain), « Les nouveaux conflits sociaux », *Sociologie du travail*, n° 1, janvier-mars 1975, p. 1-17.

TOURAINE (Alain) et WIEVIORKA (Michel), « Mouvement ouvrier et nouveaux mouvements sociaux », dans *Crise et avenir de la classe ouvrière*, Paris, Le Seuil, 1979, p. 39-64.

TOURNIER (Maurice), *Des mots sur la grève. Propos d'étymologie sociale*, Paris, Klincksieck, vol. 1, 1992, 291 p.

Droit de grève, droit du travail

Les conflits collectifs du travail. Droit social, n° spécial 9-10, septembre-octobre 1988.

BOLDT (Gerhard), DURAND (Paul), HORION (Paul), KAYSER (Armand), MENGONI (Luigi), MOLENAAR (A.N.), *Grève et lock-out*, Luxembourg, Communauté européenne du charbon et de l'acier, 1961, 399 p.

CLERE (J.-J.), « Aux origines du droit de grève », *Mémoires de la Société pour l'histoire du droit et des institutions des anciens pays bourguignons, comtois et romands*, Dijon, 47ᵉ fascicule, Dijon, EUD, 1990, p. 215-252.

DIDRY (Claude), « La production juridique de la convention collective. La loi du 4 mars 1919 », *Annales. Histoire, sciences sociales*, 56ᵉ année, n° 6, novembre-décembre 2001, p. 1 253-1 282.

–, *Naissance de la convention collective. Débats juridiques et luttes sociales en France au début du XXᵉ siècle*, Paris, EHESS, 2002, 267 p.

DIOGUARDI (G.), *Le Droit de grève. Étude de droit constitutionnel comparé*, Paris, A. Pedone, 1961, 130 p.

JAVILLIER (Jean-Claude), *Les Conflits du travail*, Paris, PUF, 1981 (1976), 124 p.

Jues (Jean-Paul), *La Grève en France*, Paris, PUF, 1998, 126 p.

Le goff (Jacques), *Du silence à la parole. Droit du travail, société, État (1830-1985)*, Quimperlé/Quimper, La Digitale/Calligrammes, 1985, 374 p.

Moreau (Marc), *La Grève*, Paris, Economica, 1998, 108 p.

Olszak (Norbert), *Histoire du droit du travail*, Paris, PUF, 1999, 127 p.

Sinay (Hélène), Javillier (Jean-Claude), *La Grève*, Paris, Dalloz, 1984, 617 p.

Les trois âges de la grève

SYNTHÈSES

Adam (Gérard), *Histoire des grèves*, Paris, Bordas, 1981, 127 p.

Auffray (Danièle), Collin (Michèle), Baudoin (Thierry), Guillerm (Alain), *La Grève et la ville*, Paris, Christian Bourgois, 1979, 245 p.

Caire (Guy), *La Grève ouvrière*, Paris, Éditions ouvrières, 1978, 223 p.

Chevandier (Christian), *Cheminots en grève ou la Construction d'une identité*, Paris, Maisonneuve et Larose, 2002, 399 p.

Fridenson (Patrick), « Le conflit social », dans Burguiere (André), Revel (Jacques) (dir.), *Histoire de la France*, Paris, Le Seuil, *L'État et les conflits*, 1990, p. 355-453.

Goetz-Girey (Robert), *Le Mouvement des grèves en France (1919-1962)*, Paris, Sirey, 1965, 220 p.

Lagrange (Hugues), « La dynamique des grèves », *RFSP*, vol. 29, n° 4-5, août-octobre 1979, p. 665-692.

–, *Étiologie du mouvement des grèves en France, 1890-1975*, thèse d'État, IEP de Paris, 1980, 916 p.

Lefranc (Georges), *Grèves d'hier et d'aujourd'hui*, Paris, Aubier-Montaigne, 1970, 302 p.

Lequin (Yves), « Grèves », dans Burguiere (André) (dir.), *Dictionnaire des sciences historiques*, Paris, PUF, 1986, p. 320-323.

Regourd (Florence), *La Vendée ouvrière. Grèves et ouvriers vendéens, 1840-1940*, Paris, Le Cercle d'or, 1981, 353 p.

Rioux (Jean-Pierre), « Le conflit social », dans Rioux (Jean-Pierre), Sirinelli (Jean-François), *La France d'un siècle à l'autre 1914-2000*, Paris, Hachette, 1999, p. 633-641.

Sellier (François), *La Confrontation sociale en France, 1936-1981*, Paris, PUF, 1984, 240 p.

Shorter (Edward), Tilly (Charles), *Strikes in France (1830-1968)*, Cambridge, Cambridge University Press, 1974, 428 p.

Sinay (Hélène), « Grève », *Encyclopaedia Universalis*, Paris, Encyclopaedia Universalis, 1995, p. 940-947.

Treanton (Jean-René), « Les conflits du travail », dans Friedman (Georges) et Naville (Pierre), *Traité de sociologie du travail*, Paris, Armand Colin, t. 2, 1964, p. 193-202.

LE PREMIER ÂGE

Un ouvrier en 1820. Manuscrit inédit de Jacques Étienne Bédé, Paris, PUF, introduction et notes de Rémi Gossez, 1984, 405 p.

Aguet (Jean-Pierre), *Contribution à l'étude du mouvement ouvrier français. Les grèves sous la monarchie de Juillet (1830-1847)*, Genève, Droz, 1954, 406 p.

Boivin (Marcel), *Le Mouvement ouvrier dans la région de Rouen 1851-1876*, Rouen, Publications de l'Université de Rouen, 1989, 606 p.

Constant (E), « Les conflits sociaux dans le département du Var sous le Second Empire », *Actes du quatre-vingt-troisième congrès national des sociétés savantes. Aix-Marseille 1958. Section d'histoire moderne et contemporaine*, Paris, Imprimerie nationale, 1958, p. 543-562.

Evrard (Fernand), « Les ouvriers du textile dans la région rouennaise (1789-1802) », *Annales historiques de la Révolution française*, t. XIX, 1947, p. 333-352.

Faure (Alain), « Mouvements populaires et mouvement ouvrier à Paris (1830-1834) », *MS*, n° 88, juillet-septembre 1974, p. 51-92.

Fortin (A.), « Les conflits sociaux dans les houillères du Pas-de-Calais sous le Second Empire », *Revue du Nord*, n° 172, octobre-décembre 1961, t. XLIII, p. 349-355.

Guerin (Daniel), *La Lutte des classes sous la Première République 1793-1797*, Paris, Gallimard, t. 1, 1968, 565 p.

Guillaume (Pierre), « Grèves et organisations ouvrières chez les mineurs de la Loire au milieu du XIXᵉ siècle », *MS*, n° 43, avril-juin 1963, p. 5-18.

Kaplan (Steven), « Réflexions sur la police du monde du travail, 1700-1815 », *Revue historique*, n° 529, janvier-mars 1979, p. 17-77.

–, *La Fin des corporations*, Paris, Fayard, 2001, 740 p.

Laugenie (Jean), *Les Grèves en France de 1852 à 1864*, DES d'histoire, Faculté des Lettres-Sorbonne, sd, 146 p.

Montergnole (Bernard), *Recherches sur le mouvement ouvrier et les grèves de 1832 à 1848*, DES d'histoire, Faculté des Lettres-Sorbonne, sd, 182 p.

Nicolas (Jean), *La Rébellion française. Mouvements populaires et conscience sociale (1661-1789)*, Paris, Le Seuil, 2001, 624 p.

Roux (Michelle), *Les Grèves en France, 1815-1834*, DES d'histoire, Paris, 1950, 206 p.

SEWELL (William H.), *Gens de métier et Révolution*, Paris, Aubier-Montaigne, 1983, 423 p.

STEARNS (Peter N.), « Patterns of industrial strike activity in France during the July Monarchy », *American Historical Review*, 70, 1965, p. 371-394.

SURET-CANALE (Jean), « Les grèves des mineurs de la Mayenne, 1848-1850 », *Exrait du Bulletin de la Commission historique et archéologique de la Mayenne*, t. LXV, 1957, 24 p.

LE DEUXIÈME ÂGE

Les Luttes des mineurs de 1940 à 1944, CHIRM, n° 47, 4ᵉ trimestre 1991.

ABHERVE (Bertrand), *La Grève des métallurgistes parisiens de juin 1919*, Mm d'histoire, Paris VIII, 1973, 200 p.

–, « Les origines de la grève des métallurgistes parisiens, juin 1919 », *MS*, n° 93, octobre-décembre 1975, p. 74-85.

ANDREANI (Edgard), *Grèves et fluctuations. La France de 1890 à 1914*, Paris, Cujas, 1968, 292 p.

AUDUC (Jean-Louis), « La grève des boutonniers de la région de Méru en 1909 », *Annales historiques compiégnoises modernes et contemporaines*, n° 9, janvier 1980, p. 53-62.

BADIE (Bertrand), « Les grèves du Front populaire aux usines Renault », *MS*, n° 81, octobre-décembre 1972, p. 69-109.

BARTHES (François-Xavier), *Syndicalismes agricoles et grèves d'ouvriers agricoles dans l'Aude (1884-1914)*, Mm d'histoire, université Paul Valéry-Montpellier, 1997, 180 p.

BERLIERE (Jean-Marc), *Grèves et mouvements sociaux en Côte-d'Or : 1919-1920*, Mm d'histoire, Dijon, 1971, 188 p.

BONHOMME (Éric), *La Grève de février 1920 : tentative de contribution à l'histoire des cheminots du PLM*, Mm d'histoire, Paris XII, 1978, 107 p.

BOURDE (Guy), « La grève du 30 novembre 1938 », *MS*, n° 55, avril-juin 1966, p. 87-91.

–, *La défaite du Front populaire*, Paris, Maspero, 1977, 359 p.

BURDY (Jean-Claude), *Les Grèves et le syndicalisme révolutionnaire dans la Seine en 1913*, Mm d'histoire, Paris-VII, 1974, 278 p.

CARON (François), « La grève des cheminots de 1910. Une tentative d'approche », *Conjoncture économique et structures sociales. Hommage à Ernest Labrousse*, Paris-La Haye, Mouton, 1974, p. 201-219.

CART (Michel), « Les grèves dans les Ardennes en 1936, à partir des rapports officiels et de la presse », *Revue historique ardennaise*, t. XXI, 1986, p. 63-83.

CASTELLANI (Annick), *Les Grèves dans l'industrie automobile de la Seine, 1921-1930*, Mm d'histoire, Paris VII, 1974, 58 p.

CAZALS (Rémy), *Avec les ouvriers de Mazamet dans la grève et l'action quotidienne 1909-1914*, Paris, Maspero, 1978, 350 p.

DEJONGHE (Étienne), « Chronique de la grève des mineurs du Nord/Pas-de-Calais (27 mai-6 juin 1941) », *Revue du Nord. Histoire et Archéologie*, t. LXIX, n° 273, avril-juin 1987, p. 323-345.

DEPRETTO (Jean-Paul), « Une grève générale à l'usine Renault de Billancourt (mai 1926) », *CHIMT*, n° 24, 1ᵉʳ trimestre 1978, p. 47-68.

DESBROUSSES (Hélène), *Le Mouvement des masses ouvrières en France entre les deux guerres d'après* La Vie ouvrière, sl, Centre de sociologie historique, fascicule 1 : *1919-1928*, 1975, 109 p. ; fascicule 2 : *1929-1936*, 1976, 159 p.

FRIDENSON (Patrick), ROBERT (Jean-Louis), « Les ouvriers dans la France de la Seconde Guerre mondiale. Un bilan », *MS*, n° 158, janvier-mars 1992, p. 117-147.

FUKUSAWA (Atsushi), *Histoire du syndicalisme cheminot en France. Des grèves bénévoles à la Grande Guerre*, Thèse d'histoire, Paris I, 1992, 589 p.

FUNFFROCK (Gérard), *Les Grèves ouvrières dans le Nord (1919-1935). Conjoncture économique, catégories ouvrières, organisations syndicales et partisanes*, Roubaix, Edirès, 1988, 595 p.

–, « Le sens du mouvement gréviste. (À propos des grèves dans le Nord de 1919 à 1935) », *Cahiers pour l'Analyse concrète*, n° 18, 1986, p. 33-53.

–, « Les origines des mouvements de 1936-1938 dans le Nord », *MS*, n° 135, avril-juin 1986, p. 103-105.

GAILLARD (Jean-Michel), « Le 1ᵉʳ mai 1890 dans le bassin houiller du Gard », *MS*, n° 94, janvier-mars 1976, p. 59-76.

GRATTON (Philippe), « Mouvement et physionomie des grèves agricoles, 1890-1935 », *MS*, n° 71, avril-juin 1970, p. 3-38.

–, *Les Luttes de classes dans les campagnes*, Paris, Anthropos, 1971, 482 p.

HADJI-LAZARO (Jean-Pierre), *Étude de la grève des mineurs du Nord-Pas-de-Calais (mai-juin 1941)*, Mm d'histoire, Paris-I, 1971, 70 p. + annexes.

HAINSWORTH (Raymond), « Les grèves du Front populaire de mai et juin 1936. Une analyse fondée sur l'étude de ces grèves dans le bassin houiller du Nord et du Pas-de-Calais », *MS*, n° 96, juillet-septembre 1976, p. 3-30.

HARDY-HEMERY (Odette), « Strikes in the coal and metal bassin of the North : new work force, new ideas. Three years of indecision : 1919-1921 », dans HAIMSON (Léopold H.) and SAPELLI (Giulio) (eds.), *Strikes, Social Conflict and the First World War, an International Perspective*, Fondazione Feltrinelli, *Annali*, 1990/1991, Milan, p. 45-64.

KRIEGEL (Annie), *La Grève des cheminots, 1920*, Paris, Armand Colin, 1988, 255 p.

LAMOUREUX (David), *Contribution à l'histoire des chemins de fer du sud-est de la France : les grandes grèves des cheminots dans l'Hérault, en 1920*, Mm d'histoire, Nice, 1998, 139 p. + 30 p.

LEFRANC (Georges), *Juin 36, « l'explosion sociale » du Front populaire*, Paris, Julliard, 1966, 350 p.

LEON (Pierre), « Les grèves de 1867-1870 dans le département de l'Isère », *RHMC*, t. I, octobre-décembre 1954, p. 272-300.

LE TOUZE (Bruno), *Les Mouvements de grèves dans la Somme de 1915 à 1935*, Mm d'histoire, université de Picardie, 1974, 277 p.

L'HUILLIER (Fernand), *La Lutte ouvrière à la fin du Second Empire*, Paris, Armand Colin, 1957, 81 p.

LYNCH (Édouard), « Toury : une grève à la campagne sous le Front populaire », *Vingtième Siècle. Revue d'histoire*, n° 67, juillet-septembre 2000, p. 79-93.

MAITRE (Stéphane), *Les Grèves dans la Vienne de 1899 à 1935*, Mm d'histoire, Paris-I, 1992, 112 p.

MASSE (Jean), « Les grèves des mineurs et carriers du Var de 1871 à 1921 », *Annales du Midi*, t. 79, fascicule 2, n° 82, avril 1967, p. 195-218.

MAZABRAUD (Florence), *Les Grèves de 1936 en Haute-Vienne*, Mm d'histoire, Paris-I, 1980, 157 p.

MOISSONNIER (Maurice), « Les chemins d'une mutation : neuf mois de grève à Cours » *CHIRM*, n° 33, 2ᵉ trimestre 1988, p. 41-62.

NERE (Jean), « Aspects du déroulement des grèves en France durant la période 1883-1889 », *Revue d'histoire économique et sociale*, vol. XXXIV, n° 3, juillet-septembre 1956, p. 286-302.

PECQUERON (Nathalie), *Périgueux 1920 : les cheminots dans la grève*, Mm d'histoire, Toulouse-Le-Mirail, 1995, 140 p.

PERROT (Michelle), *Les Ouvriers en grève. France, 1871-1890*, Paris-La Haye, Mouton, 1974, 900 p.

PONSOT (Pierre), *Les Grèves de 1870 et la Commune de 1871*, Paris, Éditions sociales, 1958, 88 p.

PROST (Antoine), « Les grèves de juin 1936, essai d'interprétation », dans *Léon Blum chef de gouvernement, 1936-1937*, Paris, Armand Colin, 1967, p. 69-87.

RABI (Wladimir), « La grève de 1907 à Briançon », *MS*, n° 94, janvier-mars 1976, p. 77-95.

RAFFAELLI (Fabienne), *Le Mouvement ouvrier dans l'Oise, 1919-1935 : syndicats et grèves*, Mm d'histoire, Paris-I, 1989, 154 p.

ROBERT (Jean-Louis), « Les luttes ouvrières en France pendant la Première Guerre mondiale », *CHIMT*, n° 23, octobre-décembre 1977, p 28-65.

–, *Ouvriers et mouvement ouvrier parisiens pendant la Grande Guerre et l'immédiat après-guerre. Histoire et anthropologie*, thèse d'État, Paris-I (A. Prost), 1989, 2 511 p.

--, « The Parisian strikes (August 1914-July 1919) », dans HAIMSON (Léopold H.) and SAPELLI (Giulio) (eds.), *Strikes, Social Conflict and the First World War, an International Perspective*, Fondazione Feltrinelli, Annali, Milan, 1990/1991, p. 29-44.

SCHILL (Pierre), *Les Grèves de l'immédiat après-guerre dans les mines de charbon de Moselle 1918-1919. Approche morphologique et politique*, DEA d'histoire, université de Bourgogne, 1997, 277 p. + annexes.

SIROT (Stéphane), *Les Grèves des ouvriers du bâtiment à Paris de 1898 à 1913*, Mm d'histoire, Paris-VII, 1988, 186 p.

–, *Les Conditions de travail et les grèves des ouvriers à Paris de 1919 à 1935*, thèse d'histoire, Paris-VII, 1994, 710 p.

TARTAKOWSKY (Danielle), *La Grève des postiers de 1909*, DES d'histoire, Paris, 1968, 184 p. + XXIX.

LE TROISIÈME ÂGE

« Le mouvement ouvrier en mai 68 », *Sociologie du travail*, n° spécial, 1970-3.

« Mouvements sociaux d'aujourd'hui », *Sociologie du travail*, n° spécial, 1974-3.

« Grèves. Automne 1995 », *Sociologie du travail*, n° 39, avril 1997.

« Les conflits sociaux dans les transports par fer », *Revue d'histoire des chemins de fer*, n° 19, automne 1998.

Voix libres. Le conflit des cheminots de novembre-décembre 1995, Paris, Éditions de l'Atelier/VO Éditions, 1997, 189 p.

« 4 octobre-29 novembre 1948. Grève générale dans les houillères », *Les Cahiers de l'IHSM*, n° 15, septembre 1998.

Cellatex : quand l'acide a coulé, Paris-Montreuil, Syllepse/VO Éditions, 2001, 173 p.

ADAM (Gérard), « Étude statistique des grèves de mai-juin 1968 », *RFSP*, vol. XX, n° 1, février 1970, p. 105-119.

ADAM (Gérard) et REYNAUD (Jean-Daniel), *Conflits du travail et changement social*, Paris, PUF, 1978, 389 p.

BAUMFELDER (Éliane), « Les conflits et enjeux à l'ORTF (revendications et contradictions) », *Sociologie du travail*, n° 3, juillet-septembre 1970, p. 262-273.

BEROUD (Sophie), MOURIAUX (René) (dir.), *Le Souffle de décembre. Le mouvement social de 1995 : continuités, singularités, portée*, Paris, Syllepse, 1997, 201 p.

BEROUD (Sophie), MOURIAUX (René), VAKALOULIS (Michel), *Le Mouvement social en France. Essai de sociologie politique*, Paris, La Dispute, 1998, 224 p.

BORREL (Monique), « Relations entre les conflits du travail et la vie socio-économique en France de 1950 à 1982 », *RFAS*, 37ᵉ année, n° 2, avril-juin 1983, p. 115-137.

–, *Conflits du travail, changement social et politique en France depuis 1950*, Paris, L'Harmattan, 1996, 266 p.

CAPDEVIELLE (Jacques), DUPOIRIER (Élisabeth), LORANT (Guy), *La Grève du Joint français. Les incidences politiques d'un conflit social*, Paris, Presses de Sciences-Po, 1975, 159 p.

CAPITAINE (Ronan), *Dassault Saint-Cloud en mai-juin 1968 : la continuité*, Mm d'histoire, Paris-I, 1978, 118 p.

CASTELLANI (Loris), *Les Grèves de la métallurgie à Saint-Nazaire et à Nantes en 1955*, Mm d'histoire, Paris-VII, 1982, 170 p.

CLERC (J.-M.), « Les conflits sociaux en France en 1970 et 1971 », *Droit social*, n° 1, janvier 1973, p. 19-26.

COLLIN (Élisabeth), *Les Ouvriers des ateliers du métropolitain, leurs actions, leurs revendications, 1949-1956*, Mm d'histoire, Paris-I, 1996, 229 p.

COULONJOU (Hélène), « 1963 : la grève des mineurs », *L'Histoire*, n° 102, juillet-août 1987, p. 80-85.

COURTY-VALENTIN (Marie-René), *Les Grèves de 1947 en France. Recherche centrée sur le secteur public et nationalisé*, thèse, IEP de Paris, 1981, 395 p.

DAYNAC (Michel), « Decazeville : autopsie d'une grève. Décembre 1961-février 1962 », *CHIRM*, n° 9, avril-juin 1982, p. 95-122.

DREYFUS-ARMAND (Geneviève), FRANK (Robert), LEVY (Marie-Françoise), ZANCARINI-FOURNEL (Michelle) (dir.), *Les Années 68. Le temps de la contestation*, Bruxelles, Complexe, 2000, 525 p.

DUBOIS (Pierre), DULONG (Renaud), DURAND (Claude), ERBES-SEGUIN (Sabine), VIDAL (Daniel), *Grèves revendicatives ou grèves politiques ? Acteurs, pratiques, sens du mouvement de mai*, Paris, Anthropos, 1971, 550 p.

DUBOIS (Pierre), « Recherches statistiques et monographiques sur les grèves », *RFAS*, 34ᵉ année, n° 2, avril-juin 1980, p. 29-55.

–, « La grève en France », dans KESSELMAN (Mark), GROUX (Guy) (dir.), *1968-1982 : le mouvement ouvrier français. Crise économique et changement politique*, Paris, Éditions ouvrières, 1984, p. 243-260.

DURAND (Claude), DUBOIS (Pierre), *La Grève*, Paris, Presses de Sciences-Po, 1975, 377 p.

DURAND (Michelle), HARFF (Yvette), « Panorama statistique des grèves », *Sociologie du travail*, n° 4, octobre-décembre 1973, p. 356-375.

FALLACHON (Philippe), « Les grèves de la Régie Renault en 1947 », *MS*, n° 81, octobre-décembre 1972, p. 111-142.

FORMAN (Hervé), *1967-1968 avant la grève générale : les grèves en France*, Mm d'histoire, Paris-I, 1983, 210 p.

FURJOT (Daniel), « Les conditions de la mobilisation ouvrière », *Travail et Emploi*, 11, mars 1982, p. 51-62.

–, « Les conflits du travail en 1988 : reprise économique et... retombées sociales », *Travail et Emploi*, n° 42, 4/1989, p. 60-73.

–, « Conflits collectifs : les conditions de travail en mauvaise posture », *Travail et Emploi*, n° 61, 4/1994, p. 92-95.

–, « Les conflits du travail en 1994 : retour de l'enjeu salarial », *Travail et Emploi*, n° 65, 4/1995, p. 69-73.

FURJOT (Daniel) et FEUERBACH (Elizabeth), « Les conflits du travail en 1985 », *Travail et Emploi*, n° 28, juin 1986, p. 7-22.

FURJOT (Daniel) et NOËL (Catherine), « La conflictualité en 1986. Bilan statistique et qualitatif », *Travail et Emploi*, n° 34, décembre 1987, p. 55-69.

GUITTAUT (Patrice), *Les Grèves de l'été 1953 dans les services publics*, Mm d'histoire, Paris-VII, 1974, 177 p.

HASSENTEUFEL (Patrick), *Citroën-Paris en mai-juin 1968 : dualité de la grève*, Mm d'histoire, Paris-I, 1987, 216 p. + annexes.

HATZFELD (Nicolas), *La Grève de mai-juin 1968 aux Automobiles Peugeot à Sochaux. Éléments d'approche*, Mm d'histoire, Paris-VIII, 1985, 120 p. + annexes.

HOIN (Karl-Michaël), *La « Grande grève des mineurs » de 1963 dans le Pas-de-Calais, dynamique, acteurs et perspectives*, Mm d'histoire, université d'Artois, 1997, 78 p.

JALLAGEAS (Dominique), *Les Grèves ouvrières dans l'agglomération toulousaine en mai-juin 1968*, Mm d'histoire, Paris-I, 1979, 247 p.

KERGOAT (Jacques), « Sous la plage, la grève. 1958-1968 : l'histoire de l'explosion ouvrière en Mai 68 reste encore à faire », *Critique communiste*, 1er trimestre 1978, p. 29-86.

–, « Les conflits du travail », dans KERGOAT (Jacques), BOUTET (Josiane), JACOT (Henri), LINHART (Danièle), *Le Monde du travail*, Paris, La Découverte, 1998, p. 378-390.

LAMARQUE (Stéphane), *Aspects locaux d'un grand conflit social : la grève de Péchiney-Noguères (été 1973)*, Mm d'histoire, Pau, 2000, 194 p.

LECLERCQ (Robert-Jean), « Les conflits du secteur bancaire français depuis 1974 : de la revendication organisationnelle à l'action contestataire », *Sociologie du travail*, n° 1, janvier-mars 1983, p. 79-92.

MATHIOT (Pierre), *Étude socio-politique d'un conflit ouvrier de la fin des années 80 : monographie de la grève Peugeot-Sochaux*, DEA, IEP de Paris, 1990, 155 p.

MATHIOT (Pierre) et MOURIAUX (René), « Conflictualité en France depuis 1986. Le cas de Peugeot-Sochaux », *Les Cahiers du CEVIPOF*, 7, mars 1992, 120 p.

MOREL (Christian), « Physionomie statistique des grèves », *RFAS*, 29ᵉ année, 4, octobre-décembre 1975, p. 183-195.

MOURIAUX (René), « La conflictualité dans les services publics », dans ROUBAN (Luc) (dir.), *Le Service public en devenir*, Paris, L'Harmattan, 2000, p. 157-176.

NARRITSENS (André), « Regards concrets et hypothèses sur les dynamiques posssibles du conflit des finances de 1989 », *La Revue de l'IRES*, 5, hiver 1991, p. 141-166.

NAUDET (Jean-François), *La Grève de mai-juin 1968 à la RATP*, Mm d'histoire, Paris-I, 1986, 486 p.

PROST (Antoine), « Les grèves de mai-juin 1968 », *L'Histoire*, n° 110, avril 1988, p. 34-46.

RIBEILL (Georges), « L'hiver de grève des cheminots », *Vingtième Siècle. Revue d'histoire*, n° 16, octobre-décembre 1987, p. 21-29.

SEMPERE (Éric), *Le Mouvement de grève à la SMTU du 17 octobre 1983 au 23 février 1984*, Mm d'histoire, Montpellier, 1996, 172 p.

SIWEK-POUYDESSEAU (Jeanne), « Syndicats et grèves aux finances », *La Revue de l'IRES*, 5, hiver 1991, p. 123-140.

TOURAINE (Alain), DUBET (François), LAPEYRONNIE (Didier) *et alii.*, *Le Grand Refus. Réflexions sur la grève de décembre 1995*, Paris, Fayard, 1996, 320 p.

VALENTIN (Marie-René), « Les grèves des cheminots français au cours de l'année 1947 », *MS*, n° 130, janvier-mars 1985, p. 55-80.

VENTURINI (Éric), *L'Aurore des patriarches. Les grèves de 1947-1948 dans le Pays-Haut*, Mm d'histoire, Paris-I, 1987, 234 p.

Visages de la grève

GRÈVE ET CONJONCTURE ÉCONOMIQUE

BOUVIER (Jean), « Mouvement ouvrier et conjoncture économique », *MS*, n° 48, juillet-septembre 1964, p. 3-28.

KOURCHID (Olivier), « L'action ouvrière dans la crise économique », *Sociologie du travail*, n° 4, octobre-décembre 1977, p. 343-361.

LAGRANGE (Hugues), « Conjoncture économique et cycle des grèves », *Consommation. Revue de socio-économie*, n° 1, janvier-mars 1982, p. 63-85.

MICHEL (Joël), « Politique syndicale et conjoncture économique : la limitation de la production de charbon chez les mineurs européens au XIXᵉ siècle », *MS*, n° 119, 1982, p. 63-90.

MONTLIBERT (Christian de), *Crise économique et conflits sociaux dans la Lorraine sidérurgique*, Paris, L'Harmattan, 1989, 207 p.

PERROT (Michelle), « Grèves, grévistes et conjoncture. Vieux problèmes, travaux neufs », *MS*, n° 63, avril-juin 1968, p. 109-124.

REHFELDT (Udo), « Cycle des grèves et cycle économique : approches théoriques et comparatives en débat », *Chronique internationale*, n° 36, septembre 1995, p. 44-48.

RIST (Charles), « La progression des grèves en France et sa valeur symptomatique », *REP*, t. XXI, 1907, p. 161-193.

–, « Relations entre les variations annuelles du chômage, des grèves et des prix », *REP*, t. XXVI, 1912, p. 748-758.

GRÈVE ET POLITIQUE

BADIE (Bertrand), *Stratégie de la grève. Pour une approche fonctionnaliste du Parti communiste français*, Paris, Presses de Sciences-Po, 1976, 263 p.

BERCOVICI (Martine), CHANLIAU (Christiane), *L'Attitude du PCF dans la grève d'août 1953*, Mm d'histoire, Paris-I, 1978, 139 p.

CAPDEVIELLE (Jacques), MOURIAUX (René), « Approche politique de la grève en France (1966-1988) », *Cahiers du CEVIPOF*, 3, octobre 1988, 95 p.

CHARLES (Jean) (documents présentés et annotés par), « L'intervention du PCF dans les luttes ouvrières (1921) », *CHIMT*, n° 8-9, 3e trimestre 1974, p. 280-308.

DEPRETTO (Jean-Paul), SCHWEITZER (Sylvie), *Le Communisme à l'usine. Vie ouvrière et mouvement ouvrier chez Renault, 1920-1939*, Roubaix, Edires, 1984, 285 p.

LEFEBVRE (Denis), « Les socialistes et les grèves minières de 1948 », *Communisme*, n° 35-37, 3e et 4e trimestre 1993-1er trimestre 1994, p. 43-65.

MENCHERINI (Robert), *Guerre froide, grèves rouges. Parti communiste, stalinisme et luttes sociales en France. Les grèves « insurrectionnelles » de 1947-1948*, Paris, Syllepse, 1998, 307 p.

MÉCHOULAN (Éric), « La SFIO et les grèves », dans BERSTEIN (Serge), CEPEDE (Frédéric), MORIN (Gilles), PROST (Antoine) (dir.), *Le Parti socialiste entre Résistance et République*, Paris, Publications de la Sorbonne, 2000, p. 205-222.

MOSS (Bernard H.), « Idéologie et politique revendicative : les fédérations CGT, FO, CFDT », dans KESSELMAN (Mark), GROUX (Guy), *1968-1982 : le mouvement ouvrier français. Crise économique et changement politique*, Paris, Éditions ouvrières, 1984, p. 275-293.

MOURIAUX (René), *Syndicalisme et politique*, Paris, Éditions ouvrières, 1985, 212 p.

SALIOU (Françoise), *La SFIO et les grèves des mineurs dans le Nord-Pas-de-Calais, 1947-1948*, Mm d'histoire, Paris-I, 1973, 200 p.

SIROT (Stéphane), « Syndicalisme et communisme. Pratiques et revendications sociales et politiques en France au temps des "Trente Glorieuses" : la tradition face à la modernisation », à paraître.

TON-THAT (Valérie), *Le Parti socialiste SFIO et les grèves ouvrières, 1919-1935*, Mm d'histoire, Paris-I, 1992, 123 p.

GRÈVE ET OPINION

BOUGET (Vincent), *La Grève des PTT de l'automne 1974 et les médias*, Mm d'histoire, Paris-I, 2001, 178 p.

BOURDON (Jérôme), *Les Conflits sociaux dans les magazines d'information télévisée et dans la presse hebdomadaire, 1959-1966*, Mm d'histoire, Paris-I, 1980, 191 p.

CHAMPAGNE (Patrick), *Faire l'opinion. Le nouveau jeu politique*, Paris, Éditions de Minuit, 1990, 311 p.

GARCIA (Francis), *La Presse devant les grèves. Août-septembre 1939. Étude quantitative*, Mm d'histoire, Paris-VIII, 1980, 348 p.

THOME (Morgan), *Le Mouvement social de novembre et décembre 1995 à travers les journaux télévisés de TF 1 et de France 2*, Mm d'histoire, Paris-I, 1999, 412 p.

VAUTROT (Caroline), *La Représentation du mouvement social des infirmières de 1988 et 1991 dans les journaux télévisés de TF1 et d'Antenne 2*, Mm de cinéma et d'audiovisuel, Paris-III, 1999-2000, 169 p.

VENNER (Michel), *La Grève en France dans L'Express et Le Nouvel Observateur (juillet 1968-juillet 1976)*, Mm d'histoire, Paris-I, 1990, 322 p.

FEMMES ET IMMIGRÉS

ALLAL (Tewfif), BUFFARD (Jean-Pierre), MARIE (Michel), REGAZZOLA (Thomas), « Conflits et travailleurs immigrés dans la région parisienne », *Sociologie du travail*, n° 1, janvier-mars 1974, p. 19-44.

AUZIAS (Claire), HOUEL (Annik), *La Grève des ovalistes. Lyon, juin-juillet 1869*, Paris, Payot, 1982, 182 p.

BENOIT (Vanessa), *Le Conflit de la CIP, Haisnez-lez-Bassée (62), juillet 1975-janvier 1977*, Mm, IEP de Grenoble, 1997, 2 vol., 154 p. et 166 p.

BIRGI (Paulette), *Femmes salariées, syndicalisme et grèves des mois de mai-juin 1936 en France, d'après quelques exemples de l'industrie et du commerce*, Mm, ISST, 1969, 75 p.

BLUM (Françoise), *Féminisme et syndicalisme. Les femmes dans la Fédération de l'habillement, 1914-1935*, Mm d'histoire, Paris-I, 1978, 205 p. + annexes.

BORZEIX (Anni), MARUANI (Margaret), *Le Temps des chemises. La grève qu'elles gardent au cœur*, Paris, Syros, 1982, 249 p.

CAPDEVIELLE (Jacques), MOURIAUX (René), « Conflit social et immigration : le cas de la Cellophane », *Projet*, n° 22, février 1968, p. 170-178.

COUTEAUX (Monique), *Les Femmes et les grèves de 1936. L'exemple des grands magasins*, Mm d'histoire, Paris-VII, 1975, 123 p.

GUILBERT (Madeleine), *Les Femmes et l'organisation syndicale*, Paris, Éditions du CNRS, 1966, 509 p.

LISZEK (Slava), *La CGT et la défense des femmes salariées 1944-1968*, DEA d'histoire, Paris-VIII, 63 + 46 p.

MADEC (Johan), *La Grève à l'entreprise Penarroya de Lyon-Gerland du 9 février au 11 mars 1972. Une grève « significative » : mythe ou réalité ?*, Mm d'histoire, Paris-I, 1998, 235 p.

POISSON (Michel), THIBAULT (Marie-Noëlle), « À propos de la grève des infirmières françaises de 1988 », *MS*, n° 146, janvier-mars 1989, p. 91-93.

SIROT (Stéphane), « Main-d'œuvre coloniale et conflits sociaux. La grève des laveurs de voitures algériens de Paris et de sa banlieue (mars 1934) », *Sources. Travaux historiques*, n° 28, 1991/1992, p. 67-74.

–, « Les conditions de travail et les grèves des ouvriers coloniaux à Paris des lendemains de la Première Guerre mondiale à la veille du Front populaire », *Revue française d'histoire d'outre-mer*, t. 83, 2ᵉ trimestre 1996, n° 311, p. 65-92.

LA STRUCTURE DES GRÈVES

DASSA (Sami), « La durée des grèves en France. Étude des fiches de conflit du travail de 1976 », *Travail et Emploi*, n° 7, janvier 1981, p. 59-79.

SHORTER (Edward), TILLY (Charles), « The shape of strikes in France, 1830-1960 », *Comparative Studies in Society and History*, vol. 13, janvier 1971, p. 60-86.

LES VAGUES DE GRÈVES

BOLL (Friedhelm), « Changing forms of labor conflict : secular development or strike waves ? », dans HAIMSON (Leopold H.), TILLY (Charles) (dir.), *Strikes, Wars, and Revolutions in an International Perspective. Strikes Waves in the Late Nineteenth and Early Twentieth Centuries*, Cambridge/Paris, Cambridge University Press/MSH, 1989, p. 47-78.

–, « Vagues de grèves et de syndicalisation », dans GUEDJ (François), SIROT (Stéphane) (dir.), *Histoire sociale de l'Europe. Industrialisation et société en Europe occidentale 1880-1970*, Paris, Seli Arslan, 1998, p. 323-332.

LAGRANGE (Hugues), « La crise et le conflit : morphologie des vagues de grèves », *RFSP*, 32, 4-5, juillet-octobre 1982, p. 768-794.

SHORTER (Edward), TILLY (Charles), « Les vagues de grèves en France, 1890-1968 », *Annales. Économies. Sociétés. Civilisations*, n° 4, juillet-août 1973, p. 857-887.

Revendications

GÉNÉRALITÉS

ADAM (Jean-Paul), *Les Revendications syndicales en France de 1919 à 1929*, Mm d'histoire, Paris-X-Nanterre, 1976, 206 p.

BAUMFELDER (Éliane), « La revendication, élément d'analyse de la pratique syndicale », *Sociologie du travail*, n° 2, avril-juin 1968, p. 149-167.

DURAND (Claude), « Revendications explicites et revendications latentes », *Sociologie du travail*, n° 4, octobre-décembre 1973, p. 394-409.

ERBES-SEGUIN (Sabine), *Syndicats et relations de travail dans la vie économique française*, Villeneuve-d'Ascq, PUL, 1985, 137 p.

LE SALAIRE

BOYER (Robert), « Les salaires en longue période », *Économie et statistique*, n° 103, septembre 1978, p. 27-57.

–, « Rapport salarial, accumulation et crise : 1968-1982 », dans KESSELMAN (Mark), GROUX (Guy) (dir.), *1968-1982 : le mouvement ouvrier français. Crise économique et changement politique*, Paris, Éditions ouvrières, 1984, p. 27-52.

GUGLIELMI (J.-L.), PERROT (Marguerite), *Salaires et revendications sociales en France, 1944-1952*, Paris, Armand Colin, 1953, 248 p.

LARDY (Stéphane), *Les Syndicats français face aux nouvelles formes de rémunération. Le cas de l'individualisation*, Paris, L'Harmattan, 2000, 350 p.

MOTTEZ (Bernard), « Formes de salaire et types d'action ouvrière », *MS*, n° 61, octobre-décembre 1967, p. 5-12.

REYNAUD (Jean-Daniel), BERNOUX (Philippe), LAVOREL (Lucien), « Organisation syndicale, idéologie et politique des salaires », *Sociologie du travail*, n° 4, octobre-décembre 1966, p. 368-386.

SMADJA (Wilfried), *CGT et CGTU de 1928 à 1930 : les organisations syndicales ouvrières et les lois d'assurances sociales*, mémoire, Centre d'Études Supérieures de Sécurité Sociale, 1975-1976, 39 p.

LA DURÉE DU TRAVAIL

La Réduction du temps de travail, rapport de D. Taddei, Paris, La Documentation française, 1997, 83 p.

AUBLANC (Jean-Jacques), *La Lutte pour l'application de la journée de huit heures dans le Livre*, Mm d'histoire, Paris I, 1973, 320 p.

BECK (Robert), *Histoire du dimanche de 1700 à nos jours*, Paris, Éditions de l'Atelier, 1997, 383 p.

Id., « "C'est dimanche qu'il nous faut". Les mouvements sociaux en faveur du repos dominical et hebdomadaire en France avant 1906 », *MS*, n° 184, juillet-septembre 1998, p. 23-51.

DECOUFLE (André-Clément), SVENDSEN (Nicholas), « Contribution à une histoire des durées du travail dans l'industrie française du milieu du XIXᵉ siècle à la Seconde Guerre mondiale », *Travail et Emploi*, n° 20, juin 1984, p. 57-71.

DECOUFLE (André-Clément), « La face cachée de l'histoire des durées du travail : temps de labeur et contrôle social de l'emploi », *Travail et Emploi*, n° 21, septembre 1984, p. 79-86.

FRIDENSON (Patrick), « Le temps de travail, enjeu de luttes sociales », dans BOULIN (Jean-Yves), CETTE (Gilbert), TADDEI (Dominique), *Le Temps de travail*, Paris, Syros, 1993, p. 19-28.

GUEDJ (François), VINDT (Gérard), *Le Temps de travail, une histoire conflictuelle*, Paris, Syros, 1997, 154 p.

GUEDJ (François), « Les conflits autour de la durée du travail : temps de travail, loisirs et sociétés salariales », dans GUEDJ (François), SIROT (Stéphane) (dir.), *Histoire sociale de l'Europe. Industrialisation et société en Europe occidentale*, Paris, Seli Arslan, 1998, p. 333-356.

RICHEZ (Jean-Claude), STRAUSS (Léon) (dir), *Les Congés payés*, *MS*, n° 150, janvier-mars 1990, 168 p.

SIROT (Stéphane), « Pratique et revendication des congés payés en France avant le Front populaire. L'exemple parisien de 1919 à 1935 », *Vingtième Siècle. Revue d'histoire*, n° 50, avril-juin 1996, p. 89-100.

SUE (Roger), *Temps et ordre social. Sociologie des temps sociaux*, Paris, PUF, 1994, 313 p.

FACE À LA MODERNISATION DU TRAVAIL

BORZEIX (Anni), « Les pratiques syndicales face à l'organisation du travail », dans KESSELMAN (Mark), GROUX (Guy) (dir.), *Le Mouvement ouvrier français*, Paris, Éditions ouvrières, 1984, p. 225-239.

MOURIAUX (René), « La CGT face aux nouvelles technologies. La contestation du taylorisme », *CHIRM*, n° 62, 1er trimestre 1996, p. 9-18.

MOUTET (Aimée), « Patrons de progrès ou patrons de combat ? La politique de rationalisation de l'industrie française au lendemain de la Première Guerre mondiale », *Recherches*, septembre 1978, n° 32/33, p. 449-489.

–, « La rationalisation dans les mines du Nord à l'épreuve du Front populaire. Étude d'après les sources imprimées », *MS*, n° 135, avril-juin 1986, p. 63-99.

–, *La Rationalisation dans l'économie française au xxe siècle. Étude sur les rapports entre changements d'organisation technique et problèmes sociaux (1900-1939)*, thèse d'État, Paris-X-Nanterre, 1992, 1 807 p.

PERROT (Michelle), « Les ouvriers et les machines en France dans la première moitié du xixe siècle », *Recherches*, n° 32-33, septembre 1978, p. 347-373.

RIBEILL (Georges), « Les organisations du mouvement ouvrier en France face à la rationalisation (1926-1932) », dans MONTMOLLIN (Maurice de), PASTRÉ (Olivier) (dir.), *Le Taylorisme*, Paris, La Découverte, 1984, p. 128-133.

SAINT-GERMAIN (Pierre), « La chaîne et le parapluie : face à la rationalisation (1919-1935) », *Les Révoltes logiques*, n° 2, printemps-été 1976, p. 87-104.

SEILHAC (Léon de), *Les Progrès du machinisme et l'hostilité ouvrière. La grève d'Hazebrouck 24 avril 1907-28 décembre 1908*, Paris, Arthur Rousseau, 1909, 73 p.

L'EMPLOI

ADAM (Gérard), « La défense de l'emploi et de l'entreprise », *Droit social*, n° 2, février 1978, p. 8-16.

DUBOIS (Pierre), « Les grèves et le droit à l'emploi », *RFAS*, 28e année, n° 1, janvier-mars 1974, p. 119-153.

LA DISCIPLINE AU TRAVAIL

MELUCCI (Alberto), « Action patronale, pouvoir, organisation. Règlements d'usine et contrôle de la main-d'œuvre au xixe siècle », *MS*, n° 97, octobre-décembre 1976, p. 139-159.

SINAY (Hélène) (dir.), *L'Exercice des libertés syndicales dans les entreprises*, Strasbourg, Institut du travail, 1979, 601 p.

MINE (Michel), ROSE (Hubert), STRUILLOU (Yves), *Droit du licenciement des salariés protégés*, Paris, Economica, 1996, 663 p.

Le cours de la grève

SE METTRE EN GRÈVE

BERNOUX (P.), « Le modèle français de déclenchement des grèves », *Droit social*, n° 9-10, septembre-octobre 1988, p. 624-629.

CHOISIR SA GRÈVE

DOMMANGET (Maurice), « L'idée de grève générale en France au XVIII⁰ siècle et pendant la Révolution », *Revue d'histoire économique et sociale*, vol. XLI, n° 1, 1963, p. 34-55.
BRECY (Robert), *La Grève générale en France*, Paris, EDI, 1969, 102 p.
BRIAUX (Marianne), *Les Journées du Premier Mai de 1921 à 1934*, Mm d'histoire, Paris-I, 1988, 204 p.
CADIC (Guy), *Les Premiers « 1ᵉʳ Mai » à Paris*, Mm d'histoire, Paris-I, 1979, 190 p.
DOMMANGET (Maurice), *Histoire du Premier Mai*, Paris, Sudel, 1953, 411 p.
LEBRETON (Fabrice), *Les Journées nationales d'action CGT-CFDT 1966 et 1967*, Mm d'histoire, Paris-I, 1997, 117 p.
REBERIOUX (Madeleine) (dir.), *Fourmies et les Premier Mai*, Paris, Éditions de l'Atelier/Éditions Ouvrières, 1994, 460 p.
RODRIGUEZ (Miguel), *Le 1ᵉʳ Mai*, Paris, Gallimard, 1990, 274 p.

S'ORGANISER EN GRÈVE

DENIS (Jean-Michel), EDEL (Georges), FIGUIERE (Laurent), KARSENTY (Bruno) *et alii*, *Les Coordinations de travailleurs dans la confrontation sociale*, Paris, L'Harmattan, 1994, 280 p.
–, *Les Coordinations. Recherche désespérée d'une citoyenneté*, Paris, Syllepse, 1996, 295 p.
GEAY (Bertrand), « Espace social et "coordinations". Le "mouvement" des instituteurs de l'hiver 1987 », *Actes de la recherche en sciences sociales*, n° 86-87, mars 1991, p. 2-24.
HASSENTEUFEL (Patrick), « Pratiques représentatives et construction identitaire. Une approche des coordinations », *RFSP*, vol. 41, n° 1, février 1991, p. 5-26.
KERGOAT (Danièle), *Les Infirmières et leur coordination 1988-1989*, Paris, Éditions Lamarre, 1992, 192 p.
ROZENBLATT (Patrick), *Compromis d'entreprise, médiation syndicale et*

dynamique sociale (réflexions à partir de la grève de la SNECMA, mars-mai 1988), Cahiers de recherche du groupement d'intérêt public « *Mutations industrielles* », n° 25, 15 février 1989, 38 p.

–, « La forme coordination : une catégorie sociale révélatrice de sens », *Sociologie du travail,* n° 2, 1991, p. 239-254.

TERMINER UNE GRÈVE

Action et négociation, Sociologie du travail, n° 4, octobre-décembre 1977.

ADAM (Gérard), REYNAUD (Jean-Daniel), VERDIER (Jean-Maurice), *La Négociation collective en France,* Paris, Éditions ouvrières, 1972, 126 p.

BONAFÉ-SCHMITT (Jean-Pierre), « Les enjeux de la négociation collective », *Travail et Emploi,* 36-37, juin-septembre 1988, p. 85-96.

CAIRE (Guy), *La Négociation collective,* Paris, PUF, 1992, 128 p.

DASSA (Sami), « Conflits ou négociations ? Les grèves, leurs résultats et la taille des entreprises », *Sociologie du travail,* 25-1, mars 1983, p. 32-44.

DURAND (Michelle), « De l'analyse causale à l'analyse structurelle, la négociabilité des conflits », *Sociologie du travail,* n° 4, octobre-décembre 1977, p. 402-421.

MOREL (Christian), *La Grève froide. Stratégies syndicales et pouvoir patronal,* Paris, Éditions d'organisation, 1981, 235 p.

REYNAUD (Jean-Daniel), *Le Conflit, la négociation et la règle,* Paris, Octares, 1995, 260 p.

ROSANVALLON (Pierre), « L'efficacité de l'action », *CFDT Aujourd'hui,* n° 19, mai-juin 1976, p. 30-38.

Une journée de grève

OCCUPATIONS

BODIN (Robert), *Les Grèves avec occupation,* Marseille, université d'Aix-Marseille, 1938, 315 p.

EUDIER (Louis), « Breguet-Le Havre : première grève occupation en 1936 », *CHIMT,* n° 29, novembre-décembre 1972, p. 67-70.

PROUTEAU (Henri), *Les Occupations d'usines en Italie et en France (1920-1936),* Paris, Librairie technique et économique, 1938, 243 p.

SAVATIER (J.), « L'occupation des lieux du travail », *Droit social,* n° 9-10, septembre-octobre 1988, p. 655-665.

SCHWARZ (Salomon), « Les occupations d'usines en France de mai et juin 1936 », *International Review for Social History,* vol. II, 1937, p. 50-104.

RÉUNIONS

Bosc (Serge), « Démocratie et consensus dans les grèves », *Sociologie du travail*, n° 4, octobre-décembre 1973, p. 440-456.

BOURDIEU (Pierre), « La délégation et le fétichisme politique », *Actes de la recherche en sciences sociales*, n° 52-53, juin 1984, p. 49-55.

LESCHI (Didier), « La construction de la légitimité d'une grève : le rôle des assemblées générales de la gare de Lyon », *Sociologie du travail*, vol. 39, avril 1997, p. 499-522.

SIROT (Stéphane), « Les réunions de grévistes sous la IIIe République : démocratie directe ou canalisation des masses ? », dans FIEVET (Claude) (dir.), *Invention et réinvention de la citoyenneté*, Aubertin, Éditions Joëlle Sampy, 2000, p. 271-277.

La geste ouvrière

LA FÊTE

CARASSUS (Émilien), *Les Grèves imaginaires*, Paris, Éditions du CNRS, 1982, 247 p.

CORBIN (Alain), GÉRÔME (Noëlle), TARTAKOWSKY (Danielle), *Les Usages politiques des fêtes aux XIXe-XXe siècles*, Paris, Publications de la Sorbonne, 1994, 440 p.

GÉRÔME (Noëlle), « Images de l'occupation de l'usine à gaz de Poitiers », dans BOUVIER (Jean) (dir.), *La France en mouvement 1934-1938*, Paris, Champ Vallon, 1986, p. 62-67.

GILLET (Marcel), « "La grève c'est la fête", XIXe et XXe siècle », *Revue du Nord*, t. LXIX, n° 274, juillet-septembre 1987, p. 645-658.

HASTINGS (Michel), « Identité culturelle locale et politique festive communiste : Halluin-la-Rouge (1920-1934) », *MS*, n° 139, avril-juin 1987, p. 7-25.

MOLINARI (Jean-Paul), LAURIOUX (Fabienne), « Les moments festifs d'un mouvement social », dans *Voix libres. Le conflit des cheminots de novembre-décembre 1995*, Paris, Éditions de l'Atelier/VO Éditions, 1997, p. 99-114.

LA MANIFESTATION

CHAMPAGNE (Patrick), « La manifestation. La production de l'événement politique », *Actes de la recherche en sciences sociales*, n° 52-53, juin 1984, p. 18-41.

FAVRE (Pierre) (dir.), *La Manifestation*, Paris, Presses de Sciences-Po, 1990, 391 p.

FILLIEULE (Olivier), *Stratégies de la rue. Les manifestations en France*, Paris, Presses de Sciences-Po, 1997, 435 p.

LAFON (Éric), *Les Manifestations de victoire du Front populaire en province, de mai à septembre 1936*, Mm d'histoire, Paris I, 1996, 297 p.

PROST (Antoine), « Les manifestations du 12 février 1934 en province », *MS*, n° 54, janvier-mars 1966, p. 7-28.

ROBERT (Vincent), *Les Chemins de la manifestation, 1848-1914*, Lyon, Presses Universitaires de Lyon, 1996, 394 p.

TARTAKOWSKY (Danielle), « Stratégie de la rue (1914-1936) », *MS*, n° 135, avril-juin 1986, p. 31-62.

–, *Les Manifestations de rue en France, 1918-1968*, Paris, Publications de la Sorbonne, 1997, 869 p.

–, *Le pouvoir est dans la rue. Crises politiques et manifestations en France*, Paris, Aubier, 1998, 296 p.

LA VIOLENCE

La Violence dans les conflits du travail, mars 1977, 14 p.

BEROUD (Sophie), MOURIAUX (René), « Violence et sabotage dans les grèves en France », dans *Cellatex : quand l'acide a coulé*, Paris-Montreuil, Syllepse/VO Éditions, 2001, p. 141-167.

COOPER-RICHET (Diana), « La foule en colère : les mineurs et la grève au XIXᵉ siècle », *Revue d'histoire du XIXᵉ siècle*, n° 17, 1998/2, p. 57-67.

DUBOIS (Pierre), « La séquestration », *Sociologie du travail*, n° 4, octobre-décembre 1973, p. 410-427.

DURAND (Claude), *Chômage et violence. Longwy en lutte*, Paris, Éditions Galilée, 1981, 290 p.

DURAND (Claude), « La violence à Longwy », *Sociologie du travail*, n° 2, avril-juin 1981, p. 218-229.

SHORTER (Edward), TILLY (Charles), « Le déclin de la grève violente en France de 1890 à 1935 », *MS*, n° 76, juillet-septembre 1971, p. 95-118.

SOMMIER (Isabelle), *La Violence politique et son deuil. L'après-68 en France et en Italie*, Rennes, Presses Universitaires de Rennes, 1998, 253 p.

Les organisations ouvrières et la grève

BORZEIX (Anni), *Syndicalisme et organisation du travail. Les pratiques syndicales dans l'entreprise*, Paris, CNAM, 1980, 373 p.

CEPLAIR (Larry S.), « La théorie de la grève générale et la stratégie du syndicalisme : Eugène Guérard et les cheminots français dans les années 1890 », *MS*, n° 116, juillet-septembre 1981, p. 21-46.

CORNU (Roger), « Grèves et syndicalisme », *Sociologie du travail*, n° 4, octobre-décembre 1973, p. 457-467.

DELAVEAU (Françoise), TILL (Éric), LECOURT (Marcel), *La CGTU à travers les grèves (1930-1933) : le problème du syndicalisme rouge*, Mm d'histoire, Paris I, 1970, 164 p.

DURAND (Claude), « Conditions objectives et orientations de l'action syndicale », *MS*, n° 61, octobre-décembre 1967, p. 77-105.

–, « La signification professionnelle et économique de l'action syndicale », *Sociologie du travail*, n° 2, avril-juin 1968, p. 127-148.

–, *Conscience ouvrière et action syndicale*, Paris-La Haye, Mouton, 1971, 260 p.

ERBES-SEGUIN (Sabine), « Le déclenchement des grèves de mai : spontanéité des masses et rôle des syndicats », *Sociologie du travail*, n° 2, avril-juin 1970, p. 177-189.

JULLIARD (Jacques), « Théorie syndicaliste révolutionnaire et pratique gréviste », dans *Autonomie ouvrière. Études sur le syndicalisme d'action directe*, Paris, Le Seuil, 1988, p. 43-68.

LAUBIER (Patrick de), *1905 : mythe et réalité de la grève générale. Le mythe français et la réalité russe*, Paris, Éditions universitaires, 1989, 271 p.

PAPAYANIS (Nicholas), « Masses révolutionnaires et directions réformistes : les tensions au cours des grèves des métallurgistes français en 1919 », *MS*, n° 93, octobre-décembre 1975, p. 51-73.

PERROT (Michelle), « Le militant face à la grève dans la mine et la métallurgie au XIXe siècle », *MS*, n° 99, avril-juin 1977, p. 77-79 (suivi d'une discussion p. 79-95).

SEGRESTIN (Denis), « Pratiques syndicales et mobilisation : vers le changement ? », dans KESSELMAN (Mark), GROUX (Guy), *Le Mouvement ouvrier français*, Paris, Éditions ouvrières, 1984, p. 261-273.

SIROT (Stéphane), « Syndicalisme et grèves ouvrières à Paris de l'entre-deux-guerres au Front populaire : vers la fonctionnalisation de la grève », *Cahiers d'histoire. Revue d'histoire critique*, n° 66, 1er trimestre 1997, p. 105-122.

THOMAS (Jean-Paul), *La CGTU et la stratégie des grèves (1922-1926)*, Mm d'histoire, Paris-I, 1972, 105 p.

VIDAL (Daniel), « Idéologies et types d'action syndicale », *Sociologie du travail*, n° 2, avril-juin 1968, p. 149-167.

Le patronat et la grève

BEAUD (Stéphane), PIALOUX (Michel), *Retour sur la condition ouvrière. Enquête aux usines Peugeot de Sochaux-Montbéliard*, Paris, Fayard, 1999, 468 p.

CEZARD (Michel), MALAN (Anna), ZOUARY (Patrick), « Conflits et régulation sociale dans les établissements », *Travail et Emploi*, n° 66, 1996, p. 19-33.

DAUMAS (Jean-Claude), « Les politiques sociales des entreprises en France 1880-1970 », dans FRECHET (Hélène) (dir.), *Industrialisation et sociétés en Europe occidentale de 1880 à 1970*, Paris, Éditions du Temps, 1997, p. 105-125.

FRIDENSON (Patrick), « L'idéologie des grands constructeurs dans l'entre-deux-guerres », *MS*, n° 81, octobre-décembre 1972, p. 51-68.

–, « Le patronat », dans BURGUIERE (André), REVEL (Jacques), *Histoire de la France*, Paris, Le Seuil, *L'État et les conflits*, 1990, p. 425-434.

–, (dir.), *La Société et l'Entreprise*, *MS*, n° 175, avril-juin 1996.

GUESLIN (André), « Le système social Michelin, 1889-1940 », dans GUESLIN (André), GUILLAUME (Pierre), *De la charité médiévale à la Sécurité sociale. Économie de la protection sociale du Moyen Âge à l'époque contemporaine*, Paris, Éditions ouvrières, 1992, p. 223-236.

HATZFELD (Nicolas), *Les Gens d'usine. 50 ans d'histoire à Peugeot-Sochaux*, Paris, Éditions de l'Atelier, 2002, 598 p.

HEBERT (J.), *Le Lock-out, étude historique et juridique*, Paris, thèse de droit, 1954.

KOLBOOM (Ingo), *La Revanche des patrons. Le patronat face au Front populaire*, Paris, Flammarion, 1986, 384 p.

LINCOLN (Andrew), « Le syndicalisme patronal à Paris de 1815 à 1848 : une étape de la formation d'une classe patronale », *MS*, n° 114, janvier-mars 1981, p. 11-34.

MORSEL (Henri), « Luttes ouvrières et impératifs productifs à l'origine de la politique sociale de la grande entreprise. Un exemple : les industries électriques françaises de 1880 à 1946 », *Bulletin d'histoire de l'électricité*, n° 24, décembre 1994, p. 25-41.

MOTTEZ (Bernard), *Systèmes de salaire et politiques patronales. Essai sur l'évolution des pratiques et des idéologies patronales*, Paris, CNRS, 1966, 266 p.

NOIRIEL (Gérard), « Du patronage au paternalisme : la restructuration des formes de domination de la main-d'œuvre ouvrière dans l'industrie métallurgique française », *MS*, n° 144, juillet-septembre 1988, p. 17-36.

OMNES (Catherine), « La politique sociale de la métallurgie parisienne entre les deux guerres », dans GUESLIN (André), GUILLAUME (Pierre) (dir.), *De la charité médiévale à la Sécurité sociale. Économie de la protection sociale du Moyen Âge à l'époque contemporaine*, Paris, Éditions ouvrières, 1992, p. 237-248.

PERROT (Michelle), « Le regard de l'Autre : les patrons français vus par les ouvriers (1880-1914) », dans LEVY-LEBOYER (Maurice) (dir.), *Le Patronat de la seconde industrialisation*, Paris, Éditions ouvrières, 1979, p. 293-306.

SPORTOUCH (Jean-Marc), « La fermeture d'entreprise en cas de conflit collectif », *Droit social*, n° 9-10, septembre-octobre 1988, p. 682-701.

STEARNS (Peter N.), « Against the strike threat : employer policy toward labor agitation in France, 1900-1914 », *Journal of Modern History*, vol. 40, n° 4, décembre 1968, p. 474-500.

TREMPE (Rolande), « Contribution à l'étude de la psychologie patronale : analyse du comportement des administrateurs de la Société des mines de Carmaux vis-à-vis des mineurs... (1856-1914) », *MS*, n° 43, octobre-décembre 1963, p. 53-91.

VINDT (Gérard), *Histoire sociale d'une entreprise : la compagnie Péchiney (1921-1973)*, thèse d'histoire, Paris-X, 1999, 666 p.

L'État et la grève

Maintien de l'ordre et polices en France et en Europe au XIXᵉ siècle, Paris, Créaphis, 1987, 413 p.

Répression et prison politiques en France et en Europe au XIXᵉ siècle, Paris, Créaphis, 1990, 327 p.

ALAPETITE (Gabriel), « Grève des mineurs et conventions d'Arras », *MS*, n° 164, juillet-septembre 1993, p. 17-23.

BACHY (Jean-Paul), « L'État et les conflits », *RFAS*, 34ᵉ année, janvier-mars 1980, p. 123-176.

BRUNETEAUX (Patrick), *Maintenir l'ordre. Les transformations de la violence d'État en régime démocratique*, Paris, Presses de Sciences-Po, 1996, 345 p.

JULLIARD (Jacques), *Clemenceau briseur de grèves. L'affaire de Draveil-Villeneuve-Saint-Georges (1908)*, Paris, Julliard, 1965, 202 p.

MICHEL (Joël), « Ordre public et agitation ouvrière : l'habileté du préfet Alapetite », *MS*, n° 164, juillet-septembre 1993, p. 7-15.

MOSS (Bernard H.), « La réforme de la législation du travail sous la Vᵉ République : un triomphe du modernisme ? », *MS*, n° 148, juillet-septembre 1989, p. 63-91.

OLSZAK (Norbert), « Alexandre Millerand et l'organisation de la grève », dans Aliprantis (Nikitas), Kessler (Francis) (dir.), *Le Droit collectif du travail*, New York/Francfort/Paris, P. Lang, 1994, p. 135-149.

RAYMOND (Justinien), « Un tragique épisode du mouvement ouvrier à Cluses (Haute-Savoie) en 1904 », dans *Mélanges d'histoire sociale offerts à Jean Maitron*, Paris, Éditions ouvrières, 1976, p. 197-210.

RIOUX (Jean-Pierre), « La conciliation et l'arbitrage obligatoire des conflits du travail », dans REMOND (René), BOURDIN (Janine) (dir.), *Édouard Daladier, chef de gouvernement. Avril 1938-septembre 1939*, Paris, Armand Colin, 1977, p. 112-128.

ROYNETTE-GLAND (Odile), « L'armée dans la bataille sociale : maintien de l'ordre et grèves ouvrières dans le nord de la France (1871-1906) », *MS*, n° 179, avril-juin 1997, p. 33-58.

TABLE

PREMIÈRE PARTIE
Tendances

DEUXIÈME PARTIE
Pratiques

TABLE 305

Imprimé par Lightning Source France
1 avenue Gutenberg
78310 Maurepas

N° d'édition : 7381-1172-Y

Imprimé en France
FRHW010438301123
37230FR00012B/137

9 782738 111722